一卷國際

八十年來美中夾縫中的臺灣

不屈之島

A HISTORY OF AMERICA, CHINA, AND THE ISLAND CAUGHT BETWEEN

THE STRUGGLE FOR TAIWAN

Sulmaan Wasif Khan

蘇爾曼・瓦西夫・汗——著 林添貴——譯

目錄

北冰洋
安克拉治
加拿大
阿拉斯加灣
阿留申群島
美國
舊金山
洋
洛杉磯
聖地牙哥
夏威夷（美國）
北太平洋
中國、臺灣與美國

俄羅斯
鄂霍次克海
千島群島
北京
北韓
日本海
日本
中國
首爾
南韓
東京
上海
琉球群島
福州
臺北
臺灣
香港
菲律賓海
北馬里亞納群島(美國)
南海
馬尼拉
關島(美國)
菲律賓
印尼

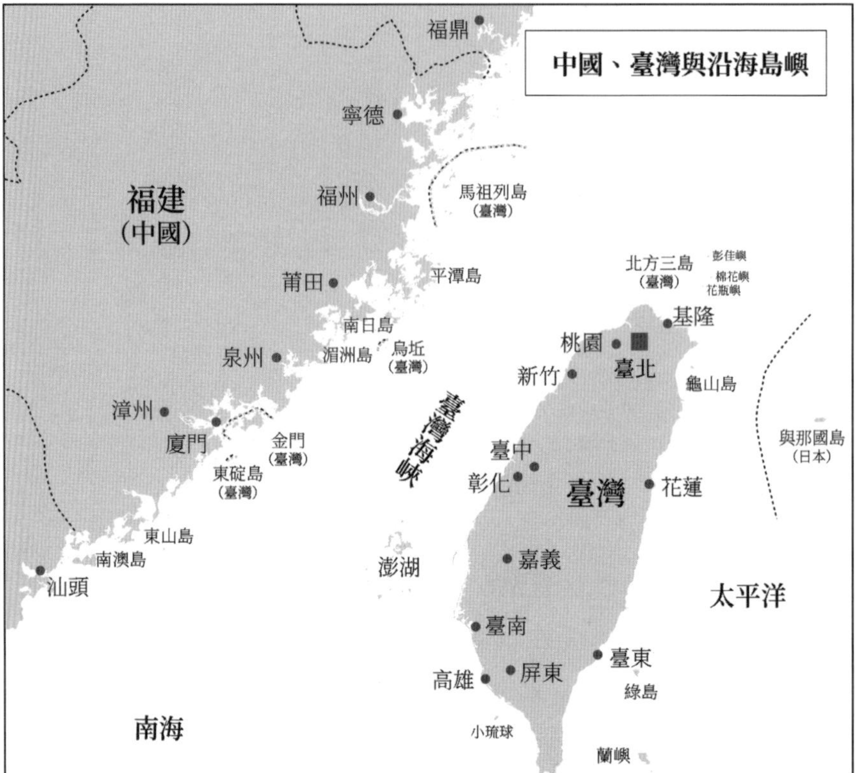
福鼎
寧德
福建
(中國)
福州
馬祖列島
(臺灣)
莆田
平潭島
南日島
泉州
湄洲島
烏坵
(臺灣)
漳州
廈門
金門
(臺灣)
東碇島
(臺灣)
臺灣海峽
東山島
南澳島
汕頭
澎湖
北方三島
(臺灣)
彭佳嶼
棉花嶼
花瓶嶼
基隆
桃園
臺北
新竹
龜山島
與那國島
(日本)
臺中
彰化
臺灣
花蓮
嘉義
太平洋
臺南
臺東
高雄
屏東
綠島
小琉球
蘭嶼
南海
巴士海峽

中國、臺灣與沿海島嶼

緒論

二〇二二年春夏，美國政壇決策人士颳起訪問臺灣的新風潮。嚴格講起來，這是由一位卸任官員，但很有可能是未來重要決策人物所掀起的風潮。新聞傳出，曾在川普政府擔任國務卿的麥可・龐培歐（Mike Pompeo）即將於三月間抵達臺北，拜會臺灣總統蔡英文。拜登政府突然宣布，由前任參謀首長聯席會議主席麥可・穆倫（Mike Mullen）率領的一個卸任國防官員團隊，也將前往臺灣訪問。這個代表團搶在龐培歐之前抵達臺北。一向謹言慎行的穆倫，提到他的代表團涵括民主黨和共和黨人士，顯示出「美國兩黨一致支持美國與臺灣堅強的夥伴關係」。就支持臺灣的聲明而論，它具有相當重要意義，尤其是因為傳遞這個訊息的人物身分重要。但是與三天之後龐培歐的表現相較，它又遜色不少。當時剛減重成功的龐培歐，遵守臺灣對新冠肺炎的防疫規定，佩戴的口罩標示出美國和中華民國的國旗（直到今天，臺灣的正式國號仍是中華民國）。他在接受《臺北時報》記者訪問時宣稱：「這個時刻我們必須清楚、透明、深刻的承認我們全都知道的一個中心思想，那就是臺灣不是中國的一部分。」[1]

中華人民共和國長期以來堅持臺灣是中國的一部分，可想而知，中國相當不痛快。但直到南西・裴洛西（Nancy Pelosi）宣布她決定要訪問臺灣，中國的憤怒更是沸騰起來。裴洛西長期以來在對中國的立場上，就是一個旗幟鮮明的鷹派人士。她曾經在天安門廣場亮出布幅，對於一九八九年遭到北京鎮壓的抗議人士表達敬意，而今她決定要到臺灣表達她的支持心意。使得事態更加嚴重的是，裴洛西當時是美國國會眾議院議長，在備位接任總統寶座的順位上名列第三，這個地位非同小可。中國爆發揚言報復的威脅聲浪。一向高擎民族主義旗幟的中國《環球時報》總編輯胡錫進主張把裴洛西的座機擊落。（這一點很不尋常：一般而言，北京相當擅長掌控住宣傳的尺度。有些單位會叫囂威脅，但還是守住某個界限。把飛機打下來，這可是非同小可的主張。它顯示中國的治理機器在某個環節出現不該出現的偏差。）拜登政府宣布，美國軍方反對裴洛西訪問臺灣。但是這一切都制止不了裴洛西的決心。她的座機在熱烈的掌聲中降落在臺北，臺灣朝野熱情歡迎她到訪，有位臺灣政治人物還特意招待老百姓吃「民主炸雞排」慶祝她抵達臺灣訪問。[2]

中國做出它對臺灣惱怒時一貫採取的行動：啟動又一輪的軍事演習，發射飛彈飛越臺灣海峽。這使得臺灣產生一如既往的效應：更堅定抗中的決心。臺灣當局宣布也要進行軍事演習，並準備好應對中國的侵擾。中國的飛彈落在臺灣四周海面，但並無法阻擋美國官員接二連三訪問臺北。南卡羅來納州聯邦參議員林賽・葛萊姆（Lindsey Graham）帶領一個參議員代表團到訪；接著麻薩諸塞州聯邦參議員艾德・馬凱（Ed Markey）也精神抖擻的來了；印第安那州州長艾瑞克・何康布（Eric Holcomb）也不缺席；然後龐培歐又二度到訪。[3]人們開始在想：貴賓絡繹到訪，蔡英文總統應接不暇，哪來的時間處理軍國要務？

我身為一位從遠處觀察臺海情勢的歷史學者，不由得不驚訝於謊言、失憶和半真半假竟然如此詭異的混合在一起。北京持續堅稱：距中國海岸僅一百多公里的臺灣一直都是中國的一部分。美國人則大談將美國與臺灣聯結起來的共同紐帶是民主，這個說法並沒有錯，但卻避而不談美國曾經在臺灣支持一個獨裁者，他在臺灣施行的高壓統治，臺灣人民直到今天仍然不能釋懷。甚至龐培歐提到臺灣時所用的國號「中華民國」也忽視一個事實：許多臺灣人對這個國號有深刻的愛憎交織感受。畢竟，中華民國是用武力強加在臺灣身上施行統治的中國政權，它曾經宣示對包括大陸地區的整個中國都擁有主權。民主活躍的臺灣則不同，它有自己的實體，許多臺灣人認為已經到了應該改變國號的時刻了。同時，蔡英文克制的溫和舉止掩飾了她在這三個國家領導人中最敏銳的頭腦，她也不想花力氣和唇舌去處理國號，而只用不卑不亢的辭語感謝美國人的支持，然後持續追求國家更堅實的立足點。

正確了解過去的史實是很重要的。不了解一個國家的過去，包括它的創傷、它的勝利和苦難、以及它的深刻信念，你就無法了解它的現在。舉個簡單的例子，不能了解美國在蔣介石政府能夠生存下來這一事實所起的作用，就無法理解為什麼臺灣人迄今仍舊對美國抱持怨恨的感受。不了解一九七〇年代美中談判的過程，就無法了解北京認定美國目前的政策是背信行為的完整深度。當前的困境並非憑空而來。如果我們要妥適地處理，就必須把問題放進整個脈絡中去探討。

而這個困境的危險性不但升高，而且日益迫近，不妨看看發生在二〇二三年六月三日的一起事件。當天一艘美國海軍驅逐艦駛經臺灣海峽，意在宣示這裡是國際海域。反之，中國聲稱這個地區屬於中華人民共和國。美國驅逐艦行進時，一艘中國軍艦從美艦的船首前穿越而過。中方的穿越已經逼近到相當危險的地步。雙方避開碰撞，完全是因為美國軍艦及時減速。[4] 假如船艦碰撞了，雙方火氣必然上升，說不定就會開火。在這個時點上，情勢可能升高為全面衝突。

若是在其他時候，華府和北京還可將緊張局勢緩和下來，但二〇二三年六月則不然，雙方的怒火和互不信任，已上升到倘若擦槍走火爆發初步軍事衝突，即使最精明的外交官也很難緩和火氣的地步。美國已經把中國視為大敵，套用美國國務卿安東尼・布林肯（Antony Blinken）的話來說，中國構成「對國際秩序最嚴重的長期挑戰」。美國總統喬・拜登（Joe Biden）已一再誓言，如有必要，美國將保衛臺灣、對抗中國。同時，中國國家主席習近平認為美國正在領導西方集團企圖圍困中國。對習近平而言，臺灣無庸置疑是中國不可分割的一部分，而且就和之前歷任中國領導人一樣，他已明白表示保留動用武力奪取臺灣的權利。[5]倘若中美雙方軍艦碰撞了，那麼蓄積已久的相互猜忌一旦爆發，勢必迫使拜登和習近平互相指控對方蠻橫侵略。兩國一定都會出現索賠和報復的要求。稍有一些不當的決定，就會造成中美炮火齊開的戰爭。六月間，中美沒有爆發戰爭。但當時曾經很有可能爆發戰爭，愈來愈多軍艦和軍機出現在此地區，將來也可能爆發戰爭。雙方都以增加軍事活動來表達立場。中國軍機常態性闖入臺灣的防空識別區，美國軍艦也不時行駛通過臺灣海峽。即使海面沒有發生意外事故，但是中國決心要奪取臺灣，臺灣卻決心要維持實質的獨立，美國也決心要對抗中國，這樣的局面，讓這個區域以及美、中、臺關係處於險境。

這種情勢讓人很容易相信，脫離危險之道就是嚇阻。過去數十年，嚇阻策略一直都能有效地使中、美兩國維持和平，也讓臺灣得以偏安。美國國防部和臺灣的賴清德都堅持他們的信念，認為可以透過嚇阻維持和平。[6]然而，更進一步觀察過去的經驗，則顯示光憑嚇阻並非總能奏效。在關鍵時刻，尤其是一九五四年至一九五五年、以及一九五八年，當時之所以能避免衝突升高為核子戰爭，是出於幸運，而非嚇阻。在一九九五年至一九九六年期間，又是幸運扮演了重要的角色，而且華府和北京都真正相信兩國和平相處的利益遠大於處理臺灣地位問題的利益，而增強了和平共處的信念。現在，中美雙方卻已不具備這股信念。嚇阻繼續被當成是萬靈丹，然而相信嚇阻策略的領導人，如果他所依據的基礎並不是過去完整的歷史，那麼這個領導人，其實和相信自己駕駛技術高超所以可以超速的駕駛人並無不同，因為技術高明跟安全沒有太大關聯。如果駕駛人成功飆了一次車，而認定下次也可用相同速度飆車或甚至更快，只要不巧碰上路上的坑洞，或煞車皮磨損，或反應慢一步，或另一個駕駛人突然插入車道，原本以為超速會順利的行程，就會以悲劇收場。如果我們要避免災禍，就有必要充分了解美、中、臺三角關係。

因此，本書試圖對過去八十年的關係提供全面性的記述。本書所講述的內容始於一九四三年開羅宣言（Cairo Declaration）提出日本所侵占的臺灣等領土歸還中華民國的概念，而截止於二〇二四年的臺灣總統大選——民主而實質上獨立的臺灣。若無其他先進在相關各方面已做出的優異研究，我在本書的調查研究也無法進行，同時我也受惠於來自美、中、臺三方面的主要消息來源。[7]各方紀錄上是會有一些無可避免的落差，但的確也有足夠的材料，能夠導引我們走過一遍這條把三個國家帶到目前狀況的歷史道路。或許，也因此能顯示未來可能的方向。

有意思的是，混沌不明竟在這個故事中成為主角。無論是大戰略，或者僅是戰略規畫，都在中國及美國的對臺政策上沒有起太大的作用，這點相當驚人。中國積極計畫突破第一島鏈（第一島鏈從日本延伸至南中國海，圍堵住中國進出廣大的太平洋），美國也計畫維持世界霸主地位。就中國而言，政策似乎是源自於它自尊受損的創傷發作，這種歷史創傷延續了那麼久、那麼深，使得它原本的起因，和它可能要起的作用全被澈底忘掉。美國在時機緊急時刻做下的決定，隨著時間進展，累積成領導人本來想要避免的承諾。美國現在似乎把臺灣當做對中國「展現強硬」的手段。先不論強硬可能需要付出什麼代價，它展現強硬所希望達成的目標，仍然沒有界定清楚。這兩個一再指控對方耍弄馬基維利式狡計的國家，在這一點上，卻絲毫抓不到重點。

唯有臺灣，我們可以看到它一直小心翼翼的，有時甚至有點冒險的處理與美、中的關係：尤其是一九七一年之後，蔣介石放棄光復大陸的幻想，而轉換為與一水之隔的中華人民共和國，以及大洋對岸遙遠而陰晴不定的美國兩者之間，展開微妙的生存之舞。大國經受得起盛怒和戰略搖擺，緊抓住一線生機的小島則經受不起。

歷史總是有多種可能的路徑。臺灣要移交給蔣介石的中華民國，這件事並非注定無可避免。臺灣好幾次出現過獨立的機會之窗。蔣介石輸掉國共內戰而退守臺灣時，美國對他的支持也並非必然不變。直到韓戰爆發之前，美國的政策就曾經是順其自然，任其自生自滅。又由於美國政治的反覆無常，中美兩國在一九七一年修好，又很可能就使得臺灣真的成為中華人民共和國的一部分。臺灣後來會民主化、北京會和臺北漸行漸遠，以及臺灣的民主政府會採取目前它對中國的立場，所有這些發展，都是走上好幾條不同道路的決策後果，正如我們今天所做的選擇，可以把我們帶到好幾種不同的未來。因此，即使歷史實際出現的是迄今為止的發展過程，本書會帶讀者們回顧並且徘徊在那些歷史所不曾走上的道路。而這些道路都要從開羅開始。

第一章

1953～1971

臺灣問題的形成

他們坐在一排攝影機前。端坐在正中央的是美國總統富蘭克林・狄拉諾・羅斯福（Franklin Delano Roosevelt），眼神空洞，面部表情由沉重突然轉變為輕快，不時轉頭和他的幕僚說幾句話。羅斯福左手邊坐著溫斯頓・邱吉爾（Winston Churchill），一副無可奈何的模樣，彷彿寧可身在其他地方，可是命運逼人，非要他在此現身不可。這位英國首相一點也不像羅斯福那樣熱衷於中國的重要性。可是，英國要打贏第二次世界大戰的希望全繫於美國的資金奧援，而且他們倆人都心知肚明。因此，邱吉爾脫下帽子，與蔣夫人宋美齡打哈哈，後來又掏出須臾不離的雪茄抽起來。[1]

引人注目的是坐在羅斯福右手邊的男子。在三位男仕中，他最有強悍的戰士氣概。他身材筆挺、整整齊齊的一身軍服，顯出十足的軍人本色。只有兩件事破壞了蔣介石委員長的威武風範：第一是蒼蠅一再停到他的右臉頰上，第二是他唇角不時浮現微笑。

蔣委員長的確有理由微笑。此地是開羅，他生平第一次和羅斯福及邱吉爾會面。身為中華民國的領導人，他已經被承認為在第二次世界大戰中與德國及日本作戰的「三大盟國」之一的領袖，地位與另外兩位平起平坐，至少表面上是如此。最棒的是，會議後在一九四三年十一月二十六日發布的開羅宣言（Cairo Declaration），承諾要將日本奪走的領土歸還中華民國。宣言揭示：

我三大盟國此次進行戰爭之目的，在於制止及懲罰日本之侵略。三國決不為自己圖利，亦無拓展領土之意思。三國之宗旨，在剝奪日本自從一九一四年第一次世界大戰開始後在太平洋上所奪得或佔領之所有島嶼，在使日本所竊取於中國之領土，例如東北四省、臺灣、澎湖群島等，歸還中華民國。其他日本以武力或貪慾所攫取之土地，亦務將日本驅逐出境。[2]

這是中華民國即將取回的領土清單。領土喪失的日期不僅上溯至第一次世界大戰，而更追溯至一八九五年，包括中國因戰敗而被迫割讓給日本的臺灣和澎湖。獲得盟國承諾這一切都將在戰爭結束時歸還中國，乃是蔣介石的重大勝利。

然而事情並沒有那麼簡單。美國在和蔣介石結盟時，並沒有完全明白它涉入到什麼狀況。美國日後為自己所牽扯進去的承諾大為震驚。蔣介石雖然贏了第二次世界大戰，卻把中國大陸輸給了中國共產黨。他聊堪自慰的是收復了臺灣，即使臺灣人曾反抗他。蔣介石之所以能夠守住臺灣，是因為韓戰爆發以及美國對中國的政策始終曖昧不明。

開羅宣言忽略未提的一個關鍵要點是：當年把臺灣割讓給日本的實體，並不是蔣委員長的中國。從一六四四年至一九一一年，中國是由大清帝國統治。大清帝國由滿洲人建立，他們從滿洲入關、擊敗明朝，然後逐步征服，不僅攻占原本明朝的領土，也占領中亞一大片廣闊領土。（滿洲原本也不是中國的一部分，是由清朝將中國納入帝國之內。）清朝直到一六八三年才占領臺灣。值得強調的是，直到清朝之前，臺灣並不屬於中國。的確，大多數漢人並不關注它的存在。它的居民大多數是南島語系後裔的原住民，以及少數來自中國的特殊人士，而這些人也大多覺得臺灣不同於中國。明朝有個旅行家陳第在一六〇三年來到臺灣，把島民稱為「東番」，甚至對於他們與中國商人的互動頗有感慨，他說：「自通中國，頗有悅好，姦人又以濫惡之物欺之，彼亦漸悟，恐淳樸日散矣。」翻成白話文就是：「自從與中國來往後，他們開始對物品有喜好，可是奸詐的人以劣等的物品欺騙他們，他們也開始有所領悟，恐怕淳樸的日子將消逝了。」[3]

對於外在世界而言，臺灣是連結東亞和東南亞這道海上走廊中的一個中繼站。海盜、漁民和商人在這裡小停之後就轉往其他地方。島上有少數漢人居民，但人數遠遠不及原住民。一直要到荷蘭人來了，需要勞工，漢人住民才逐漸增多。一六六一年，鄭成功在和清軍進行一系列激戰之後，轉移基地到臺灣，擊敗荷蘭東印度公司的駐軍，將他們趕出臺灣。鄭成功集海盜、夢想家、軍閥於一身，自命效忠明朝皇室，於一六六二年亡故，但他的後繼者持續騷擾中國沿海地區。一六七三年至一六八一年的「三藩之亂」挑戰清朝的統治時，臺灣的勢力也支援他們。清朝對這個敵人不敢掉以輕心，藉著明鄭水師將領施琅叛變降清，終於在一六八三年征服臺灣。[4]

征服島上的勢力未必就是要保留臺灣。戰役的目標是擊敗敵人，目標既已達成，是否需要耗費巨資駐守臺灣，並不明確。這個問題在朝廷引起相當的辯論。清朝若不要臺灣，恐怕別人會要占領臺灣，這個論述終於打動康熙皇帝，決定守住臺灣。康熙戒慎警惕歐洲海上強權會出現在此一區域。潛在的敵國出現在沿海地區，可不是他所能容忍的。因此，臺灣就納入大清帝國版圖。不過，大清的動機是海上地緣政治，並不是神聖的歷史。[5]

從以上的敘述中出現兩個關鍵要點：第一，在一六八三年之前，臺灣不曾是中國的一部分。第二，它成為（這絕不是既定的）大清帝國的一部分，而不是中國的一部分。大清帝國鼎盛之時，領土從臺灣延伸至中亞。除了其他屬地之外，它包括今天的蒙古和很大一片俄羅斯。臺灣和中國並不是一個國家，而是透過征服所打造出來的帝國一部分。大清帝國忌憚讓漢人移居到臺灣，因為他們不要漢人有機會密謀叛變。移居並沒有完全停止，福建和廣東沿海冒險犯難的流民構成遷往臺灣的漢人之大宗，但移民是受到限制的。[6]在大清帝國看來，臺灣和中國是不同的，它們最好是維持不同的態勢。

一個帝國朝代的衰亡可以是漫長、錯綜複雜的過程，是不同力量角力的結果。和其他統治者一樣，大清受到「帝國過度擴張」的影響，堅守住邊陲地帶的代價開始超過獲得的利益。同時，外在世界也起了變化。康熙擔心西方的海上強國，他判斷這將是主要的威脅，但是他的繼承人並沒有訂定對付威脅的計畫。海上大國的重要性在一八四二年變得十分明顯，英軍在第一次鴉片戰爭中擊敗清廷。當時清廷被迫簽訂南京條約；南京條約是一系列「不平等條約」的鼻祖，列強將以炮艦為前鋒，要求貿易通商，將中國部分領土劃為特殊地界，列強公民可以享有不受中國法律管轄的自由。美、德、法、俄紛紛跟進。帝國各地叛亂四起。最有名的是太平天國之亂，叛黨占領華南大片土地，清廷費盡功夫才把叛亂敉平。[7]帝國的力量明顯已經式微。

但是最沉重的打擊發生在一八九四年，日本和清朝開戰。當時，很少有觀察家認為日本對付清朝有高度勝算。但是日本明治維新針對軍事進行一番勵精圖治的改革，其武裝部隊，尤其是海軍，成為現代專業武力的模範。清軍敗得又快又澈底，令人大吃一驚。這場戰爭標示著日本崛起成為不容忽視的軍事強國。日本也和西方列強一樣，對中國提出不平等條約。一八九五年簽訂的馬關條約（Treaty of Shimonoseki）終止了戰爭。但是，和平的代價不菲。馬關條約迫使清廷將臺灣永久割讓給日本。[8]

割讓臺灣只是大清帝國解體的開端。清廷已經展開立憲維新，但是這項政治改革卻引起動亂。義和團一九〇〇年在首都北京作亂，想要驅趕外國人，自認為這是支持政府的愛國行為。列強和清廷政府後來聯手鎮壓他們。但是大清帝國氣數已盡。革命在一九一一年爆發。革命之能夠成功，部分歸因於它所涵蓋的社會範圍相當廣泛：政治理想家嚮往共和政府，將領不滿足他們的權力，地方勢力覺得甩掉清廷後他們可以更有作為。但是社會成分複雜同時也意味著要將中國統合在一起相當困難。對滿清決定性的致命重擊，並非來自孫文，雖然他所創建的國民黨的確籌募資金、推動革命，於一九一二年主張建立民主政治。終結清朝的致命重擊來自袁世凱。袁世凱原本是滿清將領，卻轉而變節要求皇帝遜位。一九一二年，清廷屈服，袁世凱成為新建立的中華民國總統。[9]

中華民國共和政府迅速獲得國際承認。袁世凱呼籲美國替他的國家祈禱，美國深受感動，於一九一三年率先承認。英國和日本也跟進承認。但是袁世凱的獨裁作風，未能把革命黨人鬆散的同盟凝聚起來。他宣布國民黨為煽動叛亂的組織；他想要終結共和政府、建立他自己的皇朝。最後這項企圖沒有成功，但已經點燃起中國巴爾幹化的分裂契機，各省紛紛自立，受到軍閥割據宰制。不過，「軍閥」這個字詞遮掩掉這些人所施行的主權功能。他們可以對公民課徵稅收，和列強簽訂條約，召集軍隊遂行其意志。組成大清帝國的所有廣大領域，並非全部認同、效忠中華民國。西藏在功能上變成獨立自主；蒙古成為蘇聯的附庸；新疆也以不同方式不聽從中央號令。它們全都是國家，與共和國無異。[10] 這時候並不只有一個中國，而是有好幾個中國存在。

統一並不是必然注定的一件事，但有兩個主角最積極推動統一：一個是中國國民黨，另一個是成立於一九二一年的中國共產黨。國民黨最先著手將中國各省逐一整合起來。國民黨被袁世凱宣布為叛亂團體之後，在廣東重整旗鼓，後來國民黨能夠成功控制大部分中國，大半要歸功於孫文的繼承人蔣介石。然而國民黨的成功只能算是有限度的成功，因為即使在它勢力最鼎盛時期，也沒有控制住滿清偌大的領土，也沒有如日後中國共產黨掌控的領土大。孫文是個募集資金奧援的一流能手，但是在統一領土方面的成績卻乏善可陳。蔣介石的成功則有幾個因素：首先，他可以翻臉無情。他理解到孫文所未重視的動用武力的重要性，而且他也不忌諱專制獨裁。他認為中華民族相當優秀，但這並不代表中國人適合民主。蔣介石奉行儒家思想，同時信奉基督教義，而且最重要的是，自信天命要他來統治中國。除了無情，他又擁有最「正統」的關係。蔣介石娶了孫文的小姨子宋美齡，增益他在國內外的政治資本，強化了他在國民黨內的地位。宋美齡本身是個精明的外交人才，在美國頗孚人望。蔣介石的大舅子宋子文也是高手，擅長說服外國人出資支援國民黨的軍事行動。[11]

但是蔣介石能夠成功統一領土，根本原因或許是因為其他派系願意與他合作。有幾個軍閥已厭倦各個不同武裝團體彼此不斷內戰，同意與蔣介石合作排除掉他們的對手，組成一個統合的政府。一九二六年，蔣介石發動北伐，把大部分的中國領土統一起來。北伐的成功憑藉著蔣介石的軍事能力，但不容諱言，也是因為他與中國其他勢力合作。合作對象也曾一度暫時涵蓋中國共產黨。經過里昂・托洛茨基（Leon Trotsky）和約瑟夫・史達林（Joseph Stalin）激烈辯論後，蘇聯鼓勵國民黨與新成立不久的中國共產黨組成聯合陣線。（懷抱理想的青年毛澤東也在聯俄容共的統一戰線下，於國民黨內擔任正式官職。）但是當這段露水姻緣般的結盟達成功效時，蔣介石對共產黨員發動了殘暴的攻擊。他始終不信任左翼分子，協助他走上權力之路的許多金融家、工業大亨和幫派會眾也都不信任左翼分子。一九二七年上海的大屠殺，不但共產黨員，就連一般老百姓也遭到蔣氏部隊殺害。一小撮中共黨員幸運逃脫，蔣介石的政府暫時安全無虞。[12]

中華民國如此曲折的崛起，使得中國是否收回臺灣主權，並不如後來開羅宣言所宣示般那麼肯定。從帝國廢墟崛起的國家，絕不是自動就對帝國原有全部領土享有聲索權利。但是使得事情更加複雜的是，即使在北伐之後，中國有許多領土仍然不在蔣介石控制之下。仍然有其他人崛起稱雄，聲稱對中國及其領土具有主權。西部和華北都有軍閥存在，西藏仍然不在中央控制之下，尤其是中國共產黨勢力的存在，他們堅稱他們在江西省所掌控的一小塊土地上所建立的蘇維埃政權是一個國家。蔣介石花費極大力氣，展開一系列「剿匪」作戰，希望澈澈底消滅共產黨。他差一點就成功了，一九三四年他將中國共產黨趕出江西的蘇維埃根據地。吃了敗戰的中國共產黨展開了膾炙人口的長征（Long March），跋涉一萬多公里到達延安建立新根據地，才勉強存活下來。[13]中國共產黨所建立的國家被驅離原始領土，他們在中國各地流竄。但他們仍具有相當的力量，而且能夠不斷地學習。

中共殘存的部隊日後回過頭來糾纏蔣介石。但是當下有個更迫切的問題。蔣介石集中重兵對付共產黨，卻沒有把軍隊好好用來對付更強大、更險惡的威脅——日本。

一八九五年占領臺灣，並沒有讓日本控制東亞的胃口就此滿足。它在一九〇四年和俄羅斯作戰，將勢力範圍擴張至朝鮮與滿洲，它又在一九一〇年正式併吞朝鮮。它與中國地方軍閥合作，於大清帝國殘餘領土發揮力量。一九三一年，日本侵略滿洲，一九三二年於當地建立傀儡政權，找了遜清末代皇帝溥儀來當滿洲國皇帝。[14]（譯註：滿洲國起先號稱共和，遜清末代皇帝溥儀的頭銜為「執政」，後來改為君主立憲制，「執政」改稱「皇帝」，年號「康德」。）然而，沒有人會相信這個假象，大家都曉得滿洲只是日本的殖民地。

在中國，有許多人都在擔心日本接下來會攻擊哪裡。蔣介石部屬裡有人認為當時不宜和共產黨交戰；中國應該聯合起來對抗日本。蔣介石的統治一直以來是依賴各地強人同意和他合作。隸屬中華民國的軍閥們和蔣氏合作，是因為他們覺得這樣符合他們的利益，但擁兵自重的軍閥們當估計有必要時，也不惜動用部隊反抗蔣介石。一九三六年果然就發生這樣的事：張學良和楊虎城終於決定綁架蔣委員長，逼迫他和中共和解。蔣再氣也不得不被迫暫停剿匪作戰。（不過他不能寬恕或忘懷：張學良後來遭到軟禁，楊虎城被槍斃。）到了一九三七年，已由毛澤東領導的中國共產黨樂意合作，表面上和國民黨聯手抗日。但曾遭蔣介石清算的中共，絲毫不存幻想，根本不相信和平會永遠有保障。[15]

中日全面戰爭在一九三七年七月爆發，也開始考驗國共兩黨脆弱的合作。蔣介石統治地區由於地理位置關係，承受日本攻擊的全部力道。中共雖然對日軍發動游擊作戰，也節制不攻打蔣委員長領導的部隊，卻也同時得到時間與空間重整旗鼓。無論是共產黨或是國民黨，都並非完全不考慮與日本協議和解的可能性，以求確保本身政權並消滅對手。而日本輕易就征服大片中國領土，得以在一九四〇年扶植成立一個和東京合作的政府：汪精衛的南京政權，在日本的容許下施行統治，但它的確也自稱代表中國。[16] 蔣委員長聲稱具有的主權並不是堅不可摧。

總而言之，在原本屬於大清帝國的領土上，存在著好幾個國家政府，鹿死誰手，尚未可知。中國的內戰或許是在第二次世界大戰的掩蓋下而暫時停止了，但沒有什麼可以阻止國共兩黨繼續重啟未打完的戰爭。蔣委員長在開羅意氣風發宣稱要收復中國失土。另有一批中國人將要挑戰他的主權主張。

當代中國混亂的政治和內戰，對羅斯福來說根本無所謂，至於美國過去與中國交往過程的起伏變化，他也不在乎。自從一七八四年一艘「中國皇后號」（Empress of China）商船從紐約駛往廣東後，美國貿易商就一窩蜂湧往中國市場。隨著貿易增長，傳教士接踵而至，渴望拯救中國人的靈魂。追求獲利和宗教動機使得美國連向中國。

美國政府兼用外交和武力手段來保護它在中國的利益。英國簽訂的南京條約啟發了美國跟進，也在一八四四年和滿清簽訂望廈條約，賦予美國人在和中國通商時享有最惠國待遇。太平天國從一八五〇年至一八六四年起義反清時，美國人認定讓大清生存下去才符合美國利益。和其他列強一樣，美國軍人參與對付太平軍的作戰，美國南北戰爭用過的大炮竟在中國流通使用。列強爭相剝削中國時，美國也不願落居人後。一八九九年，美國提倡「門戶開放」政策（Open Door policy）時，刻意堅持維護「中國領土的完整」——這只是一種禮貌的說法，實則要求已在瓜分中國的列強，不要關閉他們特定的地盤，也要讓其他國家的貿易商進入。當中國農民因為洋人在中國領土上作威作福而憤怒不已，於一九〇〇年擁入北京時，美國參與八國聯軍派兵鎮壓他們。為了訴求保護自身在中國的地位，美國展現出的橫暴與其他西方帝國並無二致。

在橫暴之中也有一股理想主義的色彩——只不過通常都以失望告終。清廷為義和團之亂所付給美國的賠償金，被退還而用於派送中國學生赴美國留學。但是中國人出現在美國卻引發種族歧視，美國人不斷地擔憂黃禍（Yellow Peril）即將再臨。第一次世界大戰期間，華府曾允諾支持中國收復領土的要求，可是這些要求卻未在凡爾賽條約（Treaty of Versailles）中落實。中國永遠忘不了此一背信行為。

有一種錯誤觀點一直存在：認為美國在兩次世界大戰中間的年代抱持孤立主義。支持此種幻象者常用的引證是：美國決定不參加自己的總統所倡導的國際聯盟（League of Nations）。但是退出國際聯盟並不代表美國退出國際事務或亞太地區。一九二一年至一九二二年，美國召集華盛頓會議（Washington Conference），與其他大國討論削減海軍，俾能維持東亞的和平。在這項會議中，美國再次要求各國確認維持「中國領土的完整」。[17]就和門戶開放政策一樣，這個立場並不是真的要保護中國的主權；反倒是要確保所有的大國（尤其是美國、日本和英國）有平等的機會與中國通商及在中國投資。打從一開始，美國對待中國的舉止就是這些成分的怪異組合：剝削、偶爾閃現的利他主義，以及刻意的視若無睹。

羅斯福總統的中國政策相當大程度維持這個傳統。羅斯福想要的中國，和美國所得到的中國，兩者之間有極大的落差。就羅斯福總統而言，中國是對日作戰的一個盟友，也是他認為在戰後要確保和平及安全的區域警察之一。現實則更加複雜。

自從日本兼併滿洲以來，美國就對日本的動作有所提防。美國國務卿亨利・史汀生（Henry Stimson）已經宣布，美國不會承認中、日之間侵犯美國在本區域權利、或美國所簽條約的任何安排。一九三二年當日本攻擊上海時（後來達成停火協議，將上海非軍事化），史汀生主張美國不再受華盛頓會議達成的協定之約束。美國對日本的疑慮加深，後來也採取行動反制日本的力量。一九四〇年，華府對日本祭出經濟制裁，扼制可被日本用做戰爭用途的材料之供應。然而日本不但沒有延緩在亞洲進一步的冒進行動，美方的制裁反而掀起日本對美國的仇恨。對日本路線轉趨強硬之外，美國亦支持中國的抗日戰爭。飛行員陳納德（Claire Chennault）培訓美國志願人員，加入蔣委員長新組建的空軍。美國援助中國，意味著從一九四〇年起，中國的對日抗戰獲得來自美國的物資支援。此時美國雖然官方正式立場上保持中立，其實已經參與第二次世界大戰。日本在一九四一年十二月七日侵襲珍珠港，代表日本和美國正式開戰。珍珠港事件使得中國重獲生機。蔣委員長在中國的抗日作戰，脆弱無力，這時變成相當重要，是美國必須加以強化的對象。陳納德率領的飛虎隊（Flying Tigers）後來終於能夠擺脫非官方的角色，正式升空作戰。史迪威將軍（General Joseph Stilwell）也在一九四二年奉派到中國，指揮中緬印戰區的盟軍部隊對日作戰。[18] 美國和中國正式成為盟國。

這時候，在作戰現場的美國人和華府官方之間首度明顯出現奇特的落差。羅斯福認為中國和蔣委員長是可能的盟友。在中國服務的美國人反過來，看到的是一個分裂的國家、無能的領導人。史迪威一點都不忌諱分享他對蔣委員長的評語：輕蔑的稱呼蔣為「花生米」（peanut），不斷向華府報告蔣委員長是多麼不願意作戰。蔣很快就要求美方提供補給、維持抗戰活動，但是他又不怎麼願意承諾把這些補給用在對付日軍的攻勢作戰。他本身政權的存活是最高無上的。當時美國派駐在中國的外交官員，如戴維斯（John Paton Davies）和謝偉志（Jack Service）等人，堪稱是第一流優秀人選：他們經驗豐富、意志堅定，在中國出生及成長，對駐在國有最廣泛的知識。和史迪威一樣，他們也懷疑蔣委員長到底有多強烈的抗戰意願。戴維斯寫下：「我們在一九四一年十二月七日以前就意識到蔣氏努力要讓我們替他打日本人。現在我們已和日本交戰，中國的政策就是維持技術上還在作戰，俾便以『作戰』盟友身分坐上和談桌，盡可能花費自身最少的力量，依賴聯合國其他成員國——主要是美國——去擊敗日本。」戴維斯認為，對於蔣介石部隊的讚揚「太過度」，是由聰明的中國遊說團策畫出來的。（他也觀察到中共部隊的士氣高昂，在中國人當中相當不尋常。）對於蔣委員長的能力和可靠度表示關切的，絕不只是戴維斯一個人。直到一九四四年五月十日，都還有一位美國外交官員報告說，國民黨扣住它一些最精銳的部隊「封鎖」中國共產黨，而不是用來進行抗日作戰。[19] 統一戰線的名義或許還存在，但是委員長和中共作戰的決心之堅定，不下於對日抗戰。在中國現場的美國人所看到的中國和蔣介石，與羅斯福的看法有相當大的出入。

這些關切都沒能改變羅斯福的政策。他偶爾會客氣地要求蔣氏更加合作，甚至也會指示史迪威另尋可以合作的對象，但最有效的威脅——切斷對蔣氏的資金奧援——卻是美國總統所不願祭出的王牌。威脅要有效，就得澈底執行，可是羅斯福覺得他不能沒有蔣委員長這個盟友。這位美國總統心裡頭有個宏偉計畫。他認為，戰爭會發生，是因為舊有的帝國秩序中缺乏有效的集體安全機制。羅斯福預備創立一個新的戰後秩序，由區域警察負責安全事務，他也已經為它取名「聯合國」（United Nations）。中國將是其中一位警察。中國在華府頗受歡迎，有助於取得此一地位。蔣夫人宋美齡能說一流的英語，具有衛斯理學院（Wellesley）教育背景，甚且最棒的是，她是虔誠的基督徒；總而言之，即使她不討某些人的歡心，她卻是最完美的華府遊說客。她和極具影響力的《時代雜誌》創辦人亨利・魯斯（Henry Luce）交情深厚，使她能夠接觸到華府權貴要人。而且不論怎麼說，站在對日作戰第一線的是蔣委員長領導的中國。[20]中國正在作戰。美國必須維持它繼續作戰。其他的事都可以另外商計。

羅斯福的政策有兩個大問題。第一是，無論總統是多麼自認為自己堅決反對帝國體制，他的中國夥伴卻正在設法重建一個帝國。蔣介石的要求並不局限於臺灣和澎湖。他要求取回滿洲；而滿洲原本並不是中國的一部分，它是大清發動入侵中國的起源地。蔣堅持外蒙古也是中國的一部分，也想要主張對琉球群島具有主權，但最後妥協，改建議由中、美兩國共管。他甚至似乎也想要保持對朝鮮的某些影響力，不過現有紀錄無法重建蔣介石和羅斯福就這個議題的確切對話內容。蔣又繼續主張對西藏和新疆具有主權。簡單來講，他所主張的領土不曾被中國統治過，而是由大清帝國所統治：大清征服了中國，並把中國和上述其他領土整合起來。如果羅斯福真的希望終結帝國，這樣做並不是好辦法。但是這一切都沒能制止這位美國總統。開羅是他與這位中國盟友會面的機會，就在開羅，他同意臺灣成為中國的一部分。（不尋常的是，美方在開羅會議中討論的大部分事項之紀錄迄今仍未出現；羅斯福顯然很小心的避免保留在開羅敏感會談的紀錄。）姑不論他有什麼過失，羅斯福還是有相當誠意反對帝國主義。他的顧問們想到，值得考慮在戰後於臺灣設置軍事基地；然而，總統明白表示，未來若要在臺灣駐軍就必須是合作的事項，要適當尊重蔣介石的主權。永久設置基地的權利根本不用提，因為蔣氏不會同意的。[21] 只因為一方有需要就片面堅持設置基地，正是帝國強權的行徑，而美國絕對不是帝國強權。以這種輕淡方式分配領土——在開羅握握手就敲定，絲毫沒有想到未來命運就如此被決定的人們可能想要什麼，就具有某種帝國主義的意味，羅斯福總統可完全沒有想到。

這並不是羅斯福非走不可的路線。如果他選擇臺灣在戰後自決未來命運，蔣委員長將別無選擇，只能讓步。蔣委員長索取蒙古的要求，在雅爾達會議上就被史達林否決掉，此時的史達林比起羅斯福有更大的影響力。史達林說，蒙古要維持獨立地位，雖然蔣介石的特使宋子文試圖說服阻止，也無法推翻這個決定。大國要什麼，它就得到什麼。（蔣介石並沒有就此放下這個問題。一九五五年，他與蘇聯早已失和多年，蒙古申請加入聯合國，蔣氏指示中華民國駐聯合國代表投下否決票。中華民國代表聲稱，蒙古不是一個主權國家，它只是外蒙古、只是中華民國的一部分。這個動作違反美國的意願，但是蔣介石毅然決定、不顧美國顏面。）史達林公然瞧不起中國人，他認為開羅宣言還可以，但是中國人需要被監督好好作戰，在他看來，中國人實在作戰不力。他們之所以作戰不力，史達林認為是領導人之過。他不能理解為什麼羅斯福心心念念的戰後國際組織中非要中國不可，中國是弱國，歐洲人也不喜歡它。羅斯福解釋說，「他想的是更長遠的未來，畢竟中國是個人口四億的國家，最好是有他們做朋友，而不是讓它成為一個潛在的亂源」。[22] 這句話是有幾分道理，但是它忽略掉一點：這四億人口互相內鬥，會使他們很難被國際組織納入。這就帶出羅斯福中國政策的第二個問題。它假設的前提是一個團結、統一、合理良善治理的中國。他已經被告知，這樣的中國根本不存在。

羅斯福並不是完全不明白中國陷入內鬥的問題。而是他的了解程度太差，派了最不恰當的人選去處理問題。派垂克・赫爾利（Patrick Hurley）曾任陸軍部長，在美國陸軍中晉升至少將官階，而且雖然是共和黨員，多年來在政治上一向支持羅斯福。在總統心目中，這些特質似乎統統掩蓋過他的莽撞。他指派赫爾利為特使前往中國。赫爾利對自己的能力非常有信心，認為可以撮合成國共兩黨的和平。受到蔣委員長的蠱惑，他根本不是能夠平衡看待事物的對話者；他後來協助蔣介石把史迪威調走。對蔣委員長來說，派史迪威來華根本就是羞辱。讓一個外國人來告訴中國領導人如何調度指揮他的部隊，本來就不吻合中國領導人的尊嚴，而且史迪威堅持蔣委員長和中共合作更是根本無法容忍的事。赫爾利則非常親善。當赫爾利取得中共承諾將與國民黨合作時，蔣氏堅持中共部隊必須納入他的指揮調度體系。換做另一位代表可能會看到這是不可能的事。但是赫爾利願意聽從蔣委員長的意見：他帶著蔣的要求急切的回頭找毛澤東，使美國在共產黨心目中喪失極大的可信度。此時精明的觀察家已經認為共產黨才是中國未來命運之所繫。不過交涉失敗並沒有損害赫爾利的前途，不久之後他就奉派擔任駐中國大使。[23] 羅斯福相當有信心，認定這一個大國正在崛起，堅信它可以、也應該重建世界。就算有下屬官員的警告讓他停下來再思考一下，總統的政策也沒有採用的跡象。

羅斯福和蔣介石對臺灣的了解都不多。臺灣隸屬日本的年代已經久遠到兩個人都記不清楚了。他們也不了解殖民地人民的感受會是多麼複雜。日本人在臺灣的殖民統治一開頭並不平順。臺灣人很憤怒，清廷割臺之議完全沒有徵詢他們的意見，因而發起游擊戰抵抗，日軍傷亡人數竟超過一八九四年至一八九五年的中日戰爭。但是到了第二次世界大戰前，日本帝國已有時間學會如何治理臺灣。日本治臺從來少不了種族至上主義的色彩。在臺灣，人們深知身為二等公民的痛苦。儘管臺灣人是在迫於帝國統治者的要求下說日語的，數十年之後，許多上年紀的臺灣人卻仍然會說流利的日語。至少，對於某些人而言，比起中國，日本統治代表的是先進、機會和較長的預期壽命。某些人做為日本皇軍的一分子參戰；另一些人則致力於推翻日本帝國的作戰。[24]身為模範殖民地，臺灣免受朝鮮所受到的一些歧視。直到今天，這個歷史遺緒仍然標示著日本與這兩個昔日屬地的關係。

因此，在臺灣所出現的認同意識相當分歧。有人自認為是日本人，有人自認為是臺灣人，有人堅守他們的中國根源，有人認同是客家人，也有人分屬於不同的原住民部落，更有人只關注他們所耕作、營生的一小塊土地。認同感的核心是關係到經驗的，而經驗可以是很複雜的、多面向的而且迷惘的。譬如，著名的臺獨運動人士史明回憶他在日本殖民統治時期成長，觀看臺灣文化協會和臺灣地方自治聯盟等團體的活動。這些團體反對日本統治，而它們的名字也反映出臺灣認同的意識。史明的母親灌輸給他畏懼日本警察的意識。但是史明也回想到日本老師在學校裡平等對待日本學生和臺灣學生，以及日後他在東京進入早稻田大學就學的愉快經驗。在早稻田大學期間得到政治啟蒙之後，他輟學跑到大陸張家口加入中國共產黨，當時他有個日本女朋友作伴。（加入中國共產黨，和爭取臺灣獨立的立場，絕非互不相容：史明指出，毛澤東在和艾德加・史諾（Edgar Snow）談話時，就曾經表示臺灣和朝鮮都可以獨立。）[25]

彭明敏也是臺獨運動的主要人物，日後也參與競選臺灣的總統。他回憶起聽到中日爆發戰爭時的「複雜感受」：學校老師譴責中國人不識好歹，竟然拒絕日本協助中國現代化的無私提議，而家長們卻慶賀中國人勇敢地起而抗日。如果說日本官吏帶有歧視意識，其實也有些日本人覺得歧視臺灣人是不可接受的。（日本曾經嘗試將種族平等的一則條款寫進一九一九年的凡爾賽條約，但是沒有成功。這項失敗引起迴響，日本殖民地臣民自己無畏的站出來堅持此一要求。）[26] 你可以主張從日本帝國獨立出來，卻又愛上這個國家及某個日本人。這一切會怎麼發展下去，並不確定。很可能臺灣人會歡迎戰爭結束，但是在戰後世界他們自己要選擇什麼樣的未來，卻無法估計。

這種程度的複雜性是國民黨完全沒有準備的。抗戰勝利時，對於如何管理臺灣有過一些討論。是要把它當成和新疆、西藏或蒙古一樣，以特別行政區來管理嗎？或是把它和其他任何地區同等對待？或是在兩種方式之間折衷對待？在許多討論者心目中，答案很簡單。沒錯，島上有少許外國人和日本人，但是絕大多數的住民是臺灣人。而臺灣人基本上是由福建和廣東移居過去的。日本多年下來的統治或許已經產生些許差異，但是經過適當的教育，或許就是一、兩年功夫吧，沒有理由相信不能把他們訓練成為思想正確的人民。蘇聯把白俄羅斯、西烏克蘭和波羅的海國家的人民吸納成功，為什麼中國就不能同樣做到？[27] 這個觀點出奇的傲慢，又具極權主義的色彩：光憑教育就可以把人轉變成和其他任何人同一個模樣。羅斯福和蔣介石在那一天預期臺灣將與中國統一，這乃是不祥之兆。

美國在一九四五年八月六日對廣島投擲第一顆原子彈。八月八日，史達林對日本宣戰。八月九日，蘇聯部隊撲向滿洲和朝鮮；同一天，美國投擲第二顆原子彈，這次的目標是長崎。到了一九四五年八月十五日，日本天皇宣布日本投降。[28]

現在，如何重新分配戰敗帝國的屬地，這個艱難過程才剛要開始。這些領土面臨各種不同的命運。戰勝國可以依據占領區瓜分一塊領域。這是朝鮮半島的命運：它由美軍和蘇軍分別占領，雙方的理解是在適當時機，它將重新統一，先做為託管地（由聯合國管理，直到經過判斷它已可以獨立為止），然後才成為主權國家。戰勝國可以據守一塊領域，然後再讓渡給另一個國家：蘇聯將繼續占領滿洲，但隨後應撤軍交還

1946年 東亞軍事形勢
蘇聯
蒙古(蘇聯)
滿洲(蘇聯)
中國共產黨
新疆
北朝鮮(蘇聯)
日本海
南朝鮮(美國)
日本(美國)
中國國民黨政府
東海
臺灣(國民黨政府)
太平洋
緬甸(英國)
澳門(葡萄牙)
香港(英國)
菲律賓海
東沙群島
(爭議領土)
泰國
菲律賓
(美國)
法屬印度支那
(法國)
南海
南沙群島
(爭議領土)
蘇祿海
汶萊
(英國)
北婆羅洲
(英國)
馬來亞(英國)
西里伯斯海
砂勞越(英國)
西里伯斯
蘇門答臘
婆羅洲
荷屬東印度群島
※註:1946年北韓與大韓民國皆尚未正式建國,本圖之北朝鮮與南朝鮮僅為區域名稱。
爪哇海
印尼
爪哇
東帝汶
(葡萄牙)

給中國。戰勝國也可以直接就收復它曾經丟掉的失土：莫斯科將保留俄羅斯曾經在一八七五年讓渡給日本的千島群島。在中國戰場，疲憊的日本軍官向中國當局投降。日本投降當時，中國戰場大約有六萬名美國軍人，他們將協助監督受降過程。中華民國軍隊及官員跨過海峽前往臺灣、接受日本投降及展開他們對臺灣的管轄。日本治理臺灣五十年，現在畫下句點。島上的日本人約有三十多萬人；大多數接受遣送返回日本。絕大多數地區的日本軍民沒有抵抗，都向盟國投降。[29]

遣返日本人只是臺灣所經歷的一部分人口移動。到了一九四九年，島上約有六百五十萬名本地出生的臺灣人，他們的祖先在前幾個世紀遷徙到臺灣定居，他們通稱為「本省人」。國民黨接收臺灣後又從中國大陸帶來一、兩百萬移民；這些人被稱為「外省人」。（臺灣島上還有約二十萬名原住民，但本省人和外省人在政治上都沒把他們當回事。）決定臺灣政治進程的主要是本省人和外省人這兩個族群之間的關係。[30]

但那都是後話。回顧一九四五年，初期的權力轉移出奇的和平。臺灣人夾道歡迎他們的中國同胞。當他們看到國軍士兵髒兮兮的外貌和粗魯的態度時，尤其國軍還由美軍顧問陪伴，不免產生優越感。直到今天還流傳著笑話，若無美國人保護，國軍還不敢面對日本人。臺灣人的優越感和怨氣，還需要一段時間才轉化為敵意。蔣委員長派來的行政長官陳儀發表講話，提出根據孫文的三民主義建設新臺灣的願景。這時候中華民國本有機會爭取到讓臺灣人認為中國是值得的歸屬。但是士兵肆意劫奪、官員貪婪聚斂，能講流利日語的陳儀拒絕說日語，箇中發生許多臺灣人不能原諒的事情。[31]

回頭看中國，情勢很像一場戰爭才剛結束，另一場戰爭即將接踵而至。蔣介石和共產黨的停火關係一直都很脆弱；一九四五年的重慶會談未能將局勢穩定下來。現在，蔣委員長沉浸在得到美國正式承認的榮光裡，毛澤東則力圖守住他已占領的地區，跡象顯示停火協議可能破裂。奇妙的是，美國並沒有堅守它正式承認蔣介石的國民政府是中國唯一合法統治者的立場，而認真的斡旋國共雙方之間的新和平。美國外交官喬治・肯楠（George Kennan）在一九四六年二月二十二日拍發「長電報」（Long Telegram）敲響冷戰警鐘。冷戰的出現，很快就使美國如同本能反射似的出現反共主張來界定美國的外交政策。[32] 美國國會針對敗給共產主義、共產黨入侵、代理人戰爭、成功或失敗的政變等等召開聽證會——這一切都將在不久的將來紛紛出現。但是在一九四六年這一整年，美國對華政策的故事，卻是一個大國願意接受本身能力有限的故事。或許這是因為美國派到中國的特使是喬治・馬歇爾（George Marshall）將軍的緣故。馬歇爾務實的體認到他沒有辦法替中國人解決中國的問題，而他在美國國內的地位隆崇，意味著各方將會接受他不完美的決定。

馬歇爾的調停通常被認為是個失敗，美國人試圖協調出國共雙方之間永遠達不成的和平。但是從另一個角度看，馬歇爾已經盡力把任務盡他所能做到的最好了。馬歇爾去了中國，也嘗試斡旋了；國內政治和善意心態要求美國至少要嘗試調停。但這是一項沒有成果的任務。蔣委員長和他對赫爾利表示的立場一樣，不斷地要求共產黨部隊要納編進入中央軍。這就等於是要毛澤東完全放棄他的主權，毛澤東當然完全沒有意願要這麼做，而馬歇爾也從來沒有預期毛澤東會這麼做，除非出現真正的民主中國。有趣的是，毛澤東似乎保留和蔣介石達成臨時協議的可能性。只要毛澤東能繼續控制住他已贏得的地區，兩個領導人之間的歧異最終如何解決，可以擺在未來慢慢解決。「兩個中國」在一九四六年初似乎是個可行的方案——國共雙方有各自的首都、軍隊，偶爾交火武裝衝突，卻不得不接受對方的存在。[33] 但是蔣委員長絕對不幹，也讓馬歇爾充分了解他的心意。

馬歇爾嘗試了十三個月，無法斡旋出國共兩黨之間的持久協議。他接受調處失敗後，產生拋棄蔣介石這個軍事盟友的念頭。美國不想替一個不肯理性處理事情的夥伴作戰，而應該是停損，放手讓中國局勢自行發展的時候了。從事後觀點來看，這是非常合乎邏輯的決定，但馬歇爾也可以建議投入部隊支持蔣委員長。如果他這麼做，美國很可能在冷戰初期就陷入一個超大泥淖，使越戰相比之下簡直如野餐一般。假使當時美國政策果真做出如此選擇的話，在冷戰時期就真的不知會走到什麼地步了（承諾支持南越就是一面鏡子），顯然馬歇爾的決定就是決策正確的事例。他能做到的成績有限。他沒有辦法關掉從美國流向蔣委員長的經濟援助水龍頭，儘管蔣氏極力要求，美國國內既有利益團體也不斷呼籲，他不讓美國部隊捲入中國內戰。[34]馬歇爾去了中國，調查研究了他能怎麼做，然後決定接受他沒有辦法改變的現實。

一九四六年，馬歇爾還在費盡心機穿梭於國共之間調停之時，蔣介石打響了中國內戰的第一槍。蘇聯自從一九四五年八月加入對日作戰以來就占領了滿洲。一九四六年三月，史達林決定撤走紅軍。對於蔣介石而言，這是搶占領土的絕佳機會。國軍於三月三十一日攻擊共產黨部隊。這時候還並無跡象注定蔣會在內戰中落敗。直到一九四九年初，蔣氏仍是有可能取勝的。他的失敗有許多原因：共軍若干將領的戰術優異、國軍某些部隊的叛降、運氣因素等等，但有個原因最為突出：他的政府施政不力，使治下人民離心離德。[35]國民政府的高壓統治和貪汙腐敗助長了叛變。展現出這個動態的最明顯例證，或許並非出現在中國內戰的主戰場，而是一九四七年二月二十八日發生在臺灣的一場事變。

二二八事件發生的原因很單純。自從國民政府接收以來臺灣的經濟表現不佳；管理不善和貪汙腐敗使得人民普遍感到不滿。二月二十七日，國民政府專賣局的探員取締一名販賣香菸的婦女。賣菸要課稅，探員說她逃稅，小販抗議，探員用手槍槍托揍她，把她打得不省人事。圍觀民眾憤怒的對探員咆哮。探員們開槍突圍。大致來講，這是在全世界各地都會見識到的故事：窮人迫於生計要賺點蠅頭小利，沒有同情心的政府小吏不讓他們這麼做，老百姓的積怨就爆發了，尤其是他們知道政府官員本身就是貪腐的走私客，不由得更加憤怒。接下來的一幕可想而知：群眾在二月二十八日遊行，向國民黨當局抗議。警察胡亂開槍，並且宣布戒嚴。政府和老百姓之間的鴻溝洞開。行政長官陳儀採取了兩個對策。陳儀先是承諾改革：處理委員會將與政府代表開會，將地方民情的不滿反映給行政長官。接著，儘管陳儀承諾不會動用軍隊，但仍然向中央要求調派援軍。武裝抵抗旋即爆發。一支號稱「二七部隊」的民兵進入南投山區，試圖發動對抗國民黨的游擊戰。國民黨部隊裝備精良許多，足以敉平這些團體，但這是耗時長久的艱鉅工作，而且是不分青紅皂白的行動。蔣介石對情勢的了解很單純：臺灣人長久接受日本統治，變得冥頑不靈，加上共產黨背後策動。抗議就是叛亂，必須殺掉或監禁坐牢。由此展開了對臺灣的長期極權統治，臺灣人稱為「白色恐怖」。[36]

這個作法產生好幾個問題。把所有的反對行為都視同叛亂，蔣介石錯失了辨識進而處理臺灣人真實憤懣的機會。的確是有共產黨在背後鼓動反叛中華民國，例如，臺籍共黨分子謝雪紅協助組織二七部隊，她後來逃亡至中國大陸，但是大部分的憤怒源自於臺灣人遭受他們所認為的同胞之貪腐和殘暴欺壓。蔣介石等於製造了共產主義得以滋長的環境，使得這個意識型態在貧窮、絕望的族群中頗受歡迎。這項政策也給予中華民國的黨政軍體系施行鎮壓的方便口實。他們只要威脅起訴對象具有「反政府」思想，就可以予取予求、搶奪任何東西。這麼做只會深化不信任和緊張。中華民國政府可以逮捕反抗者、將他們處死，但無法澆熄悶燒的憤恨。此後多年，叛亂還會突如其來的發生。例如已回到臺灣的史明，曾在一九五〇年組織了幾個年輕人在島內發動革命。[37] 二二八事件使臺灣獨立運動從而誕生。它的起源並非源自於渴望從中華人民共和國獨立（國共內戰誰勝誰負，結果此時尚未確定），而是要從聲稱對臺灣擁有主權的中華民國取得獨立。主張臺灣的未來要由臺灣人自決，不僅來自島內的臺灣人，也來自被迫出走躲到日本、美國及其他地方的臺灣人。

有些美國官員同情此一主張。那些派駐在臺灣的美國官員並非對白色恐怖視而不見，有些人不免思索美國的對臺政策是否需要改變。有一個方案是聯合國託管：把臺灣交付給聯合國託管理事會（派到現場的部隊想必將是美軍），幫助臺灣從殖民地過渡到自治自主。這意味廢棄在開羅做下的承諾，但至少有三次，美國官員曾經認真考慮過這個方案。第一次來自美國駐臺北副領事葛超智（George Kerr）。葛超智早在一九四二年就主張將臺灣交付託管。基於厭惡國民黨採取的暴力鎮壓，他和領事館的同僚呼籲美國介入。他們認為，臺灣人對美國親善；美國應該展現出支持想要決定自身未來命運的人民。中華民國迅雷不及掩耳就敉平叛亂，使得美國人放棄這項計畫。但是魏德邁（Albert Wedemeyer）將軍一九四七年奉派到中國考察時，託管的主張再度浮現。[38]

魏德邁對他看到的情況相當氣餒。他發現國民黨「士氣渙散」，他們急著把解決中國困境的責任丟給美國代表團，同時貪瀆和管理不當依然盛行。（魏德邁同時也注意到共產黨「士氣如虹」。）他訪察臺灣的心得報告，更是凸顯出統治者和老百姓之間的鴻溝：

我們在臺灣的經驗最有啟發性。前行政長官陳儀的施政使人民疏離中央政府……這個失敗不能歸咎於共產黨或異議分子的活動。人民真誠、熱切的期待脫離日本的桎梏。然而，陳儀及其手下無情、腐敗又貪婪的把他們的政權強加在一個快樂、和善的族群身上。軍隊行徑有如征服者。祕密警察任意恫嚇，政府官員剝削人民……

本島盛產煤、米、糖、水泥、水果和茶葉。水力發電和火力發電都相當充沛。日本人即使在偏遠地區也有效的電氣化，並且建立起一流的鐵路和公路。八成人民有讀寫能力，與中國大陸普遍的現象恰恰相反。跡象顯示，臺灣人將會接受美國的監護和聯合國的託管治理。他們深怕中央政府籌謀榨乾本島，以支援搖搖欲墜和貪腐的南京政府，而我認為他們的畏懼是有根據的。39

這是美國對臺灣局勢所能得到的最簡潔、最精明的評估。報告把民眾不滿的原因分析得很清楚。也已指點出了一個承諾更美好未來的行動方向：先將臺灣交付託管，並且設定日後會獨立。（這並不光只是關乎尊重臺灣人；如果不滿繼續發燒下去，臺海地區恐怕難以抗拒共產主義。另外值得一提的是，魏德邁也建議將滿洲交付託管。）這是很艱難的行動路線，但至少在理論上是可行的。如果採行的話，這個世界可能就會有個主權獨立的國家臺灣。

問題在於美國政府對於如何處理中國問題，根本沒有一致的共識。固然魏德邁正確的指出了中國的缺失，但是把聯合國扯進來無疑是十分艱難的一件事。它會傷害到美國正在支持的蔣政權的力量——的確，魏德邁最後還是支持援助它，建議繼續軍事援助國民黨，現在它的士氣已經低落到無以復加。[40]令人詫異的是，美國官員怎麼會認知到一個領導人無可挽救的無能，卻依然建議給予軍事援助。這就彷彿夫妻失和、關係惡劣，卻找不到解決之道。美國依然勉為其難的提供武器給蔣委員長，幫助他搶占更多領土。在開羅做出承諾後，美國或許懷疑過這麼做是否明智，卻沒有勇氣完全推翻前議。

有一位先生的確勇氣十足，他就是喬治・肯楠。內戰頻頻失利，蔣氏被迫辭去總統職位，交給李宗仁（不過蔣氏很快就又復職）。一九四九年七月六日，肯楠思索著前述的可能性，起草了一份或許比起讓他聲名卓著的「長電報」更重要的文件。目標是不讓臺灣和澎湖群島陷入共產黨手中。這一來必須把國民黨部隊趕出臺灣，以及「援引島民自決的原則，成立一個臨時的國際或美國政權，然後在和日本正式簽訂和約之前，舉行公民投票，以決定臺灣和澎湖群島的最終處理。臺灣獨立是唯一一個具有充分的草根支持以抵抗共產主義的概念。」[41]

這是對局勢十分深刻的解析。肯楠認為，蔣介石沒有力量抵抗共產主義。有壓迫的地方，共產主義就會興盛。但只要賦予人民消除壓迫的希望，就可以擊敗共產主義。就臺灣的情況而言，這意味著要鼓勵主張自決的人士。採行這條路線需要多邊的合作，肯楠建議徵詢澳洲、印度和菲律賓的意見，看他們是否願意跟隨，或者是由美國片面宣布要接管臺灣，因為「情勢已使開羅宣言所依據的所有假設失效，基於太平洋地區安定的利益，以及基於島上居民的利益，美國必須介入。」這裡出現一個明顯的問題，就是必須動用武力趕走已經進駐臺灣的三十萬名國民黨軍隊；肯楠認為，必要的話就得做。蔣介石如果希望的話，可以以政治難民身分留在島上。到了適當的時候，可以徵詢臺灣人他們希望什麼形式的政府。整個提案相當宏觀。肯楠承認，片面採取行動的話，「會在法律和程序基礎上冒犯到國務院裡許多人的敏感神經，並且我們可能必須走一些法律邊緣來使此一決定正當化。」但是，另一種可能性就是聽任共產黨控制臺灣，逼近到使美國在沖繩和菲律賓的重大利益岌岌可危。[42]

這裡又一次出現臺灣獨立可能的一道機會之窗。如果美國很認真希望臺灣獨立的話，這正是切實必然需要的政策形式。工作可能遠比預料來得容易。已經有些國民黨官員，例如陳儀的繼任人魏道明，以及孫立人將軍，正在思考宣布自主。如果他們說服三十萬大軍聽從他們，他們也是有此能力的合適人選，美軍或許不需要花費驚人的努力就能把臺灣推向獨立。[43] 趕走國民黨部隊後，美國就可以著手籌畫公民投票。這時候的美國傾向於和國共內戰後確立的勝方政府建立外交關係。一旦共產黨掌握政權時，可能會對美國撤銷開羅宣言的承諾提出異議。但此時中共迫切需要資金和外交承認，或許就不會提出反對，尤其是當美國人鄙棄蔣介石，不再與蔣聯合的話。

問題出在肯楠所列舉出來的任務需求太艱鉅；他自己在同一天就撤回這份備忘錄。（他為什麼撤回文件，原因迄今不明。）引述前總統狄奧多・羅斯福（Theodore Roosevelt）的話，他指出這項政策需要「決心、速度、狠心和自信」。美國展現的速度和狠心或許已經很出名，但要把它們和決心及自信結合起來並非易事。政府是一頭怪獸，肯楠日後把它比擬為遠古的恐龍，要它有信心迅速的重新思考原先的假設並採取新行動，可不是件容易的事。何況聯合參謀首長也不希望介入臺灣局勢；他們覺得世界各地遍地烽火，已經夠他們忙了。[44] 決心和自信，談何容易。

臺灣島內有人渴望公民投票，美國官員相當清楚，也知道需要採取什麼行動才能實現它，但是美國政府缺乏胃口接受此政策將會帶來的成本代價。這是一項可以理解的決定，但也不是一項非如此不可的決定，當時原本可能有不同選項。事後回顧檢討，這一段時刻或許是美國具有最大空間採取行動，不把臺灣交給中國的時刻。但是美國沒有動作。臺灣仍然由中華民國掌控。

場景回到中國，國共內戰已經進入結局。國民黨軍連連敗戰，政府被趕到西南，將領相繼叛變，諸如傅作義棄守北平，向中共倒戈。國民黨已有好一陣子在考慮撤退到臺灣做為最後立足點。黃金財寶、歷史文物和文件都已運送到臺灣。這不是蔣介石所樂見的劇本，但卻是被迫不得不接受的現實。一九四九年夏天，他回到廣東，這是國民黨一九二六年發動北伐之前的根據地。但是這次已經不是勝利北上、完成全國統一。手下將領已經無心奉行他的命令。他冀望盧漢能在雲南和貴州領導反共作戰，盧漢卻不再服從蔣委員長的號令節制。盧漢尋求其他將領支持、想要綁架蔣氏。蔣委員長迫於無奈，在一九四九年底逃到臺灣。[45]

在蔣介石的盤算中，這只是暫時撤退，要以臺灣為基地，有朝一日光復大陸。即使撤守臺灣，也不能確保蔣能繼續擔任國民黨政府的領袖。他的政府一直都是脆弱的威權專制：他與各地軍閥不時變化的合縱連橫，依賴他們的同意和支持保持權位。多年來，各路軍閥的支持起起伏伏，蔣介石的權力也隨著起起伏伏。他結合了政治權謀與外國支持，才勉強設法保住共主的地位。現在他岌岌可危的坐在權力金字塔頂端，他必須兼備政治權謀和外國支持。美國的支持並不是絕對可靠。有些美國官員認為蔣介石已經窮途末路，而拯救臺灣的唯一方法就是甩掉他。國民黨內還有其他人可以被推舉為領導人，譬如孫立人將軍或臺灣省主席吳國楨。但這些人都沒有表態要接受美國的支持以取代蔣介石統治臺灣。駐守臺灣的國民黨也不是唯一的選擇。還有一支國軍部隊守住海南島（他們在一九五〇年被共軍擊敗），他們不無可能成為美國援助的主要對象。另外還有一些臺獨活動分子，例如廖文毅等散布在東亞各地，他們接觸感興趣的美國代理人，爭取在聯合國託管下成立福爾摩沙臨時政府。[46] 可以有別的選擇取代蔣氏的統治，這些其他選擇，也代表著蔣要保住權位，勢必面臨強大的挑戰。

有兩件事幫了蔣介石大忙。第一是美國一如往常，對於是否甩掉他這個問題，意見強烈分歧。政府內部意見分歧，往往都會讓既有政策沒完沒了拖延下去。蔣夫人仍然能夠號召中國遊說團出來譴責棄蔣論。道格拉斯・麥克阿瑟將軍（Douglas MacArthur）此時聲望處於巔峰狀態，他強硬主張現在應該是支持蔣氏的時刻，而不是拋棄他。對蔣委員長的支持已經走到這個地步，美國不能甩掉他。[47]

確保蔣介石生存的第二件事，是獨裁者手冊中的一份老舊劇本：他必須切切實實讓忠誠分子抓緊國安情治事務。獨裁者若希望存活下去，絕對重要的一件事就是要牢牢掌握住警察，切實控制祕密情報，以及警察機關具備的準軍事功能。蔣介石把治安機關交付給他兒子蔣經國管控。蔣經國曾經在莫斯科居住，他從蘇聯共產黨學的就是監視、恐怖、滲透和逮捕。他回國後在父親的政府裡工作，現在他做為特務頭子的技巧，將用來確保蔣介石保住權位。[48]

蔣經國手下的警察幾乎滲透到臺灣的每個角落。官方的講法，他們的職責是逮捕國家敵人。中國共產黨已展現出剝離蔣介石支持者的本事，因此這種危險必須提防警戒。就實務來講，這代表剷除每一個潛在異議分子的源頭。如此一來企圖推翻蔣的政變就不可能發生，但也使得白色恐怖的殘暴專制持續下去。即使到今天，都還很難確切知道有多少人被逮捕和槍斃。蔣氏政權在泯除紀錄上就和它殘酷施暴同樣積極。數萬名臺灣居民被抓去坐牢，數千人遭到處決。有些人被送到偏遠的綠島監獄服刑，一關就是幾十年，並不罕見。[49] 沒有一個空間能夠完全自由到可以不受檢查，也沒有一個人際關係親密到完全不可能遭到背叛。

打從一開始，「自由中國」就建立在專制和恐怖的基礎上。蔣介石真心相信他的統治攸關中國的福祉和反共鬥爭；如果非得以無情的監禁和處決來確保他的統治，那也是不得不支付的代價。他的政敵李宗仁已經以治病為理由躲到美國去，蔣介石則不放棄國民黨總裁和三軍統帥的職務，於一九五〇年「復行視事」回任總統。李宗仁長久以來一直抱怨：蔣氏或許會放棄總統職位，但他絕不會放棄權力。臺灣在一九四九年實施戒嚴。一九四七年制訂頒布的憲法維持不變；國民黨聲稱仍然統治整個中國。理論上，這部憲法規定要以選舉填補政府三個部門的人事。（譯按：指的是共同行使民主國家議會功能的政權機關國民大會和治權機關立法院及監察院。）候選人可以競選，爭取擔任立法委員和國民大會代表。（部分席次要由某種團體，如西藏人或旅居國外僑民選舉產生。） 總統每六年即應改選，連選得連任一次。但是，蔣介石不是放著危機不加以利用的人。他已經在一九四八年四月調整憲法，賦予自己臨時權力。其目的是允許總統採取緊急措施「動員戡亂」、撲滅共產黨叛亂；選舉亦將暫停，直到叛亂平息為止。這些臨時條款卻持續維持有效，直到一九九一年才停止。[50]

這些措施引起美國的關切。蔣氏正在營建一種情勢，使得已經疏離中央的老百姓可能轉投向共產主義。美國駐華代辦寫說：「我的感覺是，逮捕和審判是維繫國民黨不知寬容的警察國家的方法，不斷地使用它們，使得人民離心離德。」[51] 但是沒有認真的駐華代表，美國沒有太多的影響力可以用得上。只有肯楠那一招，美國強勢介入趕走國民黨，可能會有效，可是那又是沒有人願意支持的方法。

一九四九年十月一日，毛澤東的共產黨宣布中華人民共和國成立。毛澤東心目中的中國版圖直到大約這個時刻，還在變動不定。他成長於中國分崩離析的年代；他對他的中國版圖可以延伸或應該延伸到什麼地步，根本沒有堅定的主張。如果不把臺灣交給國民黨，而是讓它從託管地演進到獨立，極有可能中共會完全放棄取得臺灣的想法。毛澤東早先並沒有想到大清所征服的廣大邊陲地區必須成為他的中國之一部分。一九三三年，中國共產黨曾經建議西藏、新疆、內蒙古和貴州等邊陲地區可以選擇自決。當然這或許只是耍陰謀詭計，或者也有可能是真心誠意的宣示。但是年輕時期出於理想主義的想法，隨著大權在握也就煙消雲散了。一九三六年，毛澤東接受史諾的訪談，表示中國共產黨會支持臺灣爭取獨立。[52] 史諾可能被騙而輕易相信中共的想法，但他是個誠實的記者，並沒有竄改毛澤東的話。至少在一九三〇年代，毛澤東和許多中國人一樣，似乎不把臺灣當成中國本土的一部分。這時候他對國家的觀念很單純、認為就是一片他可以行使權力的地區，是可以移動的。江西蘇維埃是個國家；他打了敗仗，丟了這片地區，撤退到其他地區，那麼國家就跟著他移動。延安是國家的根據地，丟了它是重大損失，但是這並沒有終結中國共產黨的主權。因此，臺灣排除在中國共產黨統治的國家之外，並不是太牽強——尤其是當你想到，中國共產黨本質上終究是以土地為基礎的一群農民。一個孤懸在海上的小島，沒有什麼理由會在他們思考中占重要分量。

比起對蔣介石的態度，毛澤東對臺灣的態度沒有太大改變。馬歇爾提議時，如果蔣氏接受停火，毛澤東或許會同意接受兩個中國。一九四五年，和國民黨的和談沒有結果時，他曾經願意接受某種形式的分治。即使國共內戰在一九四六年爆發之後，中共至少在初期似乎態度開放，也能接受停火。統一，畢竟不是中國的常態狀況；分裂的中國在毛澤東看來算是常態，是可以接受的事實。一直要到一九四七年蔣介石部隊占領他心愛的延安，戰爭目標才從求生存轉變為全面擊敗國民黨政權。至於在蔣介石這一邊，除了完全剿滅中國共產黨之外，還沒準備其他對策。[53]不論蔣氏在何處，只要他還保有武裝力量以及美國的支持，對中共而言，他就會是個威脅。

因此當臺灣成為國民黨在內戰中的最後基地時，無可避免的，中共就會把注意力轉向它。蔣氏並不甘於悄悄守住臺灣療傷止痛。蔣氏利用臺灣做為基地，針對中共發動海上戰爭。就中共而言，就和以前的大清帝國一樣，問題不在臺灣這個島嶼本身，而是有敵軍據守著它，中共非得有所作為不可。就中華人民共和國官方的思考來說，有各項顧慮融合在一起：基於地緣戰略的需要，不能讓敵人有個基地可以進攻中華人民共和國，也不能讓敵人的地盤近在咫尺。這些顧慮也適用在其他區域。周恩來指出，雖然中國的確答應讓新疆和西藏等地方自決，現在卻不是讓它們實施自決的時刻；帝國主義者（美國似乎意圖協助蔣介石）處心積慮要分裂中國。中共心目中的中國版圖已經變了。它現在要占領新疆和西藏，唯有戰爭的命運才能瓦解它奪取臺灣的念頭。54

共產黨企圖爭奪臺灣的第一次挫敗，發生在古寧頭戰役。一九四九年十月底共軍猛烈攻打位於福建外海不遠的金門，遭到挫敗。這是影響深遠的一場戰役；它意味金門和其他外島，以及臺灣，將持續由國民黨控制。但是在當時，挫敗似乎只是暫時的。中共並不熟悉海戰和當地情況，但有意願、也有能力從錯誤中學習。後來中共的人民解放軍能夠擊敗海南島的國軍部隊，部分原因就是它從經驗中學到教訓。將來要有更好的準備才能確保勝利。因此毛澤東專心鞏固他的勝利成果，並計畫在一九五一年選擇時機攻打臺灣。他知道他必須有海軍和空軍戰力，因此一九四九年十二月和史達林會談時，他詢問蘇聯是否願意派遣飛行員或軍事特遣隊協助中華人民共和國。史達林卻不肯做出承諾。他解釋說，他不希望給美國人藉口可以介入。不過，他的確提供了參謀人員和教官給中國。他也建議派遣一支單位潛入臺灣進行宣傳作戰、鼓舞當地人革命。[55] 這個單位能有什麼效果或許值得懷疑，蔣介石的情報機關很強大，宣傳單位很可能會被殲滅。但是若隨著局勢發展，一旦共軍的海軍力量增強到能讓部隊登陸臺灣與蔣軍全面作戰，中華人民共和國有充分理由認為可以征服臺灣，把它併入新中國。

美國政府的官方心態，說起來是這麼一回事：理念，尤其是那些與必須捍衛的事物有關的理念，很少會完全消亡。相反的，它們會鑽得很深，然後在最不適當的時刻又冒出來。美國總統、國務卿、國家安全委員會，或許會做出某個決定指引國家方向，但在危機熾熱時，這些決定又會被拿出來重新檢討，甚至翻案。原本只是很邊緣性的利益，有可能最大化而突然變成重大利益。其結果是當政府不斷檢討評估各種選擇方案時，戰略老是游移不定，和突然積極行動這兩者之間不斷切換。這種傾向將是美國處理韓戰的顯著特色，而且這種傾向導致了在臺灣地位的問題上，長遠留下了一道消之不去的印記，遠超出華府原本的意圖。

一九五〇年初，美國對中國及臺灣的政策混亂不明，就是最明顯的例證。不論是透過封鎖柏林或捷克政變，莫斯科已經提供充足的證據證明肯楠所謂的它正在「努力……推進蘇聯勢力的正式界限」。鑒於這些證據，華府不能對蘇聯在中國的影響力樂觀。肯楠和戴維斯盼望中共會像狄托（Josip Broz Tito）的南斯拉夫，不聽從蘇聯的權威。毛澤東在一九四九年六月三十日宣布中國將「一面倒」（採完全親蘇聯的立場），與蘇聯結為夥伴，似乎已經澆熄了此一希望。但是毛澤東從來沒有打算，他和蘇聯的關係要排除掉北京與美國保持適當關係的可能性。對他來講，和美國達成臨時協議的關鍵障礙，是美國支持討厭的蔣介石。中共部隊占領北平和南京時，已經拒絕承認美國駐華官員的外交地位，但是當時美國官方也還未承認中共的政府。沒有外交關係卻主張享有外交特權，是很奇怪的主張。沒有這些特權，並不能阻止中共官員試圖接觸派駐在中國的美國官員。在國共內戰中得勝，也沒有使中共的對美政策改變。即使毛澤東已經在一九五〇年二月十四日與蘇聯簽署了友好同盟暨互助條約，他仍然在調查與美國建立通商關係的可能性。[56] 他並沒有意向要把中國降低到做為蘇聯附庸的地位。「和美制蘇」符合堅實的戰略需求。

華府仍然急切的試圖訂定對中國的立場。它被自己狂熱的反共意識束縛住。美國在冷戰之前就對共產主義抱持懷疑，隨著冷戰發展，疑心更是上升到令人暈眩的高度。誰要是對共產主義軟弱，等於是斷送政治前途。到了一九五〇年二月，約瑟夫・麥卡錫（Joseph McCarthy）參議員發現，獵捕所謂潛伏在政府裡的共黨分子，乃是晉身政治權力高峰的終南捷徑。但是即使在麥卡錫形成一股破壞力量之前，華府已經遭到控訴聽任一些國家淪陷入共產主義陣營。政治上來講，這種指控會致命，而且其殺傷力並不因內容荒誕不經而稍減。各國有他們自己的軌道、有他們自己的選擇，華府絕非無所不能，凡此種種，美國政府根本就不預備去深入了解。

哈利・杜魯門（Harry Truman）繼羅斯福之後出任美國總統。杜魯門政府不得不發布大部頭的《中國白皮書》來顯示美國實在無能為力來拯救蔣政權。白皮書源源本本詳盡交代了美國和中國交往的紀錄。（它堅稱門戶開放政策展現美國對中國的友好，卻不提這項政策的目標是強迫中國向所有國家開放。）這本白皮書一公布，讓國民黨感到十分憤慨，有位國民黨官員指責它「不公、不義」。如果說白皮書似乎關閉了與國民黨合作的可能性，那麼，除了政權更迭之外，它也沒有提出美國應如何與中共相處的建議。國務卿狄恩・艾奇遜（Dean Acheson）將白皮書呈報給杜魯門總統的報告中提到：

有人力主給予國民政府相當少量的援助——軍事和經濟的援助——就足以讓它可以摧毀中國的共產主義。我國政府所得到的最可信賴的軍事、經濟與政治情資，都不能證實這個觀點……

現在已經十分清楚，我們必須實事求是面對局勢。我們若是以一廂情願的想法為基礎訂定政策，對中國人和我們自己都不會有助益。然而，我們持續相信，悲劇可能是中國即刻的未來，可是無論這個偉大民族的大多數人民，受到替外國帝國主義利益效命的政黨多麼無情的壓榨，最後中國深厚的文明和民主的個人主義仍將復興，而她將擺脫掉外國的桎梏。我覺得我們應該鼓勵中國國內所有的發展，在現在及未來朝這個目標努力。

未來推動我們歷來對中國的友好政策時，必須承受當前發展的深刻影響。它必然會受到中國人民理解共產黨政權不是為他們的利益效勞、而是為蘇聯利益效勞所影響，而他們理解事實的方式、以及他們對外國主宰的反應如何，也會有影響。57

至少在理論上，這裡所描繪的政策已表明美國打算洗手告別蔣介石。不過，金錢和武器還是繼續流向蔣政權。此時並無即時的計畫要推翻中共。如果中國發展出反共產黨執政的運動，艾奇遜表示，美國將支持它。但是除此之外，華府不能、也不會有任何動作。這是很奇怪的政策混合：除了已經核准定案的，美方將不再援助蔣氏；除非威脅政權易手的動作具有可行性，美國也不會抗拒中華人民共和國。

所有這一切加總起來就產生一個實務上的問題：美國到底要如何處理臺灣？就這一點來說，決策者有許多意見。除了製造政變、罷黜蔣介石、促成自決之外，保持住臺灣不讓共產黨侵占的替代方案，就是肯楠所建議的方案：也就是動用武力。要不讓共產黨占領臺灣，美國必須不讓已經到了臺灣的國民政府占有臺灣。要做到這一點的唯一方法是拿起武器趕走國民黨部隊。這一點正是艾奇遜想讓參議院袞袞諸公了解的。肯楠提出的是狄奧多・羅斯福（大羅斯福）式的進攻，把國民黨部隊趕出臺灣，藉此不讓臺灣落入中國手中，艾奇遜卻是無可奈何的建議接受無法避免的結果。他先向參議員們報告，沒有辦法收復中國大陸了。其他國家，尤其是英國，已經紛紛承認中華人民共和國。在艾奇遜看來，臺灣曾經是中國領土，現在還是中國領土。因此，美國有兩個選擇：它可以占領臺灣（但是艾奇遜認為美國民眾沒有準備好要這麼做），或者是美國可以聽任它淪陷。雖然聯合參謀首長並不樂見臺灣出現共產黨政府，他們也並沒把臺灣當做攸關美國重大的國家安全議題。然而，參議員們的看法不同。政府當然可以再多出幾分力氣武裝國民黨。陸軍上將麥克阿瑟和海軍上將亞瑟・雷德福（Arthur Radford）都是著名的英雄，公認深具勇氣和地緣戰略智慧的人物，他們都說必須保住臺灣，不能讓它落到共產黨手中。軍方人士一向都有不同的意見，與艾奇遜立場相反，這也是為什麼決策者必須接受聯合參謀首長認為是基本的主張。
58 這些歧見凸顯出一個關鍵要點：美國政府內部對中國與臺灣困局的意見，仍然深刻的相互衝突。

意見分歧並不僅限於軍方或參議院，而是行政部門各機關普遍如此。杜魯門總統在一九五〇年一月五日重申美國對開羅宣言的承諾，但是他也清楚地表示，他毫無意圖要介入國共內戰。他又說，「現在」——這一點非常重要——美國沒有意圖在臺灣設置基地。美國將不再給予蔣氏軍事援助，不過金援會繼續下去。艾奇遜和總統的主張一致。但是不論國務卿偏向那個方案，他自己的部會並沒有放棄託管的可能性。助理國務卿狄恩・魯斯克（Dean Rusk）撰寫的報告，提到共產黨對美國的世界地位所構成的危險。魯斯克希望美國的立場能顯示「堅決」。這樣的立場可以表現在臺灣問題上面。魯斯克在一九五〇年五月宣布：「如果美國宣布要將臺灣中立化，不允許它被共產黨占領，也不讓它被用做對付大陸的軍事作戰基地，這項決定我們肯定可以保持，還不至於導致與蘇聯公開戰爭。」他承認，這將引起戰爭的風險，但這是值得一冒的風險。一旦臺海中立化了，臺灣就可以開始走向託管。[59] 按照魯斯克的想法，重要的不是臺灣的地緣戰略重要性，而是它的政治重要性。美國必須展現它對共產主義強硬。翻閱這份備忘錄，你不禁有闖進《等待果陀》（*Waiting for Godot*）場景的怪異感覺，內容就是無休無止、一再重複的徒勞。它既是魏德邁一九四七年所暗示的方案的迴響，也是肯楠在一九四九年擬訂的計畫的迴響。美國政府仍然深陷在有關如何處理臺灣問題，沒完沒了對話之中，仍然在泥濘中空轉車輪，但依然動彈不得。

然後，思考它在冷戰中必須防護的戰略要點時，華府分裂了。在杜魯門、艾奇遜和聯合參謀首長心目中，臺灣不是重大利益。日本和菲律賓需要受到防衛；臺灣則不需要。[60] 但這些人士所負責的機構內部也有強烈的聲音，毫不含糊地呼籲保衛臺灣。這是一場尖銳的辯論。重量稍微轉移都可能使天平傾斜。

轉變始自一場演講。哪一點值得保衛、哪一點不值得：這個問題是美國民眾必須清楚明白的問題，有一部分是因為如此一來，他們才會了解為什麼杜魯門政府撒手不理中國局勢。因此，艾奇遜決定在一九五〇年一月十二日借全國新聞俱樂部（National Press Club）發表講話、澄清問題。在日後變得相當著名的這份演講詞中，他描繪美國必須防衛的「防衛半徑」（defensive perimeter）：

這個防衛半徑由阿留申群島（Aleutian）延伸到日本、再到琉球……

防衛半徑由琉球延伸到菲律賓群島……

目前就太平洋其他地區的軍事安全而論，很顯然沒有人可以保證這些地區能夠對抗軍事攻擊。但是也很顯然的是這種保證實際上不具太大意義。一旦發生這種攻擊（我們不便說這種武裝攻擊將來自何方），初期必須依賴遭受攻擊的人民去抵抗它，然後再依賴整個文明世界依據聯合國憲章所做的承諾行事。到目前為止，決心保衛自身的獨立、對抗外來侵略的人民都還信賴聯合國，沒把它當成弱蘆葦。[61]

朝鮮半島和臺灣沒有被納入防衛半徑。艾奇遜很清楚地表明美國沒有承諾要保衛它們。這代表的是，如果有人想要入侵這些地方，他們可以動手，因為已經知道美國不會干預。

北韓共產黨頭子金日成早就想把分裂的朝鮮半島統一在他治理下。第二次世界大戰結束時的南北區隔，本意就是暫時性質。金日成和他在南韓的對手李承晚仇恨深重。金日成想要攻打並征服南韓。迄今，攔住他的是莫斯科。史達林根本不相信金日成會打贏統一之戰，他也不希望被拖下水和美國交戰。先前金日成曾要求史達林允許他入侵，但遭到拒絕。但到了一九五〇年，這位蘇聯領導人改變主意了。毛澤東在中國戰勝，有助於稍為移動了指針，因為中國人現在可以負起鼓動戰爭的責任。艾奇遜的演講使得指針更加移動。四月間，史達林同意金日成進攻南韓，只要他能夠爭取到毛澤東承諾援助的話。雖然支持的性質還模糊不清，毛澤東願意伸援，而毛澤東也猜測戰爭可能比起金日成的預期更加嚴峻。金日成在一九五〇年六月二十五日揮兵南下。[62]

假如華府堅守南韓不值得保衛的初衷，事情可能就到此為止。但是攻擊正在進行中，美國突然間認為南韓攸關重大利益。部分原因是慕尼黑的教訓困擾住杜魯門政府；他們全都經歷過第二次世界大戰，澈底領教過姑息帶來惡果的教訓。部分原因是「失去中國」的爭議已經鬧得沸沸揚揚。美國覺得讓中國淪落到共產黨手中已經夠丟臉；如此快速又讓南韓落到共產主義陣營則是無法容忍。如果南韓淪陷，下一個目標是什麼？對於非共產世界所造成的心理傷害將十分難以療癒。美國非得拿出作為來不可。63

這就要提到艾奇遜演講稿的第二部分，以往這個部分不公平的遭到忽視。他舉出聯合國不是「弱蘆葦」做為理由。美國或許對南韓沒有保衛的承諾，但它可以號召聯合國提供防衛。而且此時的聯合國會員國陣容有利於美國的行動。蔣氏的中華民國掌握中國的席次。中華人民共和國建立後，周恩來致函聯合國祕書長，要求由北京接手中國的席次，但是美國能夠封殺這個要求，也的確做到了。當時美國足以爭取到聯合國大會的票數支持。當蘇聯和印度在一九五〇年九月提出決議案，主張讓中華人民共和國取得聯合國席次時，美國糾集到足夠的支持擊敗決議案。毛澤東的中國就如此奇怪的被阻擋於聯合國大門之外，直到一九七一年。美國提議針對北韓的侵略做出反應時，蘇聯其實是可以阻擋的，但是它決定杯葛安全理事會會議、抗議中華人民共和國被排除在聯合國門外。[64] 透過聯合國決議以反抗北韓侵略的美方提案因此從容過關。

到了一九五〇年七月初，美國為首的聯合國部隊蜂擁而上，擊退北韓的猛烈攻勢。杜魯門也派第七艦隊進入臺灣海峽。他在日後說到：「這一動作的目的是防止中國共產黨攻擊臺灣，以及蔣介石反攻大陸。後者可以避免赤黨擴大衝突區域、施加報復行動。」華府的官方說法是，這是「不偏袒會影響中國政府的政治問題。」[65] 韓戰已在進行中，若在臺海再另生枝節爆發戰爭，那可不是美國政府吃得消的。

杜魯門決定把臺灣問題擺在一邊先不處理是一回事；真正做到確實不爆發戰事又是另外一回事。蔣介石樂見北韓的攻擊有如第二次珍珠港事變；這場戰爭將使美國再次出手保衛他的政權。[66] 他的判斷沒有錯。韓戰在華府內部引起慌亂。若是捲入韓戰，美國就必須展現勝果。若是派兵進入臺海地區，這樣的盤算也是必然的。現在，若失去臺灣將對美國聲譽構成極大傷害。

美國仍然有人認為支持蔣介石並不是全世界最爛的主意。奉派出任韓境聯合國部隊總司令的麥克阿瑟將軍，透過廣播發表他對這場風暴對臺灣有什麼影響的獨特觀點。在韓戰爆發之前，麥克阿瑟已經主張，臺灣的地緣戰略重要性非比尋常，不容許落入共產黨手中。它有很多基地；它曾被日本用來做為入侵東南亞的跳板。雖然他不能就臺灣的政治前途建議明確的措施，麥克阿瑟指出，承諾將臺灣交還中國時的「政治情勢，和現在存在的情勢已經完全不同。秉持道德觀點的立場，應該讓臺灣人在不受共產黨警察國家主宰的氣氛下，有機會發展他們自己的政治前途。」[67] 這又是臺灣和中國或許必須各自走上不同道路的意見。麥克阿瑟所主張的就是，開羅宣言的承諾可以不算數。

麥克阿瑟非常樂意與白宮以外的各界分享他的觀點。它們在具體細節方面相當鬆弛，他並不在乎。麥克阿瑟對於韓戰要怎麼打並不服從上命，這點是出了名的。杜魯門只想要把北韓部隊趕回到三十八度線以北，麥克阿瑟卻要追擊敵軍、予以殲滅，這一失算導致中國介入戰爭，最後陷入僵持。在臺灣方面，將軍和總統意見也不一致。總統特別助理艾維瑞爾‧哈里曼（Averell Harriman）銜命去和將軍談話，對於麥克阿瑟的精神狀態帶回來令人沮喪的分析。哈里曼報告說：

> 麥克阿瑟接受總統的立場，將會奉命行事，但是並未完全信服。他有個很奇怪的主意，認為我們應該支持任何一個肯跟共產黨作戰的人，即使他提不出論據說明為什

麼蔣介石的反共作戰對與中國共產黨的交涉會有有效的貢獻。我向他指出，美國和蔣介石對臺灣前途的立場——也就是防止臺灣落入敵手——基本上利益衝突。或許最好的方法是透過聯合國為中介，以建立一個獨立的政府。蔣介石那一方面，他只有熊熊的野心要利用臺灣為跳板，重新回到大陸。麥克阿瑟承認這是無法實現的野心，可是又認為，或許讓他登陸，以這種方法甩掉他，是個好主意。他似乎不考慮我們支持蔣氏這麼做，對我們在東亞會有什麼不利影響。[68]

麥克阿瑟根本不了解，他的反共狂熱會使他陷入中國政治的泥沼。身為一個極有自信的人，他一點都不懷疑自己是否知道自己在幹什麼。他到臺灣和蔣介石談話時，營造出美國已和國民黨恢復合作的印象。麥克阿瑟在國外戰爭退伍軍人協會（Veterans of Foreign Wars）演講時說，臺灣在反共戰爭中是一艘不沉的航空母艦；與敵人不能妥協，而臺灣必須保有在友好國家手中。這一來，美國政府的發言口徑不一。杜魯門大動肝火，命令麥克阿瑟撤回發言，但傷害已經鑄成。[69]

雖然他們兩人之間的關係後來惡化，但有趣的是，在韓戰爆發之初，杜魯門和麥克阿瑟對臺灣問題的看法歧異並不大。看過麥克阿瑟有關臺灣重要性的備忘錄後，艾奇遜和杜魯門都覺得或許值得重新檢討臺灣地位問題。艾奇遜傾向於把案子提交聯合國的可能性。總統認為，對日和約還未簽訂，可以把它當做和約的一部分來解決。[70]按照他的直覺，討論對日和約將是解決日本帝國前殖民地、如臺灣，如何處置的合理場合。杜魯門是對的。但是，討論若要奏效、可行，中國勢必需要參加會議，因為除了朝鮮，中國堪稱是受到日本侵略影響最大的國家。

這是不可能發生的。因為中國加入了韓戰。爭議有一部分出現在，無論杜魯門有心或無意，他決定派第七艦隊前往臺灣海峽，就等於介入中國內戰。中華人民共和國無疑是這樣認定的。毛澤東回想到杜魯門曾說他不會干預臺灣問題。現在臺海中立化了，顯示相信老美的話真是愚蠢。因此中國透過印度在中間扮演重要的談判管道，清清楚楚表示，美國行為構成干預中國內戰。[71]

在戰爭爆發之前，中華人民共和國已經派遣在解放軍服役的朝鮮族士兵進入北韓，並且早在一九五〇年七月初，他們也動員更多部隊以備可能到朝鮮參戰。不過，即使在此時，中國參與韓戰仍不是定論。如果說美國方面情勢混亂、歧見深重，中國方面同樣也混亂和分歧。毛澤東本人希望加入戰局。國共內戰期間，有共軍曾經躲入朝鮮逃避蔣氏追擊，受到朝鮮庇護，這份人情債必須要還。此外，毛澤東想要展現實力，而不是怯懦懼怕美國人。但是他的同志們有不同看法。他們倦於不斷的戰爭，而且國家亟待重建和管理，在現階段跑到朝鮮去插手作戰，恐怕力有未逮。中華人民共和國的高層，直到一九五〇年十月四日才正式接受有必要介入的結論，這一天，毛澤東召來彭德懷元帥向中央政治局擴大會議提出報告。彭德懷和麥克阿瑟一樣，是依據地緣政治觀點主張參戰。他解釋說，讓敵國同時控制朝鮮半島和臺灣海峽，就無法期待國家能生存下去。基於國家安全的考量，中國必須要參戰。即使在此時，還是有些阻滯；中方不清楚史達林願意提供什麼樣的援助。直到十月，毛澤東才正式命令中國部隊進入朝鮮。[72]

中國介入韓戰，大出麥克阿瑟將軍預料之外。現在戰事變成中美戰爭，甫一開戰，中國部隊成功擊退美軍，也讓他吃了一驚。戰爭的重大傷損之一就是麥克阿瑟的職涯。麥克阿瑟很憤怒，想要擴大對中國的攻擊，朝中國投擲二、三十顆核子彈。杜魯門拒絕支持他的提議，他又公開譴責總統。一九五一年四月十一日，杜魯門將麥克阿瑟免職。本質上，兩人之間的歧異很單純：杜魯門打仗，是要防衛南韓；麥克阿瑟打的是企圖一舉澈底征服共產主義的戰爭。套用麥克阿瑟的名言，他「只是凋零」，他對於如何和中國作戰的想法[73]可能暫時消失，但在未來的數十年裡卻三不五時就又浮現。

中華人民共和國在初步作戰勝利後，對韓戰和談提出的開價要求之一，就是美軍全部撤離臺灣。（外國軍隊撤離朝鮮，以及中華人民共和國取代中華民國取得聯合國席次，則是其他的條件。）美國人不肯接受。因此戰爭膠著下去。付出巨大的人命損失之後，中、美部隊陷入僵持不下的局面。最後的結局是雙方又回到作戰開始時的北緯三十八度線。74

韓戰也斷送掉杜魯門盼望以對日和會解決臺灣地位問題的希望。終結第二次世界大戰的和平會議，固然是在一九五一年二月於舊金山召開了，而依據和會所簽訂的舊金山條約，日本放棄對臺灣及澎湖的所有主權主張。但究竟是中華人民共和國，還是中華民國，才是正式的中國政府，這一點無法獲得一致意見（美國主張是中華民國；英國卻和它的美國盟友唱反調，主張是中華人民共和國），因此這兩個中國政府都沒有被邀請參加和會，兩個中國政府也都無法將臺灣正式收入版圖。日本與它曾經交戰過的所有國家簽訂和約，惟獨受到日本之害最深的中國和朝鮮這兩個國家不在其內。中華民國在一九五二年與日本簽訂和約。中華人民共和國則在一九七八年與日本簽訂和約。（舊金山和約沒有處理的一個問題，是位於琉球和臺灣之間的尖閣群島

（Senkaku Islands）歸屬問題。日本人握有它並聲稱對它擁有主權。後來，中華人民共和國和中華民國也都聲稱這個叫做釣魚臺列嶼，是屬於中國的。當然，他們當中哪一個代表中國，是猶有爭議的問題。）[75] 國共內戰、中美在朝鮮半島交戰，以及美國拒絕承認中華人民共和國，意味臺灣的地位懸而未決。臺灣與中國仍然分立。分立的狀況持續到冷戰結束都還未解決。我們今天就生活在兩岸分立的大環境中。

把臺灣問題，當做本質上是個去殖民化處置失當的問題，或許是挺有吸引力的一個說法。這在某個程度上是正確的。臺灣原本屬於某個帝國，然後被另一個帝國搶走。然後它被允諾交給一個國家，而這個國家主張的領土主權屬於從前的帝國。蔣介石的中國和毛澤東的中國一樣，想要藉去殖民化的機會建立新的帝國。在羅斯福心目中，這些都是枝節，不算一回事。他以遭他譴責的歐洲帝國主義者同樣的熱情做出承諾及處分領土。他一心想要建立他認為會更加美好的世界，輕易就忽視了蔣介石中國的缺陷。由於他的輕忽，種下了臺灣問題的種子。

可是，這還只是問題的一部分。即使在第二次世界大戰之後，這些種子還未發芽。臺灣還是有路可以走上自決，負責任的美國官員主張走這條路。隨著時間進展，這些路變得愈來愈難走，但它們還在美國能力範圍之內。肯楠在一九四九年建議用武力趕走已在臺灣的國民黨軍隊，在當時看來是極端的措施，但是就軍事上而言，是可行的。它肯定比起日後的處理來得容易。它也可以避免掉許許多多臺灣人在蔣氏殘暴統治下所吃的苦頭。

當時也還有可能性讓中華人民共和國接管中國。（編按：此處應指，美國也可以選擇在中共建政初期就承認中華人民共和國）美國若是決定與蔣介石終止關係，它可以和中華人民共和國達成臨時協議。之所以不走這條路是因為國內政治因素，尤其是在麥卡錫時期之前，即使挑戰不小，路還是開的。和解的路一直開著，直到韓戰爆發，杜魯門政府決定不只介入朝鮮半島，還介入臺灣海峽。

如果說，羅斯福在第二次世界大戰期間不了解中國，那麼杜魯門則在戰後世界也誤解了他可以選擇的方案之性質。固然有某些選擇方案存在，但它們並不是永遠存在。他可以選擇在中國內戰保持中立，但必須完全切斷對蔣氏的支持。他可以選擇節制，不就臺灣問題採取立場，但是把美國軍艦擺到臺灣海峽，同時又拒絕承認中華人民共和國，這麼做看起來很可疑，像是採取了立場。至少在理論上，他可以在對日和平會議上重新檢討臺灣問題，但不能不讓控制中國本土的政府出席會議。選擇，會有代價和局限。不能理解到這一點，不僅破壞了杜魯門的政策，也傷害到後繼的艾森豪總統的政策。

第二章

1953～1971

在兩個暴政之間抉擇

以冷靜、幹練的戰略家著稱的艾森豪總統（Dwight Eisenhower），卻有一個十分混亂的中國政策。他決心與世界共產主義運動作戰，可是這個決心卻使他喪失掉他想追求的東西：與中華人民共和國達成臨時協議。他希望說服蔣介石放棄中華民國仍然據守的外島金門和馬祖。不料，結果反而卻讓蔣介石努力不懈的把他一寸又一寸拉到美國思考動用核武器保衛這些外島的地步。艾森豪最受讚譽的井然有序的決策過程——國家安全委員會每週召開例會決定政策的先後緩急——現在卻做不出戰略規畫。目標和實現之間出現如此巨大的落差，實在罕見。艾森豪日後不無遺憾地感嘆，「當我們落到『一個已經輸得一乾二淨的傢伙手中』時，要執行美國政策竟是如此困難。」[1]這是針對問題最切中要害的診斷，但是它略而不提事實是：是美國自己的決定，把艾森豪政府送進這個傢伙手中。

從一九五三年至一九七一年，這個政策使美國陷入一個奇怪的約束之中。它向它沒有意願要結合的中國做出承諾，而且這個承諾也沒有加深雙方的感情。它希望和曾經在戰場上兵戎相見的另一個中國達成臨時協議，但是它對中華民國的承諾，以及本身的國內政治，使得這個願望實質上毫無可能。雖然在某種程度上前後一致，中華人民共和國的反應卻有氣無力。毛澤東希望收復臺灣、擊敗蔣介石。針對這個目標，他軟硬兼施，不惜動用武力，但也會以言詞奉承討好。砲轟外島和在臺灣海峽進行激烈的海戰，是他政策的重要部分。但是，與中華民國代表進行祕密談判，以及針對中華民國居民展開宣傳攻勢，也是政策的重要部分。在這些年裡，毛澤東把收復臺灣變成一項使命，一種激勵他治下人民的手段。這種轉變竟比中美關係的疏離更加持久。

毛澤東希望與美國修好。他也同樣兼用武力和外交手段追求這個目標。中華人民共和國動用武力對付美國，一點也不手軟：美國偵察機在中國領空被打下來，北京也提供大量援助支援北越作戰。但是毛澤東也維持和美國人接觸。當然兩國之間改善關係是有可能的，但是等待的時間相當漫長。一直要到理查・尼克森（Richard Nixon）出任總統，美中才達成修好。雙方之能夠修好，是因為將臺灣問題擱置，先不解決；按照尼克森的國家安全顧問亨利・季辛吉（Henry Kissinger）的說法，臺灣的命運交由「基本演變」（basic evolution）去決定——也就是說其結果由權力均勢去決定。[2] 問題是，基本演變卻走上與中國或美國所預期相當不同的方向。

杜魯門在一九五三年卸任，臺灣海峽正式中立化。韓戰爆發時，他派遣第七艦隊進入臺灣海峽，其任務是既嚇阻、又保護在中國的共產黨部隊。它的用意是要阻止共軍進攻國民黨；但它也要制止蔣介石試圖對大陸發動攻擊。艾森豪就任後決定改變它。共產黨在全世界陰謀作亂，怎麼能放縱他們？美國在臺灣海峽保護中國共產黨，另一方面又在朝鮮半島和他們作戰，豈不荒謬？美方態度強硬的部分原因，出自總統本人的信念：對付敵人就不能出手太輕。部分原因則是精明地認識到現在在美國政界，反共才是王道。麥卡錫（Joseph McCarthy）已使得美國政壇在可預見的未來，沒有任何一位總統希望被人當做是對共產主義軟弱，或是對中國軟弱。即使到現在，我們也很難了解麥卡錫為什麼能夠讓美國政客覺得共產主義如此恐怖。他大膽指控眾所景仰的馬歇爾同情共產主義。麥卡錫質問：要不然你要怎麼解釋馬歇爾出使中國調處失敗？一般人期待艾森豪會為馬歇爾辯護，但即使這位美國總統是貨真價實的二戰英雄，也避免和麥卡錫衝突。全美國反共狂熱的力量太過強大。美國的對中政策必須反映出反共立場。因此，艾森豪總統在他第一次到國會演講時宣布，第七艦隊「不再用來庇護共產中國」。他很快又向聽眾擔保，這並不代表「我方有任何侵略意圖」。[3]但是，杜魯門的中立化政策（兼顧到保護共產黨及嚇阻共產黨）就此壽終正寢。

這是政策上的重大轉變，其他國家也很快就有所回應。印度總理尼赫魯（Jawaharlal Nehru）回想到第二次世界大戰，要求在聯合國全面討論它。英國事先已被美方打過招呼，可是它又與中國有外交關係，也抱怨這是「不幸的政治反彈」。但他們是被告知，不是被徵詢意見。美國政策已經正式改變。英國首相安東尼・艾登（Anthony Eden）所能做的就是提醒國會各位議員，艾森豪保證美國沒有「侵略意圖」。[4]

然而，艾森豪保證沒有「侵略意圖」是一回事；要讓他政府的其他成員，更不用說蔣介石也同樣做到，可又是另一回事。就連在艾森豪還沒改變政策之前，國民黨就已經自己針對中共部隊發動「突擊」了。這讓英國人深感困擾，因為他們堅信和中國來往的最佳路線是中立。美國既然不再庇護中共，國民政府就有更大的行動空間，美國國內主張對中國應採取更強硬路線的建制派人士也可以放手作為。

一九五三年二月五日，美國軍事援華顧問團（Military Assistance Advisory Group, MAAG）團長威廉・蔡斯將軍（William Chase）致函中華民國國軍參謀總長周至柔將軍。蔡斯一開頭就提醒周至柔，「沒跟我諮商之前，請勿針對共產黨駐守地區發動任何重大攻擊」。但是接下來蔡斯所提到的方案，可就很難形容為不具侵略意圖：

我建議，立刻思考和規畫封鎖中國大陸，但僅針對從汕頭至大陳（包含這兩處）

之間的共產黨航運，而且這些計畫應該先照會我，以便顧問團海軍組和空軍組能以各種可能方式協助。在任何封鎖付諸行動之前，我希望先被照會……

我建議立即訂定計畫以增加突擊的頻率，不僅從「外島」，也要從臺灣及澎湖啟動突擊；並且不分大小型突擊，都應針對廣大前線計畫及執行，以便抓到俘虜，且讓共產黨沿海防衛感到憂慮和混亂。我再次建議，這些計畫要先照會我，以便我的參謀長和顧問團各組能夠提供最大程度的協助。

實質上，一夜之間，美國在臺灣海峽的立場就從中立大翻轉變成與中共敵對。封鎖、支援突擊——這些都是戰爭行動。指針已經從「沒有侵略意圖」轉到策畫對中國採取軍事行動，變臉之快連檢視變化內容都用不著。蔡斯在信末結尾表示，他「非常滿意和樂見臺灣及澎湖去除中立化。」[5] 雖然作戰的終極目標是什麼還未解決，國軍方面現在已經可以實際動手和敵人作戰了。

這當然正是國民政府所樂意聽到的話。中華民國迅速跟上美國的政策轉變，立即要求進一步援助以增進其空軍和海軍戰力，也要求深化中華民國與美國之間軍事規畫的協調。但這樣的協調卻造成問題：它全都是十分有利於保衛蔣介石，然而捲入大型核子戰爭風險的可能性也相當大。中國共產黨與蘇聯具有同盟關係，而莫斯科也在一九四九年試驗核子武器成功。因此，如果蔣介石把美國牽扯進與中共衝突，戰爭很可能就擴大到把蘇聯牽扯進來。屆時，核子浩劫就明明白白可能產生。強硬對抗共產主義，帶來重大風險。在討論能對國民黨提供什麼樣的支援的一次會議上，范登堡將軍（Hoyt Vandenberg）提出警告，認為決定援助蔣介石，就要有和中國及蘇聯交戰的準備。按照范登堡的說法，「蔣介石是個腦筋硬梆梆的人物。他一定會要求飛機，有了飛機，他若有意，就可以用來攻擊共產大陸。如果他動手了，而共產黨也展開報復攻擊，我認為我們應該充分了解我們沾上的是什麼樣的捕蠅紙。」[6]

捕蠅紙會有多麼黏的第一道訊號，伴隨著交付飛機就出現了。美國已經供應中華民國噴射轟炸機。共產黨既已不再受到保護，就沒有辦法阻止蔣氏動用它們了。國務院和聯合參謀首長都很擔心它可能發生的狀況。當問題提報到國家安全委員會時，艾森豪卻說風涼話。他說，「當本屆政府將第七艦隊解封時」，問題就出現了。總統接著又說，蔣介石「不是已經承諾跟美國一起打球嗎？」[7] 這真是令人吃驚的時刻。他沒有訂出任何措施來確保蔣介石肯照規矩「打球」。取消中立地位的是他自己這一屆政府。情勢應該很明白了，范登堡就看得很清楚：蔣氏可能會藉機自作主張。但是總統現在卻為他的政策會導致什麼表示不解。

因此，國安會決定要求蔣氏承諾節制，不對中國共產黨發動華府認為會「牴觸美國最佳利益的」攻勢作戰。在蔣氏做出承諾前，美方將不交付更多飛機。蔣在這個議題上不拖泥帶水。原則上他樂意配合，但是他希望澄清，什麼事會牴觸美國的利益。譬如，游擊隊突擊可能就不允許有時間先諮商呀。何況，華府和臺北可能對情勢會有不同的評估。即使在這一點，美國政府內部的分歧也已很明顯。美國駐華大使卡爾•藍欽（Karl Rankin）同情蔣氏的提問，要求華府在等候蔣的正式承諾時，不要扣住飛機。已經和蔣氏交好的雷德福海軍上將強調，由於他已經和中華民國軍方就這個議題取得非官式諒解，不需要拖延交付飛機。蔣氏後來的確符合要求做出承諾，於是飛機源源不斷交付給中華民國。但即使是在蔣氏正式承諾之前，關於飛機議題的往返交涉已經確認幾件事。第一、艾森豪政府可以、而且也已做到，在中國政策上可以走上不同的方向。當時的陸軍參謀長詹姆斯•柯林斯（James Collins）將軍評論說，如果韓戰停火談判拖延不決，美國可能樂見中華民國發動空中攻擊。藍欽大使也懇請華府當局改善對自由中國的行為，恢復到「友善對待我們的朋友」。這和艾森豪總統所持的對待中華民國的方式，觀念完全不同。[8] 第二、蔣介石如果願意的話，可以替美國人當前鋒。他也可以被要求不要衝到前面去。雷德福指出，蔣介石是個「聰明人」，而在這個事例上，他的確聽話，暫時退讓。但是美方不敢確認他會克制到什麼程度。

因此，和蔣介石分享偵察情報是挺棘手的事。但國務卿約翰・佛斯特・杜勒斯（John Foster Dulles）在一九五四年六月十六日確實要求艾森豪如此做。美國的偵察飛行經常發現蘇聯船隻駛向共產中國。杜勒斯希望把情報交給中華民國，國軍就可以攔阻蘇聯船隻。如果美國人自己出面攔阻船隻，那可是戰爭行為。杜勒斯覺得，如果是由國民政府來攔阻支援其內戰敵人的船隻，那就不一樣了：

就我們的道德與誠信立場而言……這不是我們會公開做的事。我們不會派美國船隻或飛機去圍捕和制止這種交通運輸。我們鼓勵國民政府去做，他們在理論上處於內戰狀態。他們這麼做是行使本身的交戰權，和防止他們的敵人獲得必要物資。他們卸下船貨之後，再把船隻放行……

我們決定偵察的程度，讓他們能夠攔截這些船隻。我們的飛機飛得很高，偵察到這些船隻，告訴蔣它們在哪裡，讓蔣去攔截它們。他本身沒有充足的偵察能力，無法執行有效的封鎖。船隻是在公海上遭到攔截。沒有違背國際法。過去英國就執行在公海上攔截船隻的控制。當然，我們今天在對待瓜地馬拉時，也做同樣的事情；這有一點不合法，但到目前為止，也沒有人對這挑過毛病……

這僅只是我們給予他們私下協助，給中國人（國民政府）通風報信。我們不會自動告訴他們。他們把我們的通知當做是默許、或邀請去行動。

哪裡是僅只是「有一點不合法」（杜勒斯怎麼去自圓其說，指它「沒有違背國際法」，有點神祕難解），這樣做冒了相當大的風險。美國是在幫助違反自由航行權，它在《大西洋憲章》（Atlantic Charter）中是遵奉這個原則的。或許在瓜地馬拉外海進行過相似的行動使得杜勒斯更加傲慢；它把既不合法又危險的作法正常化。沒有人敢保證蔣氏會將船隻放行。但是杜勒斯和艾森豪都沒有稍為停下來思考這個可能性。艾森豪認為，國民政府「或許會自惹麻煩」，但是他不認為蘇聯會因此而發動戰爭。於是總統核准了和蔣介石分享情報。[9]

蔣氏的回應很果決。一九五四年六月二十三日，國軍在菲律賓和臺灣之間海域截住一艘蘇聯油輪「圖阿普謝號」（*Tuapse*），然後把該船扣押在臺灣南部的高雄港。到了七月九日，杜勒斯的國務院開始緊張起來。它知道沒有法律依據可以扣留這艘船，建議促請蔣氏立即釋放它。蔣氏的回應是高姿態的默不作聲。藍欽後來被告知，圖阿普謝號遭到扣押「等待進一步調查」。大使領受到教訓。[10] 蔣介石蔑視美方的指示，我行我素。

蔣變得很有信心，認為自己有能力處理美國人。他是一個敏感的人，敏感到無法容忍他的靠山有時以高姿態對待他。由於他也深諳權謀操作，他知道如何讓他們收回他認為極為蠻橫的要求。一九五三年，在一場火爆的對話中，他教訓起來訪的美國參議院外交關係委員會一位參議員，和海軍第一艦隊司令。蔣氏宣稱，美國沒有一套遠東政策。美國在朝鮮半島和中南半島耗費大量資源、毫無成果（反之，應該多投資在他對抗中國共產黨的鬥爭上），正好使得蘇聯大有收穫。美國應該做的就是集中力量把共產黨趕出中國。海軍上將威廉・菲力浦（Admiral William K. Phillips）不習慣遭人這樣痛斥，脫口而出，那我們美國人打包回家好了。蔣氏聞言才退讓。但是這場對話顯示他已經覺得很有信心掌控中美關係。他一點也沒有錯。安排這場會面的藍欽大使趕緊安撫亞歷山大・史密斯（H. Alexander Smith）參議員的情緒。藍欽說，沒有必要把蔣介石說的話當一回事。他大發脾氣只顯示他對美國政府的政策很失望，因為美方表現了那麼多強硬的反共立場，令他懷抱相當高的希望。[11] 蔣介石評估，美國人不敢割捨掉他，因為那會讓他們被認定對共產主義太軟弱。艾森豪政府需要他，就和他需要美國支持是相等的。

他的評估完全正確。艾森豪不久之後就簽訂一項條約，把中華民國和美國更緊密結合起來。蔣氏對於韓戰的結局非常不高興；可能除了李承晚和金日成之外，沒有人比他更不痛快。毛澤東也不盡然滿意，但他學習勉強接受。美國人堅定立場，讓中國戰俘選擇他們希望被遣送到哪一個中國。有一萬四千多個戰俘選擇臺灣。這是中華人民共和國無法忍受的要求：只有它才真正代表中國，以這種方式破壞它的正統地位造成談判拖延許久。然而，這是莫可奈何必須吞下的結果，經過三年的纏鬥，北京只得接受。在蔣介石看來，韓戰不應該以停火終止戰鬥。它應該擴大到其他戰線，他才能夠光復大陸，凱歌回到中國。可是艾森豪卻忙著尋求停戰。蔣陰沉的警告蘇聯在搞「和平攻勢」，但是既然沒有絕對戰勝共產黨的把握，他需要美國保證將會保衛他的小小政權。因此，蔣致函艾森豪，告訴他美國需要與受到共產主義威脅的亞洲國家，包括中華民國，簽訂防衛條約。[12]

美國對於這個提議有點猶豫。畢竟，這將使它蹚進國共內戰的渾水。國民黨和共產黨仍在交戰中，條約會使美國成為交戰的當事人之一。這裡頭存在危險。杜勒斯提醒中華民國駐美大使顧維鈞，中國是個遼闊的國家，即使日本都「深陷其中，無法自拔」。美國一點都不想到中國打仗。杜勒斯建議，不和美國簽訂防禦條約，說不定對中華民國有利；沒有正式條約的束縛，中華民國可以對共產黨發動攻擊行動。以朝鮮半島為例，停戰之後美國與南韓簽訂安全保障條約，現在衝突是凍結了，可是南韓也不能攻打北韓。杜勒斯並不特別樂見中國戰場出現這樣的情勢。他提醒顧維鈞，美國希望本身不涉入作戰，讓國民黨自己對中國共產黨展開作戰。條約會使事情變得複雜：美國可能發現自己被迫要在加入戰局或是限制作戰這兩者中做抉擇。不過，他答應會把這件事列入考慮。[13]

最後，這個主意開始獲得認同。蔣介石思索，若是簽訂條約，在徵得美國同意前，他會約束自己不採取大型軍事行動。經過圖阿普謝號事件後，你可以了解為什麼主管遠東事務的助理國務卿覺得這個前景蠻有誘惑力。不過要經過幾次吃虧上當，才能相信蔣介石會遵守承諾。到目前為止，蔣氏沒有美國的承諾要保衛他。在日內瓦協定敲定南北越分治之後，美國和澳洲、英國、紐西蘭、巴基斯坦、菲律賓及泰國，於一九五四年九月成立東南亞公約組織（Southeast Asia Treaty Organization, SEATO）。這是一份共同防禦條約，宗旨是對抗共產黨的侵略。做為美國決心維持本區域其餘地方不遭共產主義統治的證明，這是重要的一步。但是，東南亞公約組織刻意不邀中華民國加入。它不可能納入中華民國；公約的其他會員國不可能簽署要保衛蔣氏。但是華府必須小心謹慎，不能表示它只關心亞洲其他地區，卻不關心臺灣。[14] 畢竟就是這樣不小心地排除在外，才導致韓戰的爆發和臺灣問題的糾葛。美國必須讓共產黨確實了解，不能侵略臺灣。共同防禦條約將清楚明白地傳遞出這個訊息。

但是，如果說單獨和中華民國簽訂共同防禦條約的好處很明顯，其困難也很明顯。中華民國是國共內戰的交戰方。防禦條約要包含什麼地區並不清楚。美國要保衛臺灣和澎湖是沒有錯。但是，目前仍在國民黨控制之下而相當靠近中國大陸的外島——金門、馬祖、大陳——是否也包括在內？對於這個問題，美國還未決定。在承諾防禦之前，必須清楚訂定美國人願意保衛哪些地方。直到一九五四年九月一日，由於外島引起的疑問，杜勒斯傾向於延遲敲定中美共同防禦條約。[15]

毛澤東逼得美國不能不做決定。蔣介石和美國人之間可能簽訂條約的消息已經傳到毛澤東耳裡，他想要立刻扼殺此事，以免這樣的條約會傷害美國和中華人民共和國增進關係的前景。在毛澤東看來，美國人當然具有惡毒的用意：東南亞公約組織就是他們企圖破壞日內瓦會議帶給中南半島及鄰近地區和平的證明。中國雖然可以忍受美國在東南亞搗亂，但是美國要和臺灣簽訂條約就未免太過分了；介入中國近鄰國家和介入中國內戰，兩者是不同的。中國一定要解放臺灣，美國人必須了解這一點。這是個扭曲的想法，但某種程度上有它的道理。中國希望與美國改善關係。美國正在考慮的作法將破壞改善關係前景，因此必須嚇阻美國不讓它採取這個動作。展現武力將嚇阻美國使其不再增援蔣氏政權，也因此可以防止美中關係更加惡化。於是毛澤東在一九五四年九月對金門發動砲戰[16]，這一來便掀起了第一次臺灣海峽危機。

毛澤東在這次危機期間的軍事活動很直截了當。除了砲轟金門，又於一九五五年一月發動一江山戰役，隨後占領了一江山島。[17] 但是毛澤東誤判美國的反應。中國的行為不但沒有嚇阻美國，反而造成艾森豪對臺灣的想法逐漸而穩定的趨向強硬。到頭來，毛澤東傷害了美中關係，而他原本並不希望與美國交惡。

情況不是一夜之間發生的。危機的爆發顯示出，艾森豪政府對於外島實際上的重要性感到非常不確定。大多數的美國參謀長聯席會議成員覺得必須堅守外島，他們認為，丟失外島的心理打擊將會太大。麥修・李奇威將軍（Matthew Ridgway）獨排眾議，他接替柯林斯將軍出任陸軍參謀長。李奇威認為，臺灣和澎湖的防務不受金門影響。這並不是說他貶抑這些外島的「政治和心理重要性」；只是他認為聯合參謀首長能力不足以評估其重要性。（一般將領對國際政治往往高談闊論發表意見，李奇威是例外。他對某些領域是專家、對某些領域則相當生疏——而且他有充分的安全感敢公開承認自己的長短）。杜勒斯認為，如果守得住，就應該堅守外島。「如果」是最重要的關鍵；把聲譽押注在一個無法達成的目標並沒有意義。同時，蔣氏一直在爭取簽訂共同防禦條約。蔣氏和杜勒斯長談五個小時，一再強調中華民國是本地區唯一沒有受到防禦條約保衛的「自由」國家，[18] 它被遺棄孤立。現在應該是它對反共鬥爭的貢獻得到適當獎賞的時候。

杜勒斯陷入深刻的矛盾。他試過，甚至在炮戰開始之後還在嘗試想要說服蔣氏，不簽訂條約對中華民國比較有利。他也希望把問題提到聯合國討論。他認為，這樣也有助於取得國會支持美國的行動。但這裡也有問題。把問題提送到聯合國討論，會限制美國操作的空間；其他國家可以發表意見，而且即使蘇聯決定讓案子進行討論，英國以及美國的其他盟國也可能不跟華府站在同一邊。艾森豪也左右為難。美國必須防衛太平洋，但是他也開始猶豫蔣氏所控制的島嶼真正的重要性有多大。他指出，金門只具有心理上的重要性。美國人真的需要防衛臺灣嗎？即使美國放棄它，美國也絕不會放棄整個太平洋。這是一個很奇妙的轉折。艾森豪對地緣政治具備貨真價實的專業素養，卻在排斥這樣的想法：放棄臺灣會對美國在太平洋地位產生無可彌補的傷害。此外，艾森豪說，他常接到美國民眾來信詢問：「我們究竟是擔心當地的黃種人發生什麼狀況呢？」當然，國防部長查理・威爾遜（Charlie Wilson）也指出，許多美國人覺得打從一開始，美國就應該全力支持蔣介石的反共戰爭。[19] 問題根本沒有得到解決。這是個意見分歧、含糊不清的政府，反映出國家也是意見分歧、含糊不清。

即使此時第一次臺灣海峽危機正在進行中，美國還是願意考慮放棄中華民國。但是，臺灣攸關到美國重大國家安全利益的想法，受到雷德福上將和其他人士強烈支持，又很難置之不理。國安會不斷地開會，一再地強調中華民國的重要性。奉命評估美國在本地區軍事援助計畫的符立德將軍（James Van Fleet）撰寫的報告，主張與中華民國簽訂共同防禦條約。艾森豪這時才開始注意到，他的政府目前的軍事態勢涉及到憲法的相關條文規定。如果臺灣攸關美國重大利益，那就必須保衛它。如果必須保護它，就必須遵循憲法規定程序辦理。他突然間痛苦的發現，他沒有權力動用第七艦隊保衛臺灣。若無國會授權就硬幹，可能會遭到彈劾。取得授權之路就是簽訂一項條約，然後由國會通過批准條約。[20]

條約要獲得通過，相關規定也很清楚。它必須明確訂定要保衛的地區。它不能涵蓋整個中國，蔣介石並沒有擁有整個中國；它會引起一個很尷尬的問題，那就是美國是否有義務協助蔣光復大陸。外島問題已經出現相當的辯論，是否包括在協防範圍之內都還不確定。美國必須保有在臺灣建立基地的權利。這一來又必須積極爭取重量級參議員的支持。條約最後的文本，將協防範圍限定為臺灣及澎湖。外島不列入協防範圍。它還規定美國「有權根據共同協議決定，在臺灣和澎湖部署防禦所需的美國陸地、空中和海上部隊」。條約在一九五五年三月正式經由國會批准通過。儘管民主黨控制參議院，諮請核准的決議案仍獲得壓倒性多數票通過。艾森豪對華政策的立場獲得兩黨廣大的支持。但是早在條約核准之前，中華人民共和國的軍事行動已經在測試美國協防義務的範圍。

正式將外島排除在條約之外，並沒有導致完全放棄它們。杜勒斯希望條約文字「含糊」；他認為文字含糊可以讓共產黨對美國將會怎麼做存有疑慮，而讓敵人心存疑慮，利大於弊。[21]

文字含糊之弊，是它也造成美國政府內部存疑。雖已正式將外島的防衛排除在條約責任之外，其實美國仍然猶疑不決。蔣氏很快就利用此一模糊空間，他不願放棄任何一寸領土，中華民國要求協防大陳列島。大陳是個棘手問題：它們守不住，可是一旦丟掉，又大傷士氣和聲譽。因此杜勒斯在一九五五年一月二十日的國安會會議中提出一個方案。大陳必須棄守，而美國必須協助蔣氏撤出守軍。但是為了彌補聲譽受損，以及讓中共清楚美國的決心，美國應承諾保衛金門和馬祖。杜勒斯已經就這個可能性諮詢了國會領袖的意見。文字模糊並不能在共產黨心目中製造足夠的疑慮。現在該是展現強硬態度的時候了。[22]

這絕不是艾森豪政府裡人人一致認同的立場。國防部長威爾遜認為，「只為了要守住所有這些小島，就和共產中國打一場可怕的戰爭，實在有夠愚蠢……我們應該只協防臺灣和澎湖，放棄其他外島」。國家安全顧問羅伯・卡特勒（Robert Cutler）也警覺到協防如此緊鄰著大陸的外島，會增加與中國爆發大戰的危險。（就這一點而言，卡特勒的判斷沒有錯。風險相當大。然而，毛澤東命令解放軍不必要時不得攻擊外國部隊。畢竟，動武的目標不是要和美國戰爭，而是在理想情況下和他們達成和平。毛澤東的克制雖然遲遲才來，卻是這場危機和平解決的關鍵。不過，他是可以選擇升高戰事的。艾森豪算是幸運。）

但是，艾森豪在這時已經按捺不住。繼續拖延下去會有風險，他需要國會快點通過決議。針對卡特勒的顧慮，他氣沖沖地說：「如果中國共產黨要找碴和美國大打一仗，我們也沒辦法阻擋呀。」[23]

艾森豪從國會得到的決議，授權他「在認為必要時動用美國武裝部隊，以實現確保安全的特定目的。保護該地區目前在友方手中的相關陣地和領土的安全，以及採取他認為需要或適當的其他措施來確保防衛福爾摩沙和澎湖列島」。國會賦予這項授權，是因為認為美國的國家安全有賴西太平洋島鏈——從千島群島向南、經過日本列島，延伸到臺灣，再到東南亞——掌握在友好政府手中。只要艾森豪認為有必要，決議就一直有效。（就某個意義而言，它就是日後授權詹森總統在中南半島進行戰爭的《北部灣決議案》（Gulf of Tonkin Resolution）的前身。它放棄國會決定和平與戰爭的職責，以國家安全的名義，賦予總統額外權力。）（編按：中國與越南間的海灣「北部灣」，又稱「東京灣」，非日本的東京灣）但是蔣介石還不滿足，他威脅藍欽大使說，除非美國澄清它對金門、馬祖的立場，他拒絕要求協助撤出大陳。蔣氏堅稱，若非如此，就是背叛自由中國。美國人這才覺悟他們不是在「跟小孩子打交道」。[24]

這就是一個安全防衛如此仰賴美國的人說話的口氣。雖然蔣介石企圖讓美國發表公開聲明、重申對金門、馬祖的承諾，並沒成功，但他得以自己發表聲明。他在一九五五年二月七日召開記者會宣布，他在和美國商量之後，將把從大陳撤退的部隊重新部署在金門、馬祖。美國向他保證，承諾協防臺灣和澎湖，以及基於此目標認為有必要的任何地區。聲明不待美方核定就對外公布了。條約或許沒有明白提到金門和馬祖，但官員們心知肚明，它們包含在內。艾森豪政府的窩囊感受從杜勒斯的一句話裡明明白白顯示出來：「要是這些島嶼沉到海底就太幸運了。」[25]

在這個節骨眼上，核子戰爭的幽靈冒了出來。一九五五年二月大陳撤退後，仍由中華民國據守的金門、馬祖兩個外島也顯得岌岌可危。一九五五年三月六日，艾森豪告訴杜勒斯，他願意「交互使用原子武器和傳統武器」以保衛金門和馬祖。杜勒斯開始努力營造「適合使用原子武器的公共環境」。這是難以相信的魯莽。假如艾森豪走上這一步，他很可能就引爆核子浩劫。後來，他放棄了這個念頭。到了四月一日，他盼望能有可能勸服蔣介石自願放棄外島。[26]

這個狀況沒有出現。反倒是周恩來一九五五年四月在萬隆會議（Bandung Conference）上宣布，中國願意和美國談判，以降低緊張局勢。中國從來沒有放棄與美國「和平共處」的可能性。[27] 嚇阻顯然沒有達成目標——美國人現在已經和中華民國簽訂了條約，因此該是時候試試看談判是否比較會有成果。中華人民共和國早先引爆了危機，現在認為可以結束了。畢竟不是只有美國才政策矛盾、混淆不清。中國方面改弦易轍，免去艾森豪方面進一步重新思考是否協防外島，這個問題目前暫時可以擱置了。第一次臺灣海峽危機就此畫下句點。

美國沒有相當根據，就樂觀的假定蔣介石在適當的時刻會放棄金門和馬祖。但是蔣在獲悉艾森豪對協防外島一事改變主意時勃然大怒，他根本沒有意圖撤守金馬。[28] 蔣反而採取行動強化他在金馬的陣地（當然他是受美援之助才能強化陣地）。這意味著當第二次臺灣海峽危機在一九五八年爆發時，美國更難迫使中華民國撤出金門和馬祖。

促使毛澤東在一九五八年決定再次炮轟外島的原因有好幾個。最重要的一點或許是，毛澤東認為衝突可以凝聚老百姓支持一個共同目標。他即將發動大躍進：這是一項野心勃勃，卻悲劇性的計畫，想要藉由引進人民公社、提振工業生產，來超越西方大國的工業實力。改造必將十分艱鉅，但是中國人民若是有個大敵在面前，可能就會團結起來支持主席的大計畫。毛澤東一九五八年八月十七日召集中共若干要員思考大躍進和炮轟金門時，他說：「大敵當前，加上局勢緊張，對我們是有利的。」[29]

這裡頭也涉及對外政策的考量。中國與蘇聯的關係一向就不是完全沒有磨擦。而且毛澤東懷疑他們把中國當成下屬看待。蘇聯建議組建一支聯合潛艇部隊，惹得毛主席大動肝火，認為這是企圖控制中國沿海地區。他對蘇聯大使和蘇聯領導人尼基塔·赫魯雪夫（Nikita Khrushchev）就這件事發作，讓他們切實明白中國不能被頤指氣使。主動炮轟中華民國領土可以向蘇聯顯示，中國是個大國，應該受到尊重，不是任由莫斯科使喚。蘇聯原本就不鼓勵中國在臺海地區冒進，而中國想要讓莫斯科學到一課：中國是可以自主行動的。

在此同時，美軍在黎巴嫩的行動備受抨擊。炮戰一開始，美軍就撤出黎巴嫩，使得此時成為發動攻擊的良好時機。毛澤東最後一個動機是，蔣介石一直在增強金門、馬祖的防禦工事，國軍也持續對中國空投宣傳品，試圖鼓動人民起義。中華民國和美國部隊已經扼殺了原本十分繁榮的廈門港。日後中國實施經濟改革開放時，廈門又成為重要特區。可是在一九五八年時，它受到封鎖，成為兩岸關係緊張的受害者。[30]因此毛澤東在一九五八年八月發動第二次臺灣海峽危機。

從這場頗有可能引爆美國動用核武器的冒險行動，我們很驚奇的發現毛澤東在盤算動武時是多麼的小心。炮戰始於一九五八年八月二十三日，但是共軍並沒有攻占金門的企圖。毛澤東希望避免對美國人發動攻擊。他只想要展現兵力，不是要征服臺灣。[31] 華府方面卻沒有體會到他的小心盤算。

杜勒斯此時又恢復到必須防衛金門、馬祖的立場。在杜勒斯看來，蔣介石強化這些外島的努力，使它們更加成為中華民國不可分割的一部分，也因此更值得保衛。艾森豪仍然態度曖昧，但是他表示，美國之所以介入外島防衛，純是「為了維持中華民國政府的民心士氣，它違背我們在一九五四年的軍事建議，故意投入大量兵力駐守外島」。美國介入外島防衛，本質上就等於鼓舞蔣介石大力製造危機。美國有很好的理由停止這種鼓勵。但是艾森豪政府一九五五年考慮過動用核武器之後的麻煩是，這個構想變得正常化，進入可被接受的政策考量範圍內，排除不掉。杜勒斯後來又再次提出這個可能性。他承認這可能會引起「反感」，但是或許動用小型核彈只會遭遇公眾有限度的抗議。[32] 艾森豪政府的政策搖擺，導致使用核武被認為是可行的政策選項。

杜勒斯後來又再次飛到臺灣，試圖說服蔣介石減少在外島的駐軍，為非正式停火預做準備。他失敗了。美國駐華大使莊萊德（Everett F. Drumright）指出，蔣介石很敏感，深怕被人扣上他是美國「傀儡」的帽子。中華民國宣稱，杜勒斯的提議等於是要終結它的政府，並且要它同意可怕的「兩個中國」政策。當杜勒斯指出，防衛金門和馬祖可能需要動用到相當於用在廣島和長崎威力的核武器時，蔣氏對這個說法嗤之以鼻。他不是武器專家，但認為一定有別的辦法。杜勒斯帶了一個小小安慰獎回家。蔣委員長答應不使用武力光復大陸。鑒於國軍一旦登陸中國肯定會被殲滅，這個承諾的重要性恐怕沒有杜勒斯所號稱的那麼大。[33]

這次又是中國把危機帶到一個友善的結局。毛澤東決定不妨就把金門、馬祖讓蔣氏繼續保有，可以做為一個就近和國民黨溝通的據點。這也可以瓦解掉美國的企圖——把外島交給中國，但臺灣不歸中國控制。如果中華人民共和國將來想對國民黨或美國人升高壓力，它總是可以展示更大力量。這是毛澤東向黨內同志交代的理由，但或許這只是保留顏面的說詞。不論原因如何，炮擊虎頭蛇尾的收場。十月二十五日，中國方面宣布今後只隔天才開火；中華民國方面也採取同樣作法。炮擊就以這種斷斷續續的方式持續了二十年，直到美中關係於一九七九年一月一日正常化，才正式終止。[34]

一般人很容易小看了一九五八年的臺海危機。畢竟後來都沒出大事。中國沒有繼續攻擊，臺灣也沒有落入共產黨手中。這樣的判讀，沒有看到情勢的真實危險。就和一九五四年至一九五五年的臺海危機一樣，美國被牽扯進來，以至於到這樣的境地：甚至需要考慮動用核武器去保衛它明知自己並沒興趣防衛的小島（金門、馬祖）。危機和中美全面戰爭之間，只差一個小小的誤判情勢。即使是中蘇關係惡化降低了莫斯科自動介入戰局的風險，中美大戰的人命犧牲一定很慘烈，而且可能要動用核武器，戰爭才會終止。這種情況沒有發生，是因為毛澤東在最後一刻後退。如果他沒有後退，真不敢說艾森豪政策隱含的混淆可能造成多大的傷害。

這幾年裡美國對中國及臺灣的政策，可以說是因為優柔寡斷和好勇鬥狠陷入一片混亂。從似乎很簡單的一步，宣布終止臺灣海峽中立開始，艾森豪就陷入承諾美國要保衛戰略價值可疑的外島之泥淖。美國不可能一再宣示必須贏得對共產主義的道德作戰之後，不在某個程度上把它奉為信念。這個信念不具建設性、又不實際，影響了華府的思維，把美國帶到核子戰爭邊緣。艾森豪堅信摧毀中國共產黨的軍事力量吻合美國的長期利益。當李奇威將軍質疑這個信念時，他大吃一驚。聯合參謀首長後來堅持把長期摧毀中國共產黨寫進國安會指令之中。有人指出這不是一個務實的目標，他們反駁說，即使目前做不到，做為長期願景並無傷大雅。[35]就某個程度來說，這是可以理解的主張。除了麥卡錫主義之外，美國剛和中國在朝鮮纏鬥三年，仍有相當的憤怒和創傷有待處理。但是把摧毀中國共產黨的力量當做長期願景，代表丟掉臺灣是不可想像的後果。到了一九五八年，原本認為沒有價值、應該設法說服蔣介石放棄的金門和馬祖，變成丟了它們就無法承受。因此即使蔣介石已經證實是個無能的盟友，美國卻替他撐腰，提出動用核武器的威脅。每次會議提到必須抵抗共產主義，勢必要反共的壓力就愈加強烈。每次提到對臺灣的承諾，這個承諾就變得愈加難以質疑。會議的官僚力氣花在維持蔣氏政權和迫使毛澤東下臺，壓過了更加務實的考量。

其實並不是沒有更務實的考量。國務院遠東事務局區域企畫顧問歐格本（Charlton Ogburn）就很直率地說：「假定中國的未來繫於國民政府，在我看來，這個想法忽視了我們掌握的一切事實證據……在我看來，我們目前對待國民政府的政策……並不是依據對局勢和我們國家利益的理性評估，而是基於一種渴望（無論如何不想丟臉），想要彌補我們過去認為的缺失。」期盼中國共產黨會消失，國民黨可以代表中國，完全不切實際。期盼更強力防衛臺灣可以促成中華人民共和國和蘇聯分裂（這是杜勒斯和艾森豪急切想達成的目標），也是完全不切實際。總統偶爾也會認識到美國不能維持目前的中國政策。例如，一九五四年四月十三日，他曾問起是否有什麼方法可跟中國通商。國防部長威爾遜說，這和拒絕承認中國是不相容的，總統怒聲說，他講的「是民間通商，不是政府交往。他堅持一定有方法可以接觸中國民眾」。（同樣的直覺日後促使尼克森尋求與中國修睦關係。他說：我們不能聽任那麼多人口隔絕於國際體系之外。）即使他準備與中華民國簽訂防禦條約，艾森豪也問，是否有人做研究，需要什麼樣的環境條件，美國才能夠承認中華人民共和國？畢竟他也曾在危機中的某一時刻承認，防衛臺灣這件事沒有防衛日本或菲律賓來得重要。[36]

根據他們的邏輯結論，這種想法會產生另一種美國政策路線。一旦你無可奈何接受中國共產黨不會消失的觀念，問題就變成如何與他們好好共存，這時候，你基本上就會思索日後尼克森和季辛吉達成的那種修好。如果艾森豪下令研究需要什麼樣的環境條件才能承認中華人民共和國，他很可能會發現這是可以做得到的。在臺灣問題上妥協會很困難，尤其是國會通過核准與中華民國簽訂的共同防禦條約之後，但它也絕不是毫無可能。其實在多方支持蔣介石之下，艾森豪政府已經厭惡他到了極點。

但是這些念頭從來不曾形成廣泛的政策；它們一閃即逝，如何防衛臺灣的問題立刻浮現。總統本身的反共信念使得政府無法探討他所提起的替代方案。一碰上中國和臺灣難題，艾森豪就變成自己最難對付的敵人。他從來沒有辦法拿定主意，決定什麼是重大利益、什麼不是重大利益。麥卡錫主義的壓力，以及他的官僚部屬的信念，使得仔細分析一下可能性都很困難。結果就是戰略游移不定：在優柔寡斷之下，與中華民國愈加糾纏，也與中華人民共和國持續隔閡。

艾森豪卸任後，他的對華政策輪廓大致上仍持續下去。能夠如此持續也實在讓人嘖嘖稱奇，因為即使在艾森豪執政晚期，中國和蘇聯已經很明顯失和。一九五八年臺海危機暴露出莫斯科和北京之間的重大歧見。到了一九六〇年，蘇聯從中國撤走顧問，新疆的中蘇邊界局勢十分緊張。到了一九六四年，華府得到機會，洽詢莫斯科是否有興趣攜手合作攻擊中國剛在萌芽的核子計畫。莫斯科拒絕了，但是從華府開口詢問，就顯示美國清楚這兩個共產主義大國之間裂痕極大。根據這種情況，美中之間或許可以達成某種修好，這肯定是有說服力的。甘迺迪─詹森執政時期，偶爾就會提到此一可能性。約翰・甘迺迪（John F. Kennedy）總統的確表現出他曾經思考過與中國建立某種和睦關係，他如果能活著、連任總統，或許會實現，可惜他英年早逝，來不及改變他所繼承的中國政策。繼甘迺迪之後的林登・詹森（Lyndon B. Johnson）總統深陷在越戰泥淖中，以致與中國達成臨時協議幾乎就完全不可能，因為中國支持北越與美國交戰。詹森不能落人口實，讓人說甘迺迪面對敵人可比他要強硬多了。深怕顯得對共產主義軟弱的顧忌，使得美國政策癱瘓。[37]

美方政策癱瘓也使得毛澤東的政策發揮不了作用。毛澤東的戰略觀點是由冒險和謹慎的特殊混合所界定。[38]即使中國尋求與臺灣及美國改善關係，毛澤東在臺海危機期間的行動，卻使中國逼近到全面戰爭的邊緣。艾森豪政府摸不清他的目標，毛澤東卻清楚知道他要什麼，而且他會結合軍事威脅和外交交涉去得到它。他朝金門和馬祖發射炮彈，更不用說他耗費鉅資發展空軍和海軍，攻占臺灣需要有海、空力量。中國在一九六四年終於開發出核子炸彈。但是北京也不斷地釋放訊息，暗示它態度開放，可以接受和國民黨及華府修好。

只剩下要以何種形式與中華民國修好還不清晰。一九五七年出現一個模式，蔣介石派密使宋宜山前往北京。宋宜山在北京見到中共中央統戰部部長李維漢。李維漢向蔣的提議乍看之下似乎相當直率。共產黨和國民黨可以合作走上和平統一。臺灣可以設定成為特別行政區。新疆已經設置為自治區，而西藏也將在一九六五年成為自治區。這種設定跟日常的治理現實毫不相干。西藏自治程度最高的時期是一九五一年至一九五九年那段期間。到了一九六五年，中國已完全控制西藏，自治區虛有其名。按照李維漢的提議，臺灣將交給蔣氏治理；中國共產黨不會派官員干涉。北京歡迎蔣氏派國民黨官員赴中國參加中央政府。條件是美軍必須撤出臺灣海峽。[39]

蔣當然拒絕此一提議。有人猜部分原因是他先天就不願分享權力，根本就不能接受這些共匪跟他平起平坐統治中國。但是拒絕此議還有一個合理的原因。根本沒有保證中國共產黨會維持住和平。一旦美軍撤離臺灣海峽，還有什麼東西可以約束住毛澤東讓他守信用？這個提議就是日後所謂「一國兩制」方案的前身，兩者都有同樣的問題：自治權可以在一念之間就變卦了，西藏在一九五九年就嘗到這個苦頭。接受中國共產黨的提議就是投降，雖然美國很擔心這種可能性，但蔣絕不會如此做。

蔣氏拒絕提議，並不代表毛澤東就放棄試探。國共內戰期間，中國共產黨就是靠著說服和蔣介石合作的軍閥投靠過去，贏得大片地區。勸降比起動武輕鬆多了；當然可以向臺灣試試。這種方案不可能帶來中國所盼望的臺灣全面回歸（不過，既然有美軍在臺灣海峽出沒，比起跨海征服，這是遠較可能的勝利之路），但是它導致若干蔣氏的舊部屬投向中國。衛立煌是蔣氏麾下將領、後來失寵，大陸失守時他逃到香港。一九五五年，他回到中國，不久就與毛澤東乾杯暢飲。衛立煌寫了一封告臺灣同胞書，稱頌毛澤東中國所締造的經濟成績，譴責蔣氏及他和美國簽訂的防禦條約，並且宣稱臺灣是中國的一部分，一定要解放臺灣。這正是毛澤東希望臺灣居民聽到的話。

毛澤東本人則很小心地提醒人民，國共兩黨有過兩次合作的經驗。沒有理由不能再次合作——衛立煌回到中國就是證明。40

回歸祖國最大的一條魚是李宗仁，中華民國前任代理總統，蔣介石的政敵。李宗仁從一九四九年就以治病為由滯留美國。他花了大部分時間向美國人抱怨他們的支持蔣氏；他堅稱，蔣的短暫「下野」只是玩弄字詞。李宗仁原本是軍閥，改變效忠對象對他來講稀鬆平常。他和周恩來一樣，主張中國人內部合作以解決臺灣問題。中國共產黨和國民黨都強烈反對把臺灣問題提交聯合國討論的主張。畢竟聯合國說不定就決定採取某種形式的公民投票，搞不好就導致臺灣獨立。而國共兩黨一致認為臺灣是中國的一部分。問題是哪一個黨控制整個中國，而不是臺灣是否可以獨立。這使得臺灣是個內政問題，最好由中國人自行解決。

一九六五年，李宗仁決定該是回家的時候了。他的家在中國。有人問他為什麼改變主意？他提起原子彈。核子力量是美、蘇兩大強國獨占的領域。現在中國也有了核子彈，證明它可以強國之姿站起來。而且中國在一九六二年和印度交戰、擊敗印度，證明中國共產黨可以、也會保衛祖國領土。依據李宗仁的人生哲學，實力就是正統。中華人民共和國當局展現出來的軍事實力使他們成為中國合法的主人。（換句話說，這也是暗諷蔣氏的無能。）李宗仁先到歐洲，然後取道巴基斯坦，再飛回中國。他見到周恩來，受到親切接待。落葉歸根了。[41]

中華人民共和國並不只向蔣介石權力結構的要角下功夫。它本身從群眾革命運動起家，它想方設法在臺灣煽動同樣的革命運動。上百萬份的傳單投向外島。朝著臺灣每天連續十二小時廣播。在日本、香港和東南亞，許多中文報紙雜誌刊登鼓勵解放臺灣的文章。中國國內人民如有親友在國民黨轄下服務，就鼓勵他們發信給親友強調解放的必要。[42]如果有夠多的人被說服，臺灣或許就可以自己擺脫國民黨桎梏。

宣傳的重點五花八門：真正愛國者的職責、生活在中國的光榮、蔣介石的可惡等等——但是特別有力的一點是美國帝國主義。臺灣是由外國在管理，蔣氏政府能夠主政是得到外國資金和武器在背後的支持。如果有真正的民怨存在可資利用，宣傳就最有機會成功。美軍駐在臺灣就是民怨之所在。這些霸主支撐住警察國家，而且橫行霸道彷彿法律管不了他們，即使沒有共產黨的影響，一群憤怒的臺灣人在一九五七年衝進臺北美國大使館滋事，也不令人驚訝。

怒火來自一個小火花。一九五七年三月二十日，美軍士兵羅伯・雷諾茲（Robert Reynolds）開槍打死一個臺灣人劉自然。雷諾茲聲稱是自衛殺人，在隨後的美國軍事法庭中獲判無罪。劉自然的遺孀在大使館外舉牌抗議。凶手雷諾茲無罪嗎？她反對；她抗議。群眾圍聚起來支持她。接下來，群眾衝進大使館，砸毀所有的東西。美國人沒有受到大傷害，但是大使館被打得稀巴爛。警察袖手旁觀，群眾在大使館內鬧了好幾個小時，警察都沒有開槍，使得美國人懷疑可能是中華民國官員在背後策畫暴亂。（謠傳身為特務頭子的蔣經國跟事件有關。）蔣介石強烈否認。但是他對美軍軍事法庭的判決不無怨言；它提醒了所有人，美國人遵守的是另一套法律。他要求藍欽大使轉達「他深為遺憾，他保證五二四事件不是反映自由中國的反美意識，單純只是不滿軍事法庭的判決」。藍欽的確轉達了。藍欽本人也相信中華民國的反美意識沒有特別強烈；它只是植根於殖民地時期的反西方意識的一部分。藍欽和杜勒斯認為，當局有可能故意放縱暴亂讓暴民宣洩情緒，企圖對美國施加壓力，因為當時兩國之間有待簽訂駐軍地位協定，而美方卻遲遲沒有動作。[43] 值得注意的是，美國竟然不去衡量反美情緒的實際深度。這股情緒的確存在，而且很強大，但藍欽等人士卻不知情，他們的資訊全都只來自蔣氏，而又缺乏好奇心去挖掘真相，坐等民怨爆發。中華民國和美國站在同一邊。怎麼會有反美情緒？這種盲目持續到今天。

沒有證據顯示共產黨的宣傳作為和暴動有關聯。但是明眼人看得見為什麼中共希望它的宣傳能夠奏效。已經有個沃土存在，讓它生根。有了貪腐、受鄙視的政府，強大的反美情緒，以及普遍的不滿情緒等等的存在，中華民國似乎是爆發革命的絕佳環境。全面暴動從來沒出現，但是可能性永遠存在。

同一時期，毛澤東試圖接觸美國人。杜勒斯著名的動作是，在一九五四年討論和平解決中南半島問題的日內瓦和會上遇到周恩來，拒絕和周恩來握手。但是這個舉動並沒有阻止周恩來在翌年的萬隆會議發出訊號，顯示中國願意和美國對話。中美對話始於討論交換俘虜，然後進展成為華沙管道，中、美兩國大使會面、對話。乍看之下，會談完全失敗，毫無成效。中國方面要求獲得承認。美國方面希望達成臨時協議，但不肯廢棄與中華民國的防禦條約，而且又堅持中共承諾不動用武力統一。中華人民共和國主張中華民國不是一個國家，只是叛離中國的一部分：它沒有權利簽訂防禦條約，美國也沒有權利和它簽訂條約。中國大使王炳南甚至暗示，美國只要遵守杜魯門聲明（杜魯門曾宣示美國在國共內戰上保持中立），問題就解決了一半。[44] 因此華沙會談就這樣拖著，從懷抱希望到相互指責、從相互指責又回到懷抱希望，周而復始。但是雙方的確達成一件事。它們讓雙方面對面坐下來。他們互相叫罵，但保持溝通管道，這個管道讓他們即使只是下意識，還能注意到彼此的基本人性。

這種粗淺的認識在一九六二年夏天就發揮了作用。此時中國又在金門、馬祖對岸的海岸線開始集結部隊，華府方面不確定這是什麼意思。它可能是準備再次攻擊外島。但也有可能是針對蔣介石計畫反攻大陸做出回應。蔣介石對一九五九年西藏發生的暴動感到振奮。在他看來，時機到了，現在是針對萬惡的共匪發動三路反攻的時刻，從西藏、華南省份和金馬對岸沿海地區三路進軍。注意到蔣氏的準備動作，中國若不就沿海地區遭到進攻預做準備，未免說不過去。美國駐波蘭大使約翰・卡波特（John Cabot）和王炳南大使在華沙碰面討論這件事。卡波特對雙方談話所做的摘要報告交待得清清楚楚。他說：

> 回溯到王以前說過，如果發生攻擊行動，我們的會談就不可能繼續下去，我說，如果中華民國政府發動攻擊，將得不到美國的支持。在我看來，在這種情況下最重要的是我們的會談要繼續下去才能恢復和平。我們要清楚表明我們和任何攻擊行動無關……接下來我要求他保證中國不會攻擊臺灣。王沉默了一會兒，然後回答說，不會出現中國攻擊的問題。問題在於臺灣規畫進攻大陸……

補註：雖然討論全程都很嚴肅，氣氛並沒有特別緊繃。這份對話摘要是由本館館員幾乎逐字抄錄下來，反映實情。正式對話之後，王請我們喝茶時神情輕鬆友善。

這一次中國有了直接管道溝通它的意向，或許甚至更重要的是表達了它的感情。卡波特可以凝視對方的眼睛，注意到奉茶背後的友善。王炳南可以理解到和他談判的對手，會以友好方式回應他的提議，而且他也試圖完全坦誠地傳達他本身關切的事項。他們已經從抽象的共產黨員和帝國主義者推進到更加複雜的人類。他們還會繼續互相指控對方破壞和平，但是現在也可以設法互相理解。中國不會放棄必要時動武的權利；那樣做就是棄守臺灣問題是內政事務的原則。稍後中國外交官透過英國傳遞訊息，表明他們不急著對臺灣發動攻擊。[46] 這一次，願意溝通有助於避免掉第三次臺灣海峽危機。

相對於艾森豪時期，這是極大的改進。但是，美國的中國困局之基本輪廓還是不變。美國依舊拒絕把中華人民共和國當做中國政府交涉；它依然在憤懣的情緒下和在臺灣的殘存政權綁在一起，而這個政權仍舊強烈地抱持光復大陸的妄想意圖。一直要到理查・尼克森（Richard Nixon）入主白宮，情況才有所改變。著名的對中國開放這件事，大部分功勞落到季辛吉（Henry Kissinger）身上，他在一九七一年戲劇性的祕密訪問導致突破。季辛吉熟諳歐洲歷史，使他理解外交要怎麼辦才能辦得成。他和普魯士政治家俾斯麥（Otto von Bismarck）一樣，相信事實是不能變的，只能好好加以利用；他也相信，比起彼此之間的關係，更需要考量與其他大國的關係。他帶著這些理念就任尼克森的國家安全顧問。[47]

把這些理念擺到現實，自然就是尋求與中國修好。但是若無尼克森，它們可能還停留在學術界幻想的層次，而不是成為實際政策。《星際迷航》（*Star Trek*）的大副史巴克（Spock）說：「火神（Vulcan）有句古諺，只有尼克森能到中國去。」史巴克要凸顯的是，尼克森擁有強力反共人士的聲譽，因此才有可能訪問中國；沒有人能指控他對共產主義軟弱。但是尼克森具備的不只是政治盔甲，他對權力均勢的了解之深、之廣，或許遠超過季辛吉，而且他在艾森豪麾下擔任八年副總統，積累豐富的經驗。他曾在一九五三年到亞洲旅行，對英國駐香港總督葛量洪（Alexander Grantham）說過的一句話印象深刻。葛量洪說：中國遲早要被接納加入「國際家庭」。身為總統，尼克森有能力推動這個想法。艾森豪被他的國家安全官僚系統拘束住，他的政策經過國安會過濾整理後才謹慎地提出來。尼克森決定超越它。他不要自己的直覺被一連串的會議討論否定，而且他在極端保密之下做出決定。國務卿和國防部長都不知道總統對中美修好的祕密運作內情。尼克森是出了名的表裡不一。沒有理由再和中華民國緊緊綁在一起，在他準備就緒之前，也沒有理由告訴中華民國真相。他一方面向臺北擔保政策沒有改變，一方面又派季辛吉在一九七一年前往北京。[48] 單憑白宮國家安全顧問出現在北京，就足以證實雙方修好正在進行中。

北京也欣然歡迎。中蘇失和，部分是因為赫魯雪夫拒絕支持中國炮轟金門馬祖，後來更升高到於一九六八年至一九六九年間雙方在邊境爆發武力衝突，這使得北京更加迫切需要朋友。中國絕不會關閉和蘇聯改善關係的可能性，但是在等候期間和美國交好也不妨。這將涉及到對臺灣問題做出某種妥協，而妥協幾乎立刻就達成。季辛吉承認，若不是韓戰爆發，臺灣早已是中國的一部分。美國無法快速改變承認對象，不過季辛吉表示希望在總統展開第二任期的初期就有進展。美國可以先減少美軍在臺兵力。由於尼克森和季辛吉渴望結束越戰，美國可以承諾在適當時機將部隊全部撤出臺灣。[49] 重點不是臺灣的法定地位或正式建交，而是呈現了友好和善意。箇中相當微妙，但比起協定，頗有可能更加持久——這叫做關係。

北京可以接受這個作法。中國當然希望在臺灣問題上得到更大的讓步，最理想的狀況是美國把它交出來，但是整體關係要比一個島嶼來得重要。毛澤東日後隆重地宣布：「我說，我們目前還可以不要臺灣，等一百年後再說吧。別把天下事這麼急著辦。」急著想要解釋為什麼美國不能立即與臺灣斷交的季辛吉，就在等著這句話。因此，規範中美之間新諒解的一九七二年《上海公報》就先擱置臺灣問題而不予解決。《上海公報》說：

中國方面重申自己的立場：臺灣問題是阻礙中美兩國關係正常化的關鍵問題；中華人民共和國政府是中國的唯一合法政府；臺灣是中國的一個省，早已歸還祖國；解放臺灣是中國內政，別國無權干涉；全部美國武裝力量和軍事設施必須從臺灣撤走。中國政府堅決反對任何旨在製造「一中一臺」、「一個中國、兩個政府」、「兩個中國」、「臺灣獨立」，和鼓吹「臺灣地位未定」的活動。

美國方面聲明：美國認識到，在臺灣海峽兩邊的所有中國人都認為只有一個中國，臺灣是中國的一部分。美國政府對這一立場不提出異議。它重申它對由中國人自己和平解決臺灣問題的關心。考慮到這一前景，它確認從臺灣撤出全部美國武裝力量和軍事設施的最終目標。在此期間，它將隨著這個地區緊張局勢的緩和逐步減少它在臺灣的武裝力量和軍事設施。[50]

基本上，雙方決定目前暫不處理臺灣問題。雙方也都表達了自己的立場。嚴格來講，這些立場並不衝突。美國做了重大讓步，同意撤軍。如果北京要挑剔，它可以指出（它在華沙會談中即曾經提出），華府宣示它關切「臺灣問題的和平解決」等於是干涉中國內政；它已經危險的接近到告訴中國如何管理關係。但是現在北京無心爭吵。美國已經要撤走部隊，重要的是中美全面關係。

《上海公報》開啟中美親善的新時代，但是付出了臺灣問題清晰性的代價。如果說目前有必要犧牲，到某個時點，它也有可能成為危險。季辛吉和周恩來得出諒解，經過一段給美國保留顏面的時間後，臺灣將交還給中國。（沒有理由懷疑季辛吉此時向周恩來提此保證的誠意。他的大國政治哲學使他相信這樣做很合理、甚至似乎也無可避免。）但是中國後來發現，這種諒解，到了美國新一屆政府手裡就變了。固然季辛吉可以向周恩來坦承，若非韓戰爆發，臺灣早已是中華人民共和國的一部分。但是季辛吉沒辦法說服自己的國家接受這個觀點。[51] 中國共產黨也沒有辦法回到一九三〇、四〇年代，當時中國版圖涵蓋哪些地方的概念可以由它審度現實來操弄和塑造。如果說季辛吉無法克服美國的反共民族主義，周恩來也無法抑制中國自己在臺灣問題上鼓動起來的民族主義狂熱。這些力量不但大，且壽命比起他們所達成的諒解還更長。這使得日後再來處理臺灣問題變成風險更大的一件事。

中國列舉出他們反對「一中一臺」、「臺灣獨立」和「臺灣地位未定論」，原因是忌憚臺灣獨立運動的存在。這並不是指製造一個由蔣介石領導的獨立臺灣之運動（經常有人這樣誤解）；它指的是推翻蔣介石、建立一個獨立的臺灣人國家。蔣介石將中華民國遷移到臺灣後，展開重大的經濟改革。土地改革是非常巨大的成就。它奠定基礎使臺灣成為全球產業十分重要的國家。但政治上，中華民國依然故我，是個警察國家。蔣介石和美國官員（尤其是藍欽特別喜歡）稱呼中華民國為「自由中國」。（很尷尬的是，直到今天仍有美國人堅持臺灣應該叫這個名字。）它根本就不是自由中國。蔣介石具有專制者的治理本能，深怕喪失權力。在臺灣，這種本能得以毫無羈束的發揮。反對者遭到刑求、監禁和槍決。任何反對蔣氏政府的人都被界定為勾結共產黨、存心推翻國家。它為自己違反法定正當程序提出的理由，就和美國支持的其他專制者的理由一模一樣：共產黨居心叵測，因此必須強硬對付以防他們推翻國家。這是自我辯護，不是事實。破壞共產主義在國內誘惑力的上策應該是，立即平反二二八事件，付諸司法審判恢復正義，同時承諾政府要舉行公平、自由的選舉。但蔣介石或自由中國並不是這樣做。蔣介石的兒子蔣經國是個強硬的特務頭子。即使杜勒斯也曾一度進言，他的手段或許不要這麼強硬比較好。[52]

杜勒斯的要求並未能制止逮捕、刑求和槍決。暴政導致了通常的後果：它增強了叛變。儘管手段凶猛，國民黨始終無法撲滅臺灣獨立的火焰。漁民進出沿海地區，走私運送臺獨文宣和致命武器。從日本、美國和東南亞等海外流亡地到臺灣島內，憤怒的臺灣人密謀推翻政府，也有外國人願意支持他們。鼓吹臺灣獨立的文宣走私進來，出現在全島公車和公共運輸系統上。史明出版了一本《臺灣人四百年史》，這本書強調臺灣的歷史與中國不同。臺灣過去、乃至未來，都和中國不同，這樣的言論傳播開來。臺獨分子甚至宣布成立臺灣共和國臨時政府（不過，由於是地下運動，它的合法性無從檢驗）。這種言論不是好兆頭。它維持住一種思想的生命，蔣介石認為如果有人相信它，這樣的宣傳和言論可以製造出運動、賦予力量。這種言論太危險了。（蔣介石如此相信並不是沒有根據。他親眼目睹宣傳幫助中國共產黨吸收黨員，甚至他都幾乎已經殲滅它了，還有人肯加入。他也看到宣傳使得中國共產黨成長，回過頭來反撲，把他趕出中國大陸。）臺獨分子的搗亂不只局限在言論上。一九六四年，他們炸毀一段鐵軌，後來又在臺中王田車站附近炸毀一節軍用火車廂。[53] 政府愈是強力打壓，反抗愈加深刻。

長此以往，美國若是停止支持蔣氏，臺獨思想極其可能復活，並成立臺灣共和國。到了一九七一年，中國不再預備容忍這種可能性。毛澤東的專制統治一向借重民粹主義，他藉由鼓動人民支持它來贏得人民支持他的目標。毛澤東設法將達成解放臺灣的思想灌輸到受他統治的每個人腦子裡。這是交付給他們的神聖使命，要激起他們最深刻的熱情。它成為團結人民支持集體化和大躍進的法寶。[54] 到現在，解放臺灣在中國幾乎成了宗教狂熱。放棄終極解放臺灣等於是玩火。一路下來，目標從擊敗蔣介石轉變成攻占臺灣。解放臺灣成為中共的志業。

因此，周恩來要確保美國人不再支持臺獨活動。他特別關切是因為彭明敏剛到達美國。在臺獨人士當中，彭明敏是個相當突出的人物。他擁有傑出的學術地位；當季辛吉還在學界、未擔任國家安全顧問之前，彭明敏參加過季辛吉在哈佛主持的夏季研討會。由於不滿蔣氏政權，他在臺灣和兩個朋友起草一份宣言，號召推翻蔣介石、建立新國家。這個新國家將會實現真正民主，保障基本人權。它將是一個真正的國家，參與國際體系，有適當的外交關係，以新國家身分加入聯合國。他們設法找到一家印刷廠印製傳單，但還來不及透過郵寄散發到全島各地，蔣介石的特務已經登門逮捕他們。彭明敏遭到不眠不休的審問；他日後回憶，光是疲勞審問就夠受了，根本不需要刑求。（審訊人員尤其堅持認為一定美國人在背後支持印發宣言。他們似乎懷疑華府想要甩掉不良資產。）彭明敏被判八年有期徒刑。雖然後經特赦，他發現他和家人受到持續監視。監視行動危及到彭明敏及他所接觸的每個人，因此他冒著相當的性命危險逃出臺灣，輾轉前往瑞典。後來再到美國。鑒於彭明敏的往來關係，本案所受到的矚目，以及媒體形容為鼓吹「臺灣獨立」，周恩來表示關切是可以理解的。蔣介石宣布是美國人協助彭逃亡，並無濟於事。尼克森也尖酸地說，蔣氏很不高興。[55]

季辛吉的回答表明美國沒有興趣打造自由的臺灣。他說：「我告訴周總理，沒有任何美國人員……會以任何方式鼓勵或支持臺灣獨立運動……如果運動沒有我們的支持就在臺灣發展起來，我們也不能動用我們的部隊壓制它。」臺灣的命運跟季辛吉不相干，他關心的是與中國修好。周恩來同意，壓制臺獨運動的事可以交給蔣介石去傷腦筋，蔣委員長自然會設法確保臺獨運動不會進展，而幫了中國的忙。[56]周恩來跟尼克森、季辛吉都曉得，在臺灣是中國的一部分這個問題上，中華人民共和國和中華民國看法完全一致。他們都一致認為中國對臺灣擁有主權；對西藏擁有主權；對與印度有爭議的領土擁有主權；對他們連名字都說不上來的外島擁有主權。唯一一件他們意見不一致的事是，誰來主掌中國主權。

但是這一切很快都要成為過去。美國人已放棄他們對中國長久以來的敵意。一九七一年十月，聯合國大會終於通過決議，把中國在聯合國的席位交給中華人民共和國。中華民國代表中國的虛構終結了。用季辛吉的話來說，兩岸統一遲早會達成，「基本演進」將朝那個方向邁進。

從「後見之明」來說——或許根本不需要「後見之明」——尼克森訪問中國，是華府把臺灣交還給中國控制的最佳機會。持平而論，它並不是非常大的機會，但它是所能得到的好機會。尼克森對華政策合邏輯的結尾，應是終止與中華民國的防禦協定，改變承認對象。蔣介石和他治下人民必須自行面對統一的後果。

尼克森之所以沒有這麼做，當然是忌憚政治反彈。雖然絕不是沒有遇到反對聲音，在美國，反共仍是一股強大的勢力。尼克森當選總統受惠於他享有堅強反共人士的聲譽。向中國開放受到歡迎的原因多端，或許是越戰已經消耗掉美國反共聖戰的力量；或許是麥卡錫所造成的傷害顯而易見；或許是美國人民比起他們領導人所以為的普通老百姓更加理智。但是，共和黨和民主黨都不乏有人認為總統在臺灣問題上讓步太大。尼克森正在競選連任，他需要爭取強硬的冷戰戰士的支持，這些人可是堅決強硬的反共人士。

尼克森在中國問題上只能推進到這個地步。親蔣的遊說團體仍然強大。一九七一年，中華人民共和國取得聯合國中國代表權席次時，當時的加州州長雷根（Ronald Reagan）很不痛快。他剛訪問臺灣，與蔣氏會談後回國。蔣介石給他的印象是：「這位老先生跟鋼釘一樣鋒利。」雷根在和尼克森通電話時，建議美國針對聯合國決議應有的回應：「退出那個袋鼠法庭……美國不要投票，勿受聯合國表決的羈束，因為它是個辯論社……我們出席會議，我們的代表到場，但是我們不參加投票。我認為這會讓人看清楚這些無賴的面目。」尼克森以和緩的口氣安撫，絲毫沒有讓雷根懷疑到，總統並不厭惡聯合國表決。[57] 其實尼克森沒有理由介意聯合國將中國席次交給北京；這遲早會發生，而且鑒於他本身的修好政策，此一不可避免的代表權轉移只會有利於他。但尼克森自己所屬的政黨針對中華人民共和國有如此尖銳的反應，他若終止與中華民國的共同防禦條約，轉向承認北京，恐怕會太超過。

縱使必須付出重大代價，承認北京或許是可行的。美國民眾已經厭倦越戰，或許能理解這是退出戰局的一步棋子，即使雷根怨聲連連。放棄南越的確令人震驚，但美國已在必敗之局投入大量金錢和人命，也得學習認命、收手。捨棄臺灣就比較容易。蔣介石不是可以引以為傲的盟友。他有支持者，但是他的殘暴、專制政府則很難激起美國人廣泛的同情。如果有一股精明的反蔣運動，如果好好推銷從全面冷戰轉為和解的好處，如果保證這是終止令人厭惡的越戰的方案之一部分，多管齊下或許可使美國民眾比較能接受政策轉向。

臺灣問題懸而不決拖得愈久，反對尼克森政策的聲音會變愈大。要捨棄中華民國就得當機立斷。但向國內民眾推銷外交政策成就，一向不是尼克森和季辛吉的強項。如果他們大力推動外交承認轉向，而不是坐待情勢自行發展，中美修好可能當時就能完成。中華人民共和國就可以完全擁有臺灣。故事在當時也可以結束。但他們以及中方，又怎麼會知道基本演變會走上如此不同的軌道？華府、北京或臺北，都沒有人預料到未來數十年會有如此不尋常的發展。

第三章

1971～1996

走向另一次危機

一九七三年三月，尼克森和季辛吉談起美中關係未來走向時戲謔的說道：「他們以為我們去了中國，實在太棒了，我們握手言和，以後就天下太平。哪裡會天下太平？只會是硬奶頭（Tough tities，粗俗美式俚語，意指倒楣、活該）。那麼現在，既然我們都已經走到了這裡，真正的好戲是如何從這個基礎建立起成績。」[1] 除了像青少年般爆粗口、講髒話之外，尼克森的焦慮不無道理。儘管中美雙方握手言和，華府、北京和臺北的三角關係仍將難分難解。

部分困難來自美國本身。華府或許是已決定要和北京建立關係沒錯，但又發現自己無法與臺北切斷關係。尼克森和福特兩位總統到了卸任那一刻，美國與中華民國的共同防禦條約仍然存在，阻擋住美國與中華人民共和國之間的外交關係正常化。卡特總統終於做到廢止條約和承認中華人民共和國，可是國會卻通過《臺灣關係法》（Taiwan Relations Act），宣示美國決心確保臺灣的未來要以和平方式決定。《臺灣關係法》讓中國大怒，而美國則絕望的陷入不知要如何承諾防衛臺灣的境地。直到今天，美國的政策依然不明朗。

美中修好之後的數十年，中華人民共和國和中華民國都出現了巨大的改變。毛澤東於一九七六年九月去世。就現代中國而言，這是極其重要的一刻。這件事對臺灣困局的影響雖然間接，卻相當強烈。毛主席雖死，中國企圖占領臺灣的決心並不稍減。毛的離世去除掉走向經濟改革道路的阻力，而經濟改革則使中國躋身為超級大國，有更大的力量爭奪臺灣。鄧小平終於繼毛澤東之後成為最高領導人，在他領導下，中國雖無資本主義之名，實際上卻成為資本主義國家。它所迸發出來的高度成長使得中國的經濟成為帶動全球各國成長的火車頭。[2]新出現的經濟連結，以及鄧小平亮出來的「一國兩制」承諾，使得臺灣也備受壓力。臺灣有些人因之認為臺灣的前途繫於中華人民共和國。如果沒有爆發其他狀況，鄧小平說不定就可以達成「和平統一」這個難以實現的目標。

然而，中國懷抱的和平統一希望，卻因臺灣出現預料不到的政治改革漩渦而破滅。臺灣從警察國家過渡到民主國家，並不是注定不可避免的一個進程。這條路走得舉步維艱，即使到一九九〇年代都還未竟全功。純就民主化本身而言，說不定還有可能與「一國兩制」模式有所兼容（在習近平展現出兩制的承諾隨時可能廢棄的面目之前）。然而，臺灣的民主化是同步伴隨著強烈的臺灣認同意識——這麼一來，使得與中國統一實際上已不可能。

如果聽任情勢自行發展，很難說這些相互較勁的力量會產生什麼樣的結果。如果要說中國的經濟甚至軍事力量最後會占上風，可別忘了小國家也可以有極大的韌性。儘管打了一仗，鄧小平的中國也沒有辦法讓越南俯首貼耳服從它的意志。此外，臺北也在力圖發展核子嚇阻力量。但想要達成兩岸勢力均衡，也是一段漫漫長路才可望成功。然而，美國對臺灣的防衛承諾（雖然不是很清晰）產生了十分麻煩的問題：中國和美國能避免為臺灣開戰嗎？一九九五年至一九九六年的第三次臺灣海峽危機顯示，答案是或許能，也或許不能。

一九七二年，中美雙方已經達成修好，但是關係還要如何進展下去？雙方互相對話，大談全球勢力均衡和相互友好固然不錯，但是關係不能永遠停留在這上面。它必須要進展；不進則退。從修好再走下去，進展的尺標很明顯，勢必要正常化。換句話說，美國要承認中華人民共和國，雙方互派大使，以及恢復全面外交關係。

當然，問題在於：臺灣問題懸而不決之下，如何達到目標。甚至在修好的光芒黯淡之前，尼克森和季辛吉已在前瞻部署。他們已經答應北京的從臺灣撤軍，比較容易做到。越戰已經逐漸走上尾聲，美國沒有理由保留太多部隊在臺灣。但是捨棄臺北、改為承認北京，則十分棘手。

季辛吉：目前，他們（中國）真正有求於我們的是獲得保障以對抗俄國。臺灣是次要問題。將來，我們可能必須走到類似日本的地位，也就是我們維持在臺灣的領事關係，和北京建立外交關係，交換他們承諾不對臺灣動武，不過我們希望蔣介石在此之前就已去世。

（編按：日本與中國已在一九七二年建交，因此與臺灣斷絕外交關係，變為領事關係。美國則到一九七九年才正式與中國建交。）

尼克森：日本跟臺灣有領事關係？

季辛吉：是啊。

尼克森：這樣很難搞耶。

季辛吉：是很麻煩。

之所以會棘手，是因為美國方面的政治輿論。（日本在臺辦事處雖然執行領事事務，但他們強調是非官方關係，這也是為什麼中國向美國推銷，要美國以此模式比照辦理。）尼克森訪問中國之行得到廣泛支持，但並不是普遍一致支持。季辛吉所謂的

「蠢蛋自由派人士」特別熱衷與北京建交。但是，全面拋棄一個簽訂條約的盟國——姑不論好壞，中華民國是和美國簽訂了條約的盟國。這個結果美國民眾可能吞不下去。除了讓時間來解決之外，尼克森想不出更好的辦法。[3]隨著時間發展下去，民眾一定會改變主意的。

季辛吉在一九七三年訪問北京時，或許太過樂觀。他向周恩來敘述時間進度時表示，美國將在兩年之內逐步降低駐臺部隊人數。這並不是重大犧牲。臺灣曾經是美軍部隊前進越南途中的重要基地，越戰戰火最熾熱時，駐臺美軍人數曾高達三萬人，但尼克森已經展開結束越戰的進程。到一九七二年，駐臺美軍人數已經降低到九千人左右。美方承諾將持續降低駐軍人數。到了一九七四年底，美國開始著手推動全面正常化，目標是在一九七六年夏天前與中華人民共和國建立外交關係。季辛吉希望，雙方能達成諒解，北京與臺北將以和平手段達成解決歧見。為了這個目標，他會對對臺灣軍售進行「重大節制」；銷售兩個中隊F—4戰鬥機的案子已經停止。同時，美國將在中國設立「聯絡辦事處」，它將執行大部分外交使館的功能，只差沒有正式外交關係，當然美國也歡迎中國同樣這麼做。周恩來欣然接受了這個主意，毛主席批示核可，而它也並非沒有先例。舉例而言，日本先在中國設置貿易辦事處，然後才建立正常化關係。日本成為中國舉出來要美國模仿的樣板。它已和中華人民共和國恢復外交關係，申明它充分理解和尊重中華人民共和國對臺灣所持的立場是：臺灣是「中華人民共和國領土不可分割的一部分」；但日本也設法在臺灣維持所謂的交流協會。交流協會簽發簽證、照顧僑民利益，執行大使館所執行的業務，但是它名義上不叫大使館，這也是為什麼北京願意讓日本保持它。日本是根據「一中原則」與中華人民共和國關係正常化。[4] 美國沒有理由太不一樣。這是一個可行的好辦法。

但後來水門案事件帶來了麻煩。尼克森涉及到一群人闖空門潛入民主黨全國委員會總部的案子，導致他辭去總統職位黯然下臺。而在他下臺前，水門事件讓北京看到一個「癱瘓的總統」（按照季辛吉的用語），中國因而對他們得到的保證大為不安，感到沒有把握。水門事件一直讓中國迷惑不解：我們到底要怎麼跟一個光是一件闖空門醜聞就威脅到國家元首的國家打交道啊？與此同時，訪問北京的美國國會代表團也明白告訴中國領導人，他們是獨立運作，不受總統干預。[5] 如果這就是美國的法治制度和制衡制度，或許北京在和華府打交道時就要更加謹慎。

中國國內也出現政治問題。毛澤東一九六六年發動的文化大革命，使得強大的意識型態浪潮在中國社會內部流竄。革命思想被黨內某些人奉為信仰，現在幾乎不可能消除。張春橋、王洪文、姚文元和毛妻江青組成的四人幫，在黨內握有極大的權力。他們對於周恩來和鄧小平等技術官僚推動的國家方向十分不滿，肆無忌憚的提出批評。中共黨內政治鬥爭因為憂慮美國的行為而更為愈演愈烈。美國向蘇聯示好，看來就像在未來某個時點，美國會和蘇聯勾結聯手對付中國。何況美國仍在持續轟炸柬埔寨，也和臺灣勾結在一起。突然間，周恩來被認為太軟弱了，在和季辛吉交涉時讓步太多。現在面對美國應該強硬起來。因此，當季辛吉暗示：在尼克森再次訪問中國之前，周恩來是否可以先到加州聖克里門尼克森的寓所訪問之時，中國駐美聯絡辦事處主任黃鎮答話很直白：美國和「蔣氏集團」仍有來往。在這種情況下，接受「走邊門或走後門」的方式訪問美國，不符合總理的尊嚴。[6] 如果美國認真看待中美關係，必須先切斷與蔣氏的關係以示誠意。這裡頭涉及到顏面問題。

季辛吉一九七三年的訪問，沒能緩和中方的疑慮。他發現自己必須解釋，為什麼中華民國在美國又多設了幾個總領事館。更糟的是，美國海軍巡洋艦「奧克拉荷馬城號」（*Oklahoma City*）最近行駛穿過臺灣海峽。周恩來客氣的提起這件事。季辛吉尷尬的解釋說：「這件事太愚蠢了。我們來此之前有下令禁止軍機飛到鄰近中國的地區，但是忘了提到軍艦了。我只能道歉。實在不好意思。這件事雖然合法，卻愚蠢。」中華民國方面當然大肆宣揚「奧克拉荷馬市號」穿過臺灣海峽。雖然周恩來故作大方，事件卻使中國對這個外交新夥伴的信心打了折扣。借用季辛吉關於歐洲的一句名言：「當你想要和美國講話時，應該找誰呀？」季辛吉搜盡枯腸想報告一些正面消息給尼克森：周恩來要求「只要尊重一中『原則』，我們就把關係正常化」。[7] 實際上，怎麼樣才算尊重這個小問題，卻沒有得到解決。

季辛吉第二年談判的對象，卻是和周恩來截然不同的一個人。周恩來溫文儒雅、客客氣氣。鄧小平則不然，他有話直說、急性子、沒有耐心、就事論事。在跟鄧小平對話的時候，不會有什麼委婉的暗示、不會有夸夸其詞的姿態，也不會遺漏沒解決的細節。他隨口就吐痰，切入對方希望迴避的具體內容。他很樂意指出什麼叫做尊重「一中」原則。鄧小平在訪問紐約時，對水門事件不願多談，只說了一句話：「這個問題，我們完全不明白。」但是他要外交部副部長喬冠華清楚講明：美中關係必須遵循「日本模式」。他希望能快點建交，但是如果不能的話，也不急——這就是原汁原味的鄧小平。[8]

季辛吉一九七四年訪問北京時，鄧小平的坦率就讓季辛吉下不了台。季辛吉此行盼望取得諒解：美國有一些日本沒有的顧慮。美國和中華民國簽訂了防禦條約，那是法律；美國希望中方能保證以和平方式統一臺灣。如果有了這些諒解，或許就能展開正常化。鄧小平不吃這一套。唯有遵循「一中」原則才能進行正常化——也就是說，與臺灣保持外交關係的任何跡象都不能接受。美國必須關閉它在臺灣的外交辦事處，廢止與中華民國的防禦條約。鄧小平對防禦條約嗤之以鼻，他說：「既然你們可以訂立法律，當然你們也可以廢掉它。」至於臺灣如何和大陸統一，那是中國自己的事情。外國任何國家都沒有權利干預。（當然，在中美雙方修好之前的華沙會談中，中國已向美國大使提起這個立場。臺詞一直沒有變。）如果美國需要臺灣，中國可以等。中國會發函邀請美國國防部長到訪，當然也歡迎新任總統福特（Gerald Ford）來訪。但是中國不會犧牲掉對臺灣主權的清晰度來和美國關係正常化。[9]

季辛吉比中國人更盼望在雙邊關係上取得進展，因此落居下風。他迫切需要一些成果以示幾次訪問北京並未白費功夫。各方的期許所加在他身上的壓力十分沈重：福特已經告訴國會，他有意訪問中國，以便加快腳步推動關係正常化。季辛吉自己也告訴福特，「所有的自由派人士」都盼望儘早建交。但是美方若不接受「撤軍、斷交和廢約」三大條件，中國不預備往正常化前進。中方願意歡迎福特到訪，但是在沒有進展之下發布公報暗示有進展，北京不幹。季辛吉懊惱的說，我們「很難向美國民眾解釋我們到中國除了訪問之外別無其他目的」。但是北京不肯讓步。在臺灣問題上沒有進展，中方也不肯發布公報做違心之論。季辛吉發現，美國別無選擇，福特總統不能打退堂鼓，必須前往訪問。福特如果取消行程的話，除了地緣政治的代價外，「將給予中方機會邀請各個民主黨候選人前往訪問，然後痛罵你搞砸了中國政策。」福特明知鄧小平已經提醒該怎麼辦才能正常化，但也只有硬著頭皮空手到北京。季辛吉試圖讓總統從正面看待此行，他聲稱：他們盼望這次的訪問，而「我們要得他們團團轉……的確達成效果」。[10] 但是，這次訪問就依照鄧小平所預告的情況走完。美國以為可以從中國搾出東西，中國卻不讓美國如願。訪問以失敗收場。

蔣介石在一九七五年去世。蔣從一九七二年以來就疾病纏身。高齡、肺炎，或許還加上美國將要拋棄中華民國的震撼，使他耗盡精力。直到彌留之際，他始終沒有放棄反攻大陸的心願。他的遺囑說：「……近二十餘年來，自由基地，日益精實壯大，並不斷對大陸共產邪惡，展開政治作戰，反共復國大業……中正之精神，自必與我同志同胞，長相左右。實踐三民主義，光復大陸國土，復興民族文化……。」即使已經不在人世，他仍然能夠號召美國政界的力量，堅決不放棄臺灣。聯邦參議員高華德（Barry Goldwater）是個堅定的保守派、自由中國的忠實友人。他很快就表示，無論福特總統有什麼盤算，絕不能與中華民國斷絕關係。蔣介石一去世，高華德立刻糾集國會議員設法排除與臺北關係的任何改變。[11]

這些議員有些可能是受到中華民國遊說者政治獻金的動員。有些可能是出於精明的政治嗅覺，覺得對中國強硬可以贏得選票。也有些可能是出自真正的反共信念。不論是什麼原因，美國政界產生一股力量，反對中方為關係正常化訂下的條件。傲慢、狡猾、自信的尼克森或許有本事跟他們對抗；他跟他們同一個政黨，而且他當選連任時的聲望和地位的確相當高。但是福特沒有這樣的政治光環，他是在試圖繼續推動前人的成就。高華德和他的戰友力量太強大，福特抵擋不了。福特和季辛吉覺得他需要這一派系的支持才能贏得連任。總統原本打算派農業部長為特使，代表他出席蔣氏的出殯儀式，卻被迫改派副總統出席。接下來，福特發現自己所屬的共和黨在一九七六年大選的政策綱領中誓言：「美國政府雖與中華人民共和國進行關係正常化，將繼續支持我們的盟友中華民國及其一千六百萬人民的自由與獨立。美國將履行及維持對中華民國的承諾，如共同防禦條約。」季辛吉抱怨這太「令人憤怒」，但是他知道，如果福特表示他不會接受綱領的羈束，雷根會「攻擊」他。美國國內意見不一，無益於美國和中國的交涉。

一九七六年十月六日的總統候選人政見辯論會中，福特聲稱上海公報表明，中國和臺灣會和平解決彼此的歧見。當然，公報並不是這樣說。公報中，中方堅持「解放臺灣是中國內政，別國無權干涉」。而美方只是「重申它對由中國人自己和平解決臺灣問題的關心」。（美國務院正式譯文）季辛吉尷尬的告訴中國外交部長喬冠華，福特關於上海公報的發言說錯話了。然後他遭到質問，為什麼賓夕法尼亞州前任州長，美國駐聯合國大使威廉・史克蘭頓（William Scranton）在接受媒體訪問時表示支持臺灣重新加入聯合國。季辛吉大吃一驚。他說：「太荒謬了，太震驚了！或許你不相信我，但是我不知道這件事，直到你現在告訴我。」美國人的惡意，或美國人的無知——無論北京選擇怎麼看待這件事，都不能提振他們的信心。季辛吉只能向中方擔保，共和黨的政策綱領沒有意義，大選過後，中國就會看到美國政策的「紀律和一致」。[12]不難理解到，北京對這樣的保證沒有太大信心。

關係正常化要落到由卡特政府來實現，充滿了諷刺。一個民主黨政府竭盡全力來擁護尼克森和季辛吉發動的政策，而季辛吉本身所屬的共和黨卻竭盡全力來阻礙他的中國政策。律師出身的范錫（Cyrus Vance）是外交關係協會（Council on Foreign Relations）副理事長和洛克斐勒基金會（Rockefeller Foundation）董事會主席。當鄧小平早先告訴福特和季辛吉，范錫率領了一個由「世界事務組織人士」組成的訪問團訪問北京時，他們倆頗為輕蔑。范錫所率領的代表團是由美中關係全國委員會（National Committee on US- China Relations）贊助。委員會的宗旨是促進中美合作。代表團由從事與國際事務相關的公共教育界人士組成。能夠組成這種代表團訪問中國，是另一個跡象，顯示自從季辛吉第一次訪問以來中美關係頗有進展。季辛吉拿范錫和達賴喇嘛相比，說他們兩人都是「流亡政府」人士；福特則向鄧小平擔保，范錫不可能再回到政府擔任要職。結果是不到一年之後的一九七七年一月八日，季辛吉在這場精彩大戲的最後一幕卻是向中方介紹范錫將接棒出任國務卿，他並且保證，美國的政策將持續不變。的確也是持續不變。范錫和卡特的國家安全顧問布里辛斯基（Zbigniew Brzezinski）雖然有歧見，但是在需要與中國關係正常化這件事上他們倆人的意見是一致的。對布里辛斯基而言，希望建交的念頭更甚於尼克森和季辛吉的。他在讀過尼、季與中方對話的記錄後，對卡特說：「相較於當時的交涉，我們不能不得出一個結論：目前的美中關係似乎在休眠狀態。」[13] 如果換成共和黨政府，或許還不會覺得必須如此迫切把美中關係推進到正常化的程度。

或許最令人驚訝的是卡特本人在關係正常化中的角色。卡特給人的印象是在國際事務上霉星高照的總統，講得客氣是優柔寡斷，說得難聽是徹頭徹尾軟弱無能。可是，在中國政策上，很意外的是他卻毫不猶豫。有一次開會討論正常化及如何達成，他說：「我個人傾向於大膽去做。我的人生經驗告訴我，拖延不會有好結果。如果我們確認我們的立場正確，我預備儘快推動它。」[14] 這是很不尋常的一句話。以這種態度處理複雜的問題，跡近天真。但是或許做這一決定需要幾分天真吧！這個議題上的正反意見已經那麼多，而且對於信用度及國內政治的考慮也已經不少。如果美國想要與中國關係正常化，就必須毅然決然去做。

卡特豁出去了。范錫銜命帶了一套方案在一九七七年八月前往北京，卡特政府盼望北京能接受這套方案。范錫表示願意掉換外交承認對象，也願意讓棘手的共同防禦條約效期屆滿自動失效。這已經是夠好的方案了，可是鄧小平不滿意其中兩點（鄧小平正開始崛起，即將成為中國最高領導人）。第一當然是美國希望中國承諾不動武這一點。這構成干涉內政。第二點是范錫提議美國在臺北維持一個聯絡辦事處。鄧小平認為這只是「門口不掛招牌的大使館」。由於美國已在北京設置聯絡辦事處，他益發認為自己的看法沒有錯。鄧小平也略示威脅。他提醒范錫：「我們已經多次表明我們有耐心。但是我們希望貴方不要誤解，以為中國會容忍這個議題無限期拖延。」[15]

布里辛斯基訪問北京時，收到同樣堅定的訊息。鄧小平說，卡特必須拿定主意。布里辛斯基解釋說，總統已經做出決斷。布里辛斯基此行就是預備提出讓步。美國只要求「希望並且期待中國問題純由內部解決，並能以和平方式進行，我們本身亦希望這方面不會出現特別牴觸。」他強調，這不是「條件」，這是懇請諒解。鄧小平的答覆則是典型的直率和務實。美國既已願意表達它的希望和期待；中國也會同樣提出希望和期待。當然，歡迎美國按照日本模式維持與臺灣的非政府及貿易關係。[16] 鄧小平願意尊重美國在臺灣的既有利益。他只希望美方尊重中國對臺灣的主權主張。

於是，正常化的基本條件已經達成。卡特同意切斷與中華民國的共同防禦條約（依照條約規定，締約之一方通知對方不再續約之後一年，條約自動失效），並且掉換承認對象。美國表達希望和平統一，但中國並沒有承諾接受美方希望之約束。鄧小平在軍售臺灣問題上做出讓步。聯合參謀首長一再強烈堅持，「臺灣人民的持續安全」需要美國持續提供武器給臺灣。鄧小平願意容忍銷售防衛性武器給臺灣（不過，他也仔細的要求不得在條約仍然有效的那一年裡出售武器），但不是全盤容忍。他清楚表示，對臺軍售會傷害和平統一的前景，如果出現問題，他會痛批美國的軍售。[17] 鄧小平已經占了極大上風。他並沒有意圖在近期內侵略臺灣；他還經得起故示大方。一九七九年一月一日，美國和中華人民共和國終於建立正常外交關係。

乍看之下，一切似乎都如尼克森所說的「太平無事」。沒錯，建交公報中文版文字出現少許差異：中文本用「承認」，而非「認識到」，語文學家爭辯前者是英文的recognition，而後者是acknowledgment（譯按：國際法上兩者涵義不同）但是美方認為出入不大，反正條約是以英文本為準，它與上海公報文字一致。（文字上這樣的差異，或許並不如當時以及今天所認為的那麼重要。關於雙方同意了什麼、沒有同意什麼的語文辯論，與協議的基本精神並不相干。中國在乎的重點，並不是美方是承認或認識到它對臺灣的地位立場，而是美國人會介入多深。美國在乎的重點，也不是它是承認或認識到中方對臺灣地位的立場，而是如何方便它追求美國在本地區的目標。公報只是文字，重要的是行為。）可以預料得到，中華民國氣炸了：在臺北，暴民打破美國大使安克志（Leonard Unger）的眼鏡，警察形同袖手不管，但這是預期中的事。重要的是鄧小平抵達華府。國防官員展開對話，雙方討論科學交流，企業界洽訂合約。卡特的決斷產生結果。接下來，三月三日，中國駐美大使表達了中國對國會正在進行中的辯論不悅。外交部長黃華也召見美國駐中國大使。黃華認為，如果國會的意志勝出，它會維持即將失效的共同防禦條約、實質上承認臺灣是個國家。這是不能接受的。[18]

卡特已經預期他會被國會找碴。高華德絕對不會容忍。他針對總統終止共同防禦條約提出訴訟，主張未經國會同意而這麼做，是不合法。案子上訴到聯邦最高法院，最高法院過半大法官裁定，這是「非司法管轄的政治問題」。換句話說，行政部門和立法部門必須自行解決問題。（有趣的是，聯邦地區法院指出，原先通過這項條約的立法並沒有規定終止條約時需經國會核准。）因此國會就決定自行解決問題。一九七九年，國會參眾兩院通過《臺灣關係法》，以含糊的條文規定美國對臺關係。《臺灣關係法》規定：

> 表明西太平洋地區的和平及安定符合美國的政治、安全及經濟利益，而且是國際關切的事務；表明美國決定和「中華人民共和國」建立外交關係之舉，是基於臺灣的前途將以和平方式決定這一期望；任何企圖以非和平方式來決定臺灣的前途之舉——包括使用經濟抵制及禁運手段在內，將被視為對西太平洋地區和平及安定的威脅，而為美國所嚴重關切；提供防禦性武器給臺灣人民；維持美國的能力，以抵抗任何訴諸武力、或使用其他方式高壓手段，而危及臺灣人民安全及社會經濟制度的行動。（譯

註：條文的中譯根據美國在臺協會中文官網，臺灣關係法第二條第二項第二至六款）

重申維護及促進所有臺灣人民的人權是美國的目標。

（臺灣關係法第二條第三項）

美國總統和國會將依據他們對臺灣防衛需要的判斷，遵照法定程序，來決定提供上述防衛物資及服務的種類及數量。對臺灣防衛需要的判斷，應包括美國軍事當局向總統及國會提供建議時的檢討報告。

指示總統如遇臺灣人民的安全或社會經濟制度遭受威脅，因而危及美國利益時，應迅速通知國會。總統和國會將依憲法程序，決定美國應付上述危險所應採取的適當行動。

（臺灣關係法第三條）

實際上這是意圖宣示：美國將介入它所認識到的中國內政事務。它不是防禦條約，但是它把防衛臺灣的責任放到美國肩上。它表明如果中國想要行使以武力統一臺灣的權利（尼克森、福特和卡特都已認識到），將會有後果。美國總統說他將會安撫中國：《臺灣關係法》這項法案的實施，會確保執行時符合中美雙方的諒解。這樣固然很好，但美國總統帶著過去做的保證到中國訪問，保證卻又被美國國會打了折扣。中國究竟要怎麼跟一個令出多門的國家打交道呢？

美中關係正常化和《臺灣關係法》怪異的結合在一起，具體呈現出美國對於中國—臺灣政策根本上就混淆不清。美國想要與中國有適當的關係（《臺灣關係法》明白強調希望與中國有親密關係，並未否定正常化），但是它又要對臺灣的情勢保留說話的權利。不能斷然和中華民國切斷關係的，並不只是立法部門，卡特政府對臺灣前途苦思許久，一直無法終止對臺軍售。它從來沒有說清楚講明白為什麼它介意臺灣的前途，關切的程度已足以使得完全拋棄臺灣成為不可能的事。

從此以後，這種根本上的混淆將界定美中關係。北京和華府將繼續和對方來往。臺灣問題三不五時就冒出來，然後平息，沉寂一陣子又再度冒出來。有一段時期，此一動態關係似乎將被推翻，那是雷根競選總統的時候。雷根誓言，當選之後，他將再度承認臺灣。鄧小平提出警告，他若這樣做，將對美中關係造成重大傷害。雷根的副總統候選人搭檔喬治・布希（George H. W. Bush）曾經派駐中國擔任非正式的大使（編按：當時美中尚未正式建交），他認識鄧小平，向鄧小平保證，雷根不會兌現這項競選政見。這實在是個詭譎的局面：總統候選人向美國民眾宣布政策將要改變，而副總統候選人卻向北京保證，政策絕對不會改變。[20]

情勢發展證實布希說對了。雷根先是發現自己辦不到，後來則是不願意承認臺灣。共和黨同志告訴他，推翻如此廣獲民意支持的倡議不是好主意；邀請臺灣官員參加就職典禮的主意沒有實現。他開始和前幾任總統一樣，發現總統的權力還是有個限度。總統宣布決心走一條新路線。接下來公務員和政客們開始對倡議說三道四，就阻礙了改變。然後，雷根欣然發現，中國人願意跟他合作對抗蘇聯；雙方在蘇聯侵略阿富汗期間所分享的情報非常有價值。因此，他自己也滿意只給臺灣「六項保證」。六項保證表面上看起來平淡無奇，但加上臺灣關係法，一旦涉及美國對臺政策，它們幾乎被奉為圭臬。

一、美國未同意設定終止對臺軍售的日期。

二、美國未同意就對臺軍售議題向中華人民共和國徵詢意見。
三、美國不會在臺北與北京之間擔任調人。
四、美國未同意修訂《臺灣關係法》。
五、美國未同意就臺灣主權議題採取立場。
六、美國不會對臺施壓，要求臺灣與中華人民共和國進行談判。

基本上，六項保證不過是宣示遵守上海公報及臺灣關係法。可是，關於臺灣主權這一條遭到刻意誤解。從二〇〇五年起，美國一些雄心勃勃的國會議員提出決議案時都會引用它——而且加以曲解。他們堅稱，六項保證明訂美國不承認中國對臺灣的主權。這是不正確的。六項保證只表示美國不在這個議題上採取立場，而不予承認其實就是採取了立場。[21]有很長一段時候，這些決議沒有效力，但它們展現出想要脫離「一中」政策的想法沒有完全消失。如果美國的情緒改變，這些決議可能就產生牽引力。

不過，這一切都是遙遠的未來才發生的情況。提出六項保證後，雷根決定遵循他從卡特承接下來的中國政策。有很長一段時候，這項基本政策一直沒有變動。即使天安門廣場屠殺事件也沒有改變它。現在已經出任總統的布希想悄悄地跟他的「老朋友」修補關係。即使國會要求北京必須就其人權紀錄負起責任，布希仍舊極力爭取恢復中華人民共和國的貿易最惠國待遇。當臺灣想要取代中國在關稅暨貿易總協定（General Agreement on Trade and Tariffs）的地位時，布希政府努力阻止。[22]臺灣直到二〇〇二年才成為世界貿易組織（World Trade organization）會員。美國嚴重偏向和北京來往。但是，三不五時，它發現自己偏向臺灣——這又惹得北京生氣。

中華民國也相當憤怒。有位外交官質問，怎麼能讓「已經不在人世和遺臭人間」的領導人所達成的交易還在發生作用？自從一九六九年以來，中華民國就試圖和蘇聯接觸；在中蘇分裂之後，傾向莫斯科一直是個選項。臺北方面的努力沒有結果，但是這顯示，國民黨所在意的不是共產主義，而是中國共產主義，以及它對國民黨權力所構成的挑戰。[23]雪上加霜的是，美國堅持剝除或許能夠擔保中華民國安全的一種東西；核子嚇阻力量。

早在尼克森與中國修好之前，蔣介石已在嘗試發展核武器。到了一九七〇年代，進展已到了美國對此計畫所掌握的秘密情報在華府引起嚴重關切。卡特個人十分重視核不擴散（nonproliferation），要求臺北放棄核武計畫。臺北遵辦。它必須聽美國的話，因為臺灣能用的武器絕大多數來自美國。但是中華民國並沒有因此就聽任自己沒有防衛力量。核武計畫在一九八〇年代又悄悄復活。華府再度注意到這項活動，再度要求中華民國拆除。美國擔心臺灣的核武計畫原因多端。美國擔心它對兩岸關係的影響，尤其此時臺灣領導人轉換正處於情勢混沌不清之際。美國也擔心它對臺灣與周邊鄰國關係的影響，日本、南韓和菲律賓等國家都已簽署核不擴散條約。最強大的動機或許是美國本能就反對核子擴散。臺灣研發核彈的計畫再次遭到制止。[24] 美國既已承擔起提供中華民國防衛性武器的責任，它也打算確保不讓中華民國自力製造會使防衛性及攻擊性界線模糊的武器。這是依賴強國的風險的又一個實例。帳簿上又添了一筆新仇。

於是，美中關係正常化和臺灣關係法讓各方都不滿意，卻又無可奈何。美國擺脫了對中華民國的一項承諾，卻又在爭議不休下踏進另一個承諾。中華人民共和國得到了與美國的關係正常化，但美方一直沒有兌現與北京敵對政府切斷關係的承諾。中華民國失去外交承認和防禦條約，但至少贏得對其生存的含糊承諾。情勢並不理想，但總比被完全拋棄要好。

鄧小平對美方的含糊不清，沒有大發怒火有幾個原因。一個是獲取承認，在雙邊關係上的重要性大於臺灣問題。臺灣關係法的確令中國憤怒。有個中國外交官就說，如果中國通過一份夏威夷關係法或阿拉斯加關係法，美國人會有什麼感受？但是，雖然挫折感十足，北京必須接受與美國建交所帶來的地緣戰略和經濟收穫。當雷根威脅要恢復承認中華民國時，鄧小平相當震驚。但是他給布希的訊息是，雷根必須被開導中美關係的全面重要性。他似乎有信心可以做得到這一點。雙方涉及的利害關係太大了；美國人或許也能看到這一點。[25] 另外，鄧小平並沒有意圖要以武力解放臺灣。並不是說他要放棄此一權利，而純粹是因為和平統一比較容易。鄧小平是個十分務實的人。務實意識支撐住「改革開放」政策，得以改造中國的政治經濟。中國崛起成為巨獸之後對臺灣施加強大影響力，使得島上住民深刻兩極化。

鄧小平帶領中國走上經濟發展所奉行的基本信條是，能走得通的路子就讓它繼續走。耕作自己的土地、保留部分作物的農民，生產力高於人民公社；因此，自耕地和自留份就獲准，甚至獲得鼓勵。當年還在毛澤東治下時，鄧小平曾經大力主張對外貿易：他聲稱中國不可能自外於全球經濟。現在，他既已當家作主，就開放中國允許企業發展。與外在世界的通商聯結大為興盛。臺灣是亞洲四小龍的佼佼者，就是一個機會。兩岸膽子大的人早因非法貿易發了財。現在該是時候開放通商，讓人人富裕起來。中國提出著名的通郵、通商、通航的「三通」政策，以深化兩岸經濟交流。兩岸沒有直接聯結是臺灣企業最大的障礙之一，現在是到了時候應該建立聯結了。後來又要經過很長一段時間的努力才真正建立聯結，不過在香港和東南亞已經出現將兩岸經濟聯結的管道。鄧小平設立經濟特區，放鬆中國管理通商貿易的一般規定，方便企業交流，果然有些投資流入經濟特區。[26]

剛開始時都是小型企業。一九八三年至一九八七年期間，在大陸的臺商專注在加工產品，輸往國外市場。總共只有大約八十個項目投資約一億美元。以五年期間來講，金額小得可憐，可是和以前相比已經相當大。它繼續成長。一九八七年，國民黨當局終於放寬不准臺灣居民前往大陸旅行的規定。中華人民共和國頒布規定，鼓勵臺商前往投資。從一九八八年至一九九一年期間，項目總數超過三千七百件，累計金額超過三十億美元。對這些生意人來講，天安門廣場屠殺事件是大好機會：世界各國試圖與中國保持距離，反而有更大空間讓臺商進來賺錢。路線已經定下來，大陸沿海省市一片榮景，臺商西進蔚為風潮。共同的語文，加上他們有和外在經濟世界打交道的經驗，使得臺商成為中國倚賴的資產。後續的通商及投資扮演了中國經濟奇蹟的關鍵角色。[27]

但是即使在兩岸關係日益密切之前，臺灣對中國已有某種程度的熱情。在一九八〇年代，已經很難再堅持中國是個垂死的共產主義國家的說法（國民黨內一些老派的反共人士盼望中共覆亡）。日本、美國、南韓，人人都想搶進中國市場分一杯羹。這使得鄧小平的政治訊息更有吸引力：他願意以向香港、澳門號召的「一國兩制」模式做為基礎尋求兩岸統一。「一國兩制」是鄧小平最引以為傲的發明之一。他從制訂中國治理西藏政策的經驗得出心得，發現如果允許西藏人民有某種程度的自治，會比較容易管治。中國只需要控制安全和涉外關係，西藏人如何處分土地、信仰或日常生活，都可以交給他們自主。治理西藏的方式不一定要與治理中國其他省份一模一樣。這個哲學促成了一九五一年的中藏協定，因此，直到一九五九年，西藏地區的管治方式與中國內地省份不同。[28]

拉薩動亂和達賴喇嘛出逃印度，使得這個制度終結，但鄧小平沒忘記這個點子。到了逼迫英國交還香港時，他提出「一國兩制」的號召。他並沒有想要改變香港的制度，因為它運行順利。它也有助於中國致富，與香港做生意的中國人把錢帶回大陸就是證明。治理方式沒有理由要一致化。香港必須是中國的一部分，但可以有不同於其他省份的對待方式。給香港訂出這些條件後，鄧小平願意讓臺灣一體適用。中方透過英國首相柴契爾夫人（Margaret Thatcher）尋求雷根總統贊同這個辦法。[29]

在一個重要方面，給臺灣的條件要比給香港的優厚。在香港方面，英國軍隊必須撤走，解放軍將入駐接管防務。但是，不能要求臺灣軍隊撤到別的地方去；在中國看來，他們是中國人，就是中國的一部分。全國人民代表大會常委會委員長葉劍英宣布，如果臺灣回歸祖國，將允許它保有自己的軍隊。由此可證明中國不干預的善意。[30]凡事臺灣都可以自主。由於美軍即將撤走，中華民國的外交關係也逐步萎縮，它沒有理由拒絕這個方案。

北京的訊息傳達到臺灣，使臺灣數十年來第一次真正的辯論如何與大陸打交道。蔣經國已經繼承父親擔任中華民國國家元首。權力傳承是漸進的。小蔣在一九七二年出任行政院長。老蔣先生去世時，副總統嚴家淦繼任總統，直到一九七八年蔣經國才就任總統。他是個謎樣的人物。小蔣在青少年時赴莫斯科留學，受共產主義啟發，後來身為中華民國特務頭子，職掌查緝傾向共產主義的人士。一九七九年，黨外人士在臺灣南部城市高雄遊行，發生美麗島事件。在蔣經國主政下，政府再度採取行動鎮壓反對運動。但是，也是在他主政下，臺灣於一九八七年解除戒嚴。蔣經國和父親一樣，認為美國和中國修好，純然就是背信棄義；但是他和父親不一樣的是，他願意認真思考和大陸妥協會是什麼狀況。他願意思考兩岸統一，但統一的中國必須是個民主國家；可是與此同時，他的國安機關也還在暗殺政治異議分子。[31]或許是他理解到威權統治無法永久存續下去；或許是出於人子對父親的叛逆心態（他和父親感情並不融洽）；或許是純粹的人性翻轉。無論是什麼原因，蔣經國主政的中華民國，與他父親蔣介石當家時期相比，沒有那麼暴虐。它不是民主國家，但它有可能——僅僅只是有可能——成為民主國家。

促進改革的壓力既來自國民黨內部，也來自國民黨外部。有些改革的籲求一開始就被鎮壓。雷震曾經是國民黨黨員，在大陸和在臺灣歷任要職。但是身為黨員並沒有使他停止批評。他創辦一本刊物《自由中國》。雷震不是共產黨員；他發現蘇聯及其意識型態都和他的世界觀大相逕庭。但是他也不吝批評他所服務的政府。如果國家要成為適當的民主國家，就應該有適當的反對黨。它需要有正常運作的政黨，在法律充分保障下競爭和辯論。應該強調的是，這不是歌頌臺灣獨立；這是中國人的民主運動。雷震的目標是把整個中華民國改造成一個自由中國。[32]蔣介石根本聽不進去這一套主張。雷震在一九六〇年遭到叛亂罪起訴，打進大牢。

但是必須有政治反對派的思想一直沒有消失。蔣介石去世後，臺灣突然有了呼吸的空間。對於應該如何統治臺灣，蔣經國跟雷震的看法大不相同，但是他的確覺得他的政府需要更具受統治者的代表性。長期以來一直有種中國殖民者統治臺灣的味道，「外省人」（來自中國各地）統治著「本省人」。蔣經國設法擴大本土臺灣人加入政府（受益於這項政策的人士中，最著名的人物當推日後出任總統的李登輝）。他也舉行自由選舉。早先臺灣已有地方及縣市層級選舉，但是在戡亂時期臨時條款限制下，全國性選舉停止。中華民國處於與共產黨戰爭的戒嚴狀態，因此停止選舉，也不准許組織新政黨，不過，在戒嚴法實施前即已存在的若干政黨也沒有解散。當然，問題在於戒嚴時期的長久超過任何人的預料，人口日益增長，而多年之前選出的國民黨官員變成萬年中央民意代表。因此，當局從一九六九年起，已定期舉行有限度的全國性選舉。[33]

這些選舉並沒有從國民黨手中搶走政府的控制權。但是它們產生願意冒險走進危險境界的反對運動。不投效國民黨成為一種政治認同身分，這些人被通稱為「黨外」。《臺灣政論》雜誌主張結束戒嚴，發行不久即被關閉。長老教會宣揚臺灣獨立的必要。國立臺灣大學出現「民主牆」。在預定一九七八年十二月二十三日舉行的選舉之前，對於臺灣未來形貌的形形色色主張突然都冒了出來。[34]

蔣經國下令中止選舉。表面理由是美國宣布承認中華人民共和國，但有人懷疑，骨子裡是當局對選舉會朝什麼方向發展疑懼不安。民主固然很好，但蔣經國需要維繫住控制權。當時一片紛亂中的形形色色不同意見危害到控制權，使得蔣經國深刻不安。碰到政治改革，他的決策顯得愛恨交織和猶豫不決。他想要更多的臺灣人聲音，但是他未必想要聽到他們的真心話。他原已准許選舉，現在卻要暫停選舉。

蔣經國赫然發現，賦予老百姓小小的自由後，他們竟然如此奮勇地捍衛它。各式各樣刊物蜂擁而出、鼓吹民主。黃信介、姚嘉文和林義雄等人創辦的《美麗島》雜誌驕傲地宣稱，現在是實施民主政治的時刻，而這將是臺灣人民能做的最大貢獻。巧妙運作下，一份政論雜誌不僅只是一份刊物。它是志業、它是共同體。雜誌社各地分社成為運動的總部，而運動追求達成雜誌所鼓吹的改革。這說明了為什麼姚嘉文和另一位活躍份子施明德不顧政府禁令，決定在一九七九年十二月十日，這天是世界人權日，於高雄舉行民眾遊行。結果可以預料：警察包圍集會民眾，恐懼與緊張上升。在這場美麗島事件中，警方向民眾發射催淚瓦斯，暴力衝突跟著出現。沒有人喪生，受傷者也不多。政府明顯思考了一兩天，斟酌如何反應，然後警察才出動搜捕嫌犯。為首的八個人遭到叛亂罪起訴：林義雄在拘留所內，他的母親和一對雙胞胎女兒遭人刺殺死亡。[35]

蔣經國和他當年在莫斯科念書的同學鄧小平相似，重視安定大於民主。但是他和鄧小平不一樣的是，他的前後選擇嚴重相互矛盾，在高雄的美麗島事件之後很清楚地呈現出來。先前他下令逮捕高雄事件示威遊行的首腦，一九八六年卻不讓國安部門採取行動對付違法成立的民主進步黨。翌年，他更取消戒嚴。[36] 這種情況彷彿是有兩個蔣經國陷入永恆的拉鋸戰。一方是像杜勒斯所說的，強悍無情的威權主義者，另一方卻是有意採行自由派制度的另一個人，兩者相互角力。蔣經國從亡父手中接棒的權力傳承路走得跌跌撞撞，整個體系在一九八七年會變成什麼模樣並不明朗。清楚明白的一點則是島上人民對於他們的未來前途有不同的想法。應該走上民主嗎？還是值得繼續保持強大的中央政府？臺灣和大陸應該有什麼形式的關係？眾聲喧嘩，辯論許久，一直沒有定論。

臺灣有些人士覺得「一國兩制」的確是他們所能希求的最佳方案。在行政院服務的政治學者魏鏞長期深入研究「多體制國家」。他主張，中華人民共和國和中華民國不是一個分裂的國家，而是同一個國家之內的兩個體制。「一國兩制」模式讓他直覺認為有理，不過他主張不同的體制要有某種程度的外交自主權。（中華人民共和國方面或許可以接受它；畢竟香港在回歸中國後仍然長期繼續參與某些國際組織。）在魏鏞看來，「一個中國」政策是信仰——他指出，中華民國行政院大陸事務委員會也持相同的信仰。[37] 臺灣某些人士認為，臺灣是中國的一部分並不是問題，問題是什麼樣的「一國兩制」模式最適合。

某些人認為，如何達成統一不是問題。年逾七旬的國民黨籍老立委胡秋原是個公共知識分子，創立一個民間組織「中國統一聯盟」。他不理睬國民黨的政策，逕自從美國飛往中國，和中國共產黨官員會面討論兩岸統一。胡秋原說，大陸已經展現中國可以強大。臺灣已經顯示中國可以富裕。他不清楚「一國兩制」；他坦承，他並不了解它的內容。但是，今天再談誰是資本主義者、誰是共產主義者，已經不重要。世界正走向複合經濟體。如果大陸和臺灣也是如此，他們應該採行什麼制度這整個問題就沒有實際意義了。統一是所有的愛國者應該努力的目標。他希望兩岸能在二十世紀達成統一；倘若統一，下個世紀將是中國的世紀。中國共產黨很興奮有這樣一位來賓，立刻提醒他，大陸方面可以接受臺灣保持憲法和國民黨領導人所堅持的孫中山的三民主義。這是又一個可以爭取過來的中央民意代表。胡秋原心知肚明，他在臺灣會招致麻煩。果然國民黨將他開除黨籍（不過仍讓他保持立法委員席位）。現在政治異議已有足夠的呼吸空間，以致一個民進黨立委敢說國民黨「反應過度」。而且也有些人認為胡秋原沒說錯話。當他回到臺灣時，中國統一聯盟發動兩百多人現身機場歡迎他。[38]當然這是經過精心策畫的演出。但是會出現這樣的精心策畫就代表有人支持胡秋原的主張，認為他們可以爭取到更多人支持。臺灣已在改變中，和共產黨交談不再必然會被抓去坐牢或遭到更嚴重的懲罰。

但是老派的反共人士仍然活躍於政治圈。劉少康辦公室職司對付中共的政策，由王昇負責。王昇堅稱，共產黨就是共產黨，不會改變。他認為鄧小平只是在玩把戲。中華民國的正確方向不是落入這個「一國兩制」的圈套，而應該是升高對抗中國共產黨。政府機關必須剷除潛伏在學生和異議人士之中的共產黨特務，他們彷彿在一夜之間冒了出來。中華民國的情報機關派人到美國，於一九八四年十月殺害作家劉宜良。政府覺得劉宜良詆毀蔣經國和中華民國，證明他是叛亂份子、共產黨員。美國極為憤怒，臺灣當局竟然派人到美國領土行凶殺人；凶手後來被判刑定讞，但最後還是獲得減刑。其實支持動用老方法剷除異己的力量一直存在。蔣夫人宋美齡遠比任何人都更同情舊秩序，極力反對以民主之名放縱而陷入無政府狀態。天安門廣場屠殺事件證明中國共產黨道德破產，促成國民黨組織動員支持遭受殘殺的中國民眾。行政院長李煥認為光復大陸的機會來了。[40] 雖是舊夢，仍然存在，而且強大。

接下來，對於如何處理兩岸關係，臺灣產生熱切辯論。蔣經國會把國家帶上什麼方向並不確定。他也有可能會向大陸的甜言蜜語讓步。畢竟無論他是多麼強烈譴責中國共產黨，他一直相信臺灣是中國的一部分。新加坡總理李光耀穿梭於臺北和北京之間傳遞訊息，深受蔣經國的尊重。這份尊重或許會使兩岸比較容易統一。可是蔣經國太了解共產黨了，不敢將臺灣的命運託付給他們。他在世時未及見到天安門廣場屠殺事件，但是這項屠殺使盼望兩岸立即統一的人士心都涼了，噤口不語。這倒不是因為蔣經國會同情遭殺戮的學生（他說不定還發覺自己羡慕鄧小平的心狠手辣），而是因為這將提醒他（如果他需要提醒的話），在臺灣處於中國的一部分之下的世界中，他要維持住權力是多麼困難。畢竟，維持住他的權力，就是阻止臺灣的自由幼苗成長為真正民主的根本原因。把權力讓渡給中國共產黨，並沒有比把權力讓渡給人民來得好。天安門事件也清楚證明鄧小平所能寬容的異議不是沒有限度。或許可以推翻這些顧慮的一件事是，中華人民共和國表示可以允許蔣經國維持自己的軍隊。如果保持自己的軍隊，就可以掌握住權力——這才是重要的關鍵。但是蔣經國一九八八年因心臟病去世。歲數大，帶來許多健康方面的併發症；他纏綿病榻相當長久，但一直持續執掌權力。[40]

他從來沒有說他希望臺灣走向哪裡。也沒有對民主化或「一國兩制」有具體的指示。缺乏指示，在北京和華府都引起焦慮。沒有人知道接下來會發生什麼狀況。臺灣長期以來處於蔣氏父子兩代統治，現在改由非蔣家人士治理，令人焦慮會出現極大的變局。守喪期間，臺灣人大半都表示尊重之意，民進黨決定暫停政治示威活動，但是群眾示威是可以預期得到必然會發生的。在臺灣，死者為大，至少在表面上要以禮相待。[41] 一般來講，很難相信某些曾受兩蔣政治迫害的人士不會歡欣鼓舞。臺灣是個受創傷的國家。創傷是否癒合？如何癒合？仍有待觀察。

李登輝是本省人，在日據時代長大，曾在日本皇軍服役。他對日本的感情仍然存在：數十年之後他自承讀的書大多仍是日文書。這種感情是相互的，日本的「李登輝之友會」是捐助他競選經費的主要來源。他曾經是共產黨員，說來有點諷刺意味，因為他比任何臺灣人都更強調臺灣和中華人民共和國截然不同。但是在展現從心所欲之前，他狡滑的隱藏他的意圖，不讓某些非常尖銳、多疑的官僚內鬥者摸清他的底蘊。

他從國民黨內獲得拔擢，成為副總統。李登輝回憶說，蔣經國挑選他擔任副總統，正是因為他顯得不涉入政治。這當然是從政者強調自己來自民間基層，而非高端權力捐客的美化之詞，但是也的確有幾分真實。譬如，李登輝就不像王昇，他和情治機關及軍方沒有淵源。這使他不構成威脅。當蔣經國渴望擴大本省人參加政府時，李登輝成了牢靠的選擇。[42]他願意聆聽，樂於接受指令，是個最恰當的副總統。

然而，有些人持懷疑態度。李登輝回憶說，蔣經國並沒有把他當做繼承人；繼承並不在蔣經國的思考中。李登輝會接黨主席也不是定局。譬如，蔣夫人宋美齡就對這位臺籍新秀接黨主席頗有疑慮，希望主席懸缺暫不補實。但是李登輝很小心，接任總統時即表示「蔣規李隨」，願意執行前人的路線。當時若不蔣規李隨，會產生太大的不安定。黨內大老看法相同，因此同意讓他接任黨主席。李登輝日後回想說，蔣經國去世時臺灣將會成為什麼模樣，誰也拿不準。[43]李登輝說對了。蔣氏王朝的終結可能出現軍人干政，並以政變抓權的危機。中華民國可能還是個氣息奄奄的老人當權政府，國民黨依然聲稱統治全中國，依然為依循「一國兩制」統一是否可行爭辯不休。李登輝繼任總統或他運用職權推動民主化，都不是必然的事。

阻礙政治改革之路的是一九四八年以來即已制訂的「動員戡亂臨時條款」。蔣經國在一九八七年宣布解除戒嚴，但臨時條款依然存在，是不利民主發展的一大障礙。臨時條款賦予中華民國政府廣泛權力進行戡亂剿匪作戰，並暫停中央級選舉等許多事務。李登輝動用威壓、籠絡、哄騙和懇求等手法軟硬兼施，讓國大代表們廢止臨時條款。這批國大代表依恃臨時條款一直保持職位至今。如果他們同意李登輝的要求，就為終止中央民意代表終身職的可能性開了路。李登輝後來說：「這等於是要求他們自掘墳墓。」李登輝是個第一流的政客。李登輝設法鬥智制服一些自認為可以罷黜他的國民黨人物，部分原因是他們低估了他。譬如，行政院長李煥曾幫助李登輝接任總統，想讓總統成為虛位總統。李登輝找來郝柏村當行政院長，化解掉李煥的威脅。郝柏村曾任中華民國軍隊參謀總長，擁有軍方相當的支持，但後來也喪失大權。

國民黨內鬥是司空見慣的常態，李登輝證明了他是鬥爭高手。但是他真正的頭腦用在對付來自黨外的挑戰。一九九〇年春天，青年學生進據中正紀念堂廣場，要求民主、要求終止臨時條款。某些人可能會嚇壞，李登輝卻看到機會，他和「野百合運動」代表會面，隨後召開國是會議。乍看之下，這似乎只是純粹安撫的動作：與學界、在野黨、企業界及昔日的政治犯代表們就憲政改革展開擴大對話。在其他領導人手中，它可能就只是安撫野百合運動的計謀，不會有真正的改革。到了李登輝手中，它成了逼國民黨啟動政治改革的工具。如果國民黨採取封殺改革的動作，政治上會出現一股力量反對它。召開國是會議就改革進行廣泛對話，這個動作有助於推動及完成改革。到了一九九一年四月，李登輝占了上風。動員戡亂臨時條款終於解除。國民大會和立法院將經由直接選舉產生。但是，民主化沒在這兒停住腳步。李登輝本身的職位也將在一九九六年交付全民直接選舉。[44]

修憲產生兩個根本問題：選舉權是否適用到全中國、對臺灣和中華人民共和國的關係要怎麼樣界定？畢竟中華民國聲稱代表整個中國，而一九四七年制訂的中華民國憲法明訂它適用於包含臺灣在內的全中國。根據憲法，中央民意代表是代表中國各省，而今中華民國卻已不再統治中國大陸。李登輝設法修訂憲法，他的作法以及他的許多行為，看起來似乎刻意盤算好要引誘中華人民共和國上鉤。選舉當然只能在部分中國，即自由地區舉行，因此中央民代將由自由地區選舉產生（另外保留了若干席次給原住民及全國不分區代表）。民主將是與中國統一的關鍵，中華民國將不採取軍事途徑尋求統一。李登輝宣稱：「我們必須透過證明我們能在臺灣達成經濟和特別是政治成績，來贏取大陸同胞的承認和支持。」[45]這並不是排斥「一中」原則，而是藉由倡導民主的福音來重新界定一中原則。如果實現統一（而且李登輝當時說兩岸應該統一），那是因為臺灣已經成為民主的燈塔，也影響中華人民共和國改為民主所致。

李登輝執政初期，臺北的政策的確呈現某種版本的「一中」原則。北京和臺北透過半官方的接觸討論通郵及未來通航事宜。中方相當堅持「一中」原則，臺灣似乎排除了它本身長久以來所主張的立場，現在主張對此原則有兩種不同的解釋。這就是後來所謂「九二共識」的起源：北京堅稱臺灣已經同意「一中」原則，而臺灣則聲稱自己從來沒有表示同意北京的主張。李登輝信奉的是漸進主義。[46] 沒有必要急忙把臺灣帶向它還未準備好要去的地方，他曉得他治理下的臺灣仍有許多人認為臺灣和中國是一體的。何況，沒有外來壓迫就自行宣布獨立，必將招致美國全面割捨，這是聰明的李登輝不會幹的蠢事。

可是，一方面揭示兩岸應在何種情況下才能統一，另一方面李登輝也一再發出訊息，指出臺灣和中國不同。他自比為摩西帶領人民脫離暴政枷鎖。如果你順著這個思考邏輯走下去，你會發現他所要創造的臺灣是應許之地。當他談到如何讓臺灣成為臺灣人的臺灣時，懷著相當的熱情。他在一九九五年接受國民黨提名在次年競選總統時，主張昔日外省人和本省人之間的區分已不重要。他說：

我堅持主權在民的思想……我們正開始實行民主政府……眾所周知，臺灣是移民社會。除了自古以來就居住在這裡的原住民之外，絕大部分人都來自大陸。不管是先來後到，我們全都用汗水耕耘這塊土地，全心全意造就了今天的臺灣。只憑誰在何時來為標準，爭論誰是臺灣人、誰不是臺灣人，沒有意義，也沒有必要。相信臺灣是我們的，熱愛臺灣，全心全意為臺灣奉獻，這才是身為臺灣人的真正意義。

李登輝所追求的是重新打造臺灣民族。本地人和大陸遷徙過來的人之間的矛盾一直存在，到李登輝卸任之後依然存在。但是李登輝設法克服分歧。你是本省人或外省人不重要，重要的是，你是否是臺灣人。做為臺灣人，你不必有一套既定劇本的起源故事。你只需要相信臺灣價值：自由、民主和人權。信奉這些價值，這就是你的國家。信奉這些價值，李登輝就是你的領袖。李登輝也不局限於言論，他發動教育改革。臺灣的歷史突然被當作很獨特的事物來傳授，臺灣歷史受到許多潮流的影響，中國只是其中之一。臺語也在學校教授。李登輝沒有正式廢棄「一中」原則，但是他教育人民，他們是不同的民族。這項政治哲學也支撐著他的外交政策。他遊說聯合國讓臺灣重新加入，雖然失敗，卻也設法提出主張依據，使得某些組織允許中華人民共和國與臺灣兩者都參加。臺灣參與了亞太經濟合作會議（Asia Pacific Economic Cooperation, APEC），也取得世界貿易組織觀察員地位。與中華人民共和國有邦交的國家若要與中華民國建交，臺灣也不會拒絕。李登輝不再聲稱代表大陸。如果你能與他所聲稱治理的這個國家有關係，那麼它或許就是個根本不同於中國的國家。[47]他的操作已經貼近兩個中國的邊緣，在此之前沒有別人能使北京如此抓狂。

北京很不痛快的一部分是李登輝認定臺灣與中國地位平等。這個傢伙在他那個不服從北京的小島上竟然向中國說教、大談民主的可貴，而且儼然一副真正世界領袖的姿態跟他們頂嘴。當接任中國共產黨總書記和國家主席的江澤民提議兩岸展開統一談判，並且宣布願意到臺灣訪問時，李登輝回話，要求中國放棄以武力做為統一的方法。這當然不是北京肯答應的事，因為這將鼓勵干預內政（不過，北京本身認為李登輝是中國人；他呼籲放棄武力也可解讀為出自國內的一項要求）。[48]猜測一下如果北京真的接受呼籲，宣布不會動武，事態會如何發展，一定很有趣。當然沒有辦法肯定中國會信守承諾，但是在言詞上同意的話，至少會使李登輝不致志得意滿。李登輝漂亮的拒絕了北京的提議，讓中國領導人一肚子不高興。但對於北京來說還有更不痛快的麻煩：李登輝處心積慮要到美國訪問。

有幾個因素使李登輝得以成行。第一是他本身有本事操縱美國政府的運作機制。有一次他前往哥斯大黎加訪問（當時哥國仍與中華民國保持外交關係），爭取途中專機在夏威夷停留、加油。請求雖獲准，但華府不願冒犯北京，尋求讓此事低調進行。李登輝老謀深算，故作惱怒而拒絕下機，結果造成美國輿論大譁，抱怨李登輝不能踏足美國領土，沒有得到尊重。美國國會某些議員認為，由此可證美國面對中國時太軟弱。因此，一九九五年李登輝以傑出校友身分受邀回母校康乃爾大學演講時，有些國會議員就堅持主張應該發給簽證（他樂於慷慨捐助競選經費，有助於爭取議員們的支持）。光這樣或許他們還不能如願，但第二個因素又出現：北京相當低能，不會解讀華府的氣氛。中國相信它已經和美國達成諒解，美方不會發簽證給李登輝。可是，即使有了諒解，中方仍不罷休，繼續就臺灣問題恫嚇美國。江澤民宣布，中國並沒有放棄武力統一，外國勢力若是支持臺灣獨立，一定會有苦頭吃。這是北京能夠發出的最拙劣的訊息（雖然它不是只針對美國、其實也是警告臺灣），它讓美國人覺得若是不發簽證給李登輝，就是面對惡霸時怯懦退卻。柯林頓總統原先並不是特別同情李登輝，現在覺得忍受不了這口氣，泱泱大國豈能任人頤指氣使，[49]於是柯林頓同意發簽證給李登輝。

李登輝得到這樣一個大好機會豈會不善加利用。他不在這裡摒棄「一中」原則，但他提出自己的巧妙說法。李登輝在演講中回憶說，當年他在康乃爾求學時，適逢美國民權運動和反越戰風潮的不安年代；雖然歷經動盪，但美國的民主制度仍然屹立不搖。李登輝說，他清楚看到了民主的可貴，這也是他回國之後，決心為加速臺灣社會全面民主化貢獻心力的信念泉源。他說：

今天，中華民國的民主制度已具宏規，人權受到高度的保障與尊重，民主政治蓬勃發展。……我國人民享有的言論自由已與美國人民毫無二致。

我認為，世界各國應有一致的民主與人權標準，不因種族或宗教而有不同。事實上，儒家的民本精神與現代民主理念毫不衝突。這也是我一再強調，尊重個人自由意志及主權在民的基本精神。……

我曾一再呼籲北平領導當局放棄意識形態的對立，為兩岸中國人開啟和平競爭與統一的新時代。……也只有互相尊重，才能逐漸達成中國統一在民主、自由和均富制度下的目標。

這些話語字斟句酌向美國聽眾訴求。他以一位外國元首的身分站在這裡，感謝美國教導他民主的理念，因此他回國後致力於推動民主化。這些字詞也是向中國聽眾提出最大程度的挑戰。中國本身有過爭取民主化的鬥爭。它依然擔心，尤其是在一九八九年各國共產政府紛紛崩潰及其後蘇聯的瓦解，深怕這股思想可能傳染中國共產黨、使之垮臺。現在李登輝大放厥辭向中國推銷民主理念。更糟的是，李登輝憑什麼來指點中國如何統治？李登輝提出，他並不排除與江澤民會面，但是他知道江澤民一定不會同意與他同處一室討論這些議題。他提起注意「臺灣經驗」是島內的稀珍物品，也提出一套理論中國應該效仿。[50]沒有任何一位中國領導人能容忍他這一表演。

江澤民就不能容忍。北京召回駐美國大使。中美國防對話也取消。同時，中國又搬出老套，耀武揚威一番，因此啟動了第三次臺灣海峽危機（一九九五年至一九九六年）。一九九五年七月二十一日至七月二十八日，解放軍在中國沿海進行軍事演習，並朝臺灣方向發射飛彈，落在臺灣外海。[51]中方認為必須要讓華府和臺北理解，拂逆北京會有後果。

這一切都是典型動作。但是，與過去的事例和日後其他事例相比，奇怪的是美國的反應並不激烈。國務卿克里斯多福遞交一份外交信函給中國外交部長錢其琛，信函中柯林頓向北京保證他已經「排拒（resist）——日後也將繼續排拒——關於『兩個中國』或『一中一臺』政策的主張，也排拒臺灣獨立或臺灣另行加入聯合國的主張。」美方也發表聲明表示關切臺海情勢。[52] 可是，華府對中國的演習或飛彈並沒有驚慌，也沒有急忙反應展現美方的武力。中國展現武力，美方卻沒有反應。為什麼？迄今仍不清楚。最可能的解釋是，柯林頓政府忙著其他事，沒有時間有太多作為。

在北京看來，這只能說是美國終於恢復理智。臺北的挑釁不必再予以忍受。因此當可惡的李登輝在一九九六年競選總統時，北京決定以軍事恫嚇介入臺灣選舉，認為它會是安全又有效的手段。

回顧歷史及從北京過去行為觀察，很容易誤判這次大選的性質是攸關臺灣獨立問題的抉擇。其實就政治哲學和整體展望而言，兩個主要大黨的候選人非常相似。結束海外流亡、回到臺灣的彭明敏，在這次代表民進黨競選總統。他的政見堅持臺灣獨立，但是由於臺灣已經以獨立的民主政體運作，這項政見未能在關注此時此地的選民心目中，把他和李登輝做出明顯的區隔。李登輝或許沒有呼籲選民就宣布獨立與否投票裁決，但是他以帶領臺灣過渡走向民主的領導人之姿競選連任。他對他在康乃爾所稱頌的「臺灣經驗」之承諾毋庸置疑，而且他能挺直腰桿對抗北京的意志也無可置疑。

李登輝的路線卻引起國民黨分裂。兩個國民黨前黨員以無黨籍候選人身分參選，聲稱李登輝帶領國家偏離統一。他們沒有得到太多的選票；這個組合從來沒有構成嚴重挑戰。但是國民黨也一直沒有從分裂完全復原過來。從此以後，它一直成為陷入認同危機的政黨。國民黨究竟是要與中國統一的政黨，還是要以臺灣的政黨之一的身分與其他政黨競爭領導臺灣民主政體的機會？至少就李登輝而言，答案是後者。一九九六年大選就國民黨和民進黨做選擇，凸顯的不是臺灣與大陸是統或獨的關係。[53] 它涉及的是更深層微妙的選擇：選民覺得誰可以信賴、可以維護新興的民主政體？

北京體會不到箇中細微。為了嚇阻臺灣人投票給李登輝，中國再次進行軍事演習和朝臺灣發射飛彈。一九九六年三月七日，飛彈飛向臺灣，落在鄰近海域。這一次，美國人決定必須採取動作。航空母艦獨立號奉命開到臺灣東面約三百二十公里之處；另一艘航空母艦尼米茲號也奉命前往會合。臺北和高雄周圍部署了飛彈防禦系統。訊息很清楚：美國願意保護臺灣。北京試射更多飛彈及完成預定的演習過程時，美軍航空母艦作戰群一直停留在臺灣附近。到了三月底，演習結束，緊張緩和。54

如果北京盼望展現武力可以破壞李登輝當選的機會，它可說是澈底失敗。飛彈反而增添了李登輝是個有種的政治家，不畏共產黨匪徒的形象。三月二十四日，李登輝當選連任。臺灣選民沒被嚇倒，反而被激怒。

事態未必一定要這樣發展。如果危機期間美國把航空母艦開進臺灣海峽（一般都這樣誤認），北京可能會下不了臺階、無法退讓。就理性的戰略考量來講，這樣的象徵意義會太強烈，情感太粗糙。當時若是美國也決定不退讓，情勢可能就一路升高到全面戰爭。若換了不同的政治環境，有不同的政治人物，或許甚至有人會更希望鬧出大事。災難沒出現——但是，幸運、加上最後關頭的理性決策，才是如此收場的主要原因。

李登輝評論說：「看到美國對中國和臺灣的政策，顯示行政部門和國會之間的想法不同，各部會之間的想法也不同，這是很自然的。」美國對中國和臺灣的政策為什麼一直不清晰，這是相當深刻的觀察。李登輝和蔣總統一樣，了解美國的政策，他也知道如何利用它們。美國有些人希望與中國關係正常化，但也有些人無法放棄老盟友——即使他們希望從維持住老盟友中得到什麼也界定不清楚。美國認為與中國的關係很重要，但是中國本身讓美國抓狂。華府承認「一中」原則，然後在解釋為何它祖護臺灣吻合此一承諾時，卻又說得不清不楚，纏成死結。這些根本上的衝突深入到政府每一層級；有時候，它們似乎也在同一個人腦子裡糾纏不清。有一次柯林頓在情緒挫折下大喊：「我痛恨我們的中國政策！但願我能唱反調、反對我們的中國政策。」[55]就某一層意義來說，他和尼克森以降歷任總統都不例外，都在反抗美國的中國政策。

臺灣方面也是愛恨交織。民主化意味這種愛恨交織心態反映在政策上。北京的經濟成長和提議「一國兩制」，相當誘人；若非爆發天安門事件或李登輝繼承權力，說不定已經足以促成北京朝思暮想的和平統一。李登輝釋出的大戲：修訂憲法、內部政治鬥爭、總統直選，意味仍有空間讓臺灣對中國關係的不同意見可以勝出。李登輝當下贏了大選，並不代表就沒有其他意見存在。

如果北京不動輒威脅和叫囂，和平統一恐怕已經實現。中華人民共和國掌握經濟優勢。「一國兩制」在臺灣所引起的辯論根本還未塵埃落定。臺灣仍然有人覺得他們的未來前途的確涉及到兩岸統一。雖然此時李登輝主掌國民黨，但黨內主張依據「一國兩制」與中國統一的一派仍然活躍。國民黨逐漸被定位為傾向與中國有某種形式聯結的政黨。持平的說，這可能是精明的政治主張。「一國兩制」的訊息本身具有潛力說服臺灣選民，兩岸統一可以致富發財，也能得到合理的自治。但是中華人民共和國永遠是它自己最大的敵人。它窮兵黷武的姿態讓臺灣人反感，它愈是叫囂恫嚇，愈破壞國民黨的勝選機會。發射飛彈和軍事演習更加證實中國不是臺灣人所想要歸屬的政體。如果不能讓大國改弦更轍，接下來要讓小國改變方向也變得愈加困難。

第四章

1996～2020

臺灣民主化與政黨輪替

現在臺灣迎來了民主的喧囂。二〇〇〇年至二〇一六年之間的選舉確實令人驚艷，因為民主還太年輕，選民尚無法將自己的想法固化為明確的政黨路線。國民黨和民進黨都是派系林立。因此政治流動和變換效忠對象的空間相當大。由於選民本身也仍在試圖找出自己所相信及所想要的方向，變化的空間更加擴大。臺灣與中國的關係問題長期以來潛藏在地下；現在突然間全都攤開來公開討論。人們需要花時間去習慣它。而臺灣要如何回答這個問題，也會隨著時間演進而變化。

伴隨著中美關係改善，變化逐漸浮現。一九九〇年代末和二〇〇〇年代初期，美中關係穩步改善。套用一位美國官員的話來說，美國真心認為中國可以成為一個「負責任的利害關係人」。[1]一九九六年飛彈火花之後，江澤民和柯林頓會面，取得諒解：中美關係太重要了，不能因為臺灣問題而失和。柯林頓、小布希和歐巴馬全都追求一個北京和華府能夠合作的世界。臺灣是否能以一個正常運作的獨立實體存活於這樣一個世界，相當的不明朗。

美國追求與中國友善之所以能夠順利推進，是因為江澤民和隨後接班的胡錦濤都願意當個負責任的利害關係人。他們是中華人民共和國建政以來最呆板、最不戲劇化的領導人，他們的溫和卻造成政策成果。與美國合作給中華人民共和國帶來太多好處：譬如加入世界貿易組織、增加投資機會、甚至主辦奧運會提升聲譽等等，因此中國不能對臺灣動輒採取軍事行動而犧牲掉這些好處。北京清楚表明它的紅線：臺灣不能宣布獨立。中華人民共和國也忍不住一定要提出會有反效果的聲明：提醒臺灣不可牴觸「一中」原則，同時清楚表明中國保留動用武力的權利。但是至少在目前北京不認為需要朝海峽對岸發射飛彈。總而言之，目前看來沒有必要動用武力。北京因為與美國合作，得以增進經濟實力，也意味對臺灣產生強大的拉力。兩岸貿易和投資大為興盛。臺灣也和亞洲地區其他經濟體一樣，對中國的依賴日益加深。假以時日，經濟依賴應該會讓中國將這個「反叛的」海島重新納入掌控。

於是，經濟誘因使得北京穩定的與臺灣及美國愈走愈親近。假如三角關係持續順利走下去，或許和平統一可以水到渠成。可是，有三個鮮明的變化使得美中臺三角關係脫軌翻車。

第一是臺灣出現一股強大的分裂主義力量。經濟力是一把雙面刃。隨著經濟依賴日益加深，怨恨感也跟著上升。這股怨恨感在二〇一四年的太陽花運動中爆發出來，臺灣年輕人認為他們的未來已被出賣給中國，他們占領政府大樓。許多老百姓也接受這個想法，認為必須與中國保持距離。臺灣的建設成果太寶貴，不能交付給北京。

如果只有這一項變化，臺灣的命運或許也不會有太大改變。與中國親善吻合美國的重大利益；犧牲臺灣固然困難，也不是做不到。然而，三角關係的第二個變化來自北京。習近平在二〇一二年繼胡錦濤之後出任中國共產黨總書記。一般人以為他具有冷靜、沉默的個性，不會做出太大的變動。不料，他給中國的國內政策和國際政策都帶來彈膝反射式的強悍作風。強硬政策破壞了他想與臺灣達成和平諒解的希望，也破壞了美國對於有可能與中國友善交往的信心。第三個變化是川普出人意料贏得二〇一六年的總統大選，華府出現一個和習近平一樣傲慢和好鬥的領導人。可以說是習近平和川普兩人聯手把中美關係倒退到對抗的狀態。在這樣的對立氛圍下，臺灣得以強力主張自己是個獨立的主權國家。雖然這仍然是風險極大的舉動，但臺灣已不至於得不到超級大國的支持。

一九九五年至一九九六年的臺海危機之後，華府快速動作與北京修復關係。柯林頓向江澤民保證，美國會遵守「一中」原則；他對中國針對這個議題會有如此強烈的情感反應十分驚訝，他盼望能夠緩和中方的顧慮。江澤民則希望「一中」原則能得到適當的理解。他在和柯林頓的副總統高爾（Al Gore）的對話中，提到：「有時候有些人嘴裡講一中原則，其實心裡主張分裂主義。」，明顯是指李登輝。中國不會有民主化，而李登輝的「一中」原則卻以民主化為前提。不過北京仍然扛著中華人民共和國所界定的「一中」原則——臺灣與中國將依據「一國兩制」統一，與臺北進行談判。由企業界大老辜振甫所率領的臺灣代表團在這段期間和江澤民會面，雙方並沒有達成協議。辜振甫代表團讓北京很不爽，因為它堅持唯有中國民主化之後兩岸才有可能統一，而且中國和臺灣實質上是兩個國家。縱使如此，江澤民認為對話會有效益。「談總比不談好」，江澤民希望美國能盡全力促進和平統一。高爾向他保證，白宮樂見這些發展，也希望「兩岸能有更進一步的建設性對話和合作」。[2] 美國在臺灣問題上的政策與中國的政策同步調。華府和北京渴望能宣布終止雙方的歧見。

這並不能阻止李登輝的活動。他很精明，知道無論柯林頓對江澤民說些什麼，他在美國國會中爭取到的支持足可確保臺灣的生存。在柯林頓一九九八年訪問中國之前，國會已經壓倒性地支持一項決議，呼籲中國放棄對臺灣使用武力。外交官已經向臺北保證，美國的政策沒有改變，不論它是如何委婉暗示，李登輝把它解讀為美國支持臺灣做為民主國家繼續存在。他信心十足地公開排斥「一國兩制」，明白表示任何溝通都必須秉持「對等互重」的精神進行。由於「對等互重」是北京在談到國家相互對待時應該秉持的原則，李登輝這樣說，等於是要求中國對待臺灣要和它對待其他國家一樣。到了一九九九年，李登輝願意把話講得更直白：中國和臺灣之間的關係就是「兩個國家」之間的關係。一九九六年臺海危機的結果顯示，分析到最後，李登輝可以依靠美國的支持。[3]他不需要對北京卑躬屈膝。臺灣是個驕傲的民主國家，李登輝不怕公開這麼說。

那些年裡，在一個臺灣要做為臺灣的空間相當受限的世界裡，治理臺灣是一個很微妙的平衡行為。李登輝在聯合國裡的盟友努力遊說，要讓中華民國重返聯合國。他們失敗了，但是臺灣得以加入世界貿易組織代表臺灣至少可以參加某些國際論壇。與此同時，有些戒嚴時期遺留下來的問題必須處理。李登輝已經代表政府為二二八事件道歉，並提議成立受害人賠償基金。現在他要在從前監禁政治犯的綠島豎立人權紀念碑。[4]李登輝領導的是一個與它的過去和解的國家，這個過程將使臺灣認為自己是個民族、有可能建立一個民族國家。

但是他不準備做得太過火。他不會威脅要舉行獨立公投，不會片面將國號從中華民國改為臺灣。李登輝主掌的是一個運作順利的獨立國家。臺灣得到的國際承認是在下降中，但是它仍然能夠依自己的意志自主。因此，沒有必要去破壞現狀。宣布正式獨立會有刺激中國摧毀臺灣已經享有的自由之風險。

臺灣島內各政黨全都具有這種務實的認識。從後來發生的事回顧過來，我們很訝異地回想到兩岸關係並不是二〇〇〇年總統大選的主要議題。民進黨雖然在一九九一年已經通過臺灣獨立黨綱，它並沒把臺灣獨立擺進大選的政見。民進黨是由前政治犯、青年活躍份子和認同反對黨意識的人士所組成的一個奇怪組合。民進黨總統候選人陳水扁並不急著改變現狀。陳水扁是本省人，以替政治活躍分子當辯護律師而出名，當選過立法委員，也擔任過臺北市市長。競選期間陳水扁已經很清楚臺灣是個獨立的國家，應該被做為一個獨立的國家對待，但是這和李登輝所採取的立場並無不同。就這一點而言，國民黨候選人連戰，以及不滿輸掉國民黨提名而獨立參選的宋楚瑜，都沒有不同意。連宋兩人都主張中華民國是個獨立的國家，儘管在細節上有些出入。（宋楚瑜設計出一個令人費解的「相對主權」概念，來描述海峽兩岸的兩個政權。）甚至可以說，民進黨的陳水扁提議的政策更加傾向中華人民共和國。李登輝對中國日益增長的經濟吸引力相當警覺，陳水扁卻希望增進通商關係。有人猜測他所提出的「正常化關係」主張激怒北京。[5] 但是在局外人看來，這似乎是相當無害的概念。不過，正常化關係是國家對其他國家才能做的事。中國方面已經費盡心思全力提倡臺灣是中國不可分割的一部分，現在即使僅只暗示臺灣是個國家，北京也無法接受。這一次不打飛彈，但是中國國務院總理朱鎔基在二〇〇〇年三月十五日記者會中針對臺灣大選發表的強烈談話，顯示出北京的政策已經變得十分強硬。

朱鎔基名聲不惡，公認在北京領導人中比較聰明、冷靜，是個技術官僚和理性的人。他在一九九〇年代領導中國經濟發展頗獲好評。可是一被問到臺灣舉行的大選，冷靜的邏輯統統不見。朱鎔基說，那是地區性的選舉，是臺灣人自己的事。北京不會干預。但是朱鎔基又說，他要說清楚講明白：絕對不容許臺灣獨立。他說這句話是代表十二億五千萬中國人，而且他們不會放棄使用武力。這是一場精彩的演出。一向精明的朱鎔基，似乎忘了兩件事：一是三個候選人對兩岸關係的立場並無不同；二是臺灣選民一向不吃北京威脅恫嚇這一套。他的恫嚇有個重點：他提到鴉片戰爭的陳年往事，中國遭到列強瓜分和侵略，日本軍國主義者奪占臺灣島，以及中國必須英勇奮鬥。他記得自己還只是個九歲小孩時，聽到中國國歌鼓勵所有不願屈服的中國人站起來作戰，是多麼的激動。中國現在已經站了起來，要它容忍臺灣從祖國分裂出去是無法想像的事。[6] 那些童年的教訓深鑄於心。按照朱鎔基的描述，臺灣不是一個能以理智處理的戰略問題：它是神聖的使命、是中國絕對不會放棄的國土。言談之中，沒有大戰略，只有盲目的民族主義。意識形態影響了這位中國最具聰明才智的政治家的判斷。朱鎔基和他的黨內同志一樣，也有盲點。臺灣已經不預備再攻擊大陸這一點，他看不到。他的言論傷害兩岸關係，他也沒有想到。突然間，他變成一個憤怒的孩童般，決心光復祖國失去的故土。

結果是臺灣政治圈內的詭譎多變對選情的影響，大過朱鎔基言詞恫嚇的影響。脫黨競選的宋楚瑜和國民黨候選人連戰都沒能爭取到足以當選的票數，陳水扁勉強過關當選總統。[7] 這是一個了不起的時刻，顯示自從蔣氏時代以來臺灣民主的進展神速。過去數十年在戒嚴統治之下的這個國家，組織反對黨會遭到叛國罪起訴、坐牢或槍斃。現在，反對黨候選人竟在公平、自由的選舉中勝利，和平地完成政黨輪替。

鑒於後來的波濤洶湧，我們若回想起陳水扁在就職演說中想要安撫中華人民共和國的內容，難免感到訝異。他向海峽對岸的聽眾喊話，冷戰已經結束。現在北京和臺北應該放下歧異：

> 海峽兩岸人民源自於相同的血緣、文化和歷史背景，我們相信雙方的領導人一定有足夠的智慧與創意，秉持民主對等的原則，在既有的基礎之上，以善意營造合作的

條件，共同來處理未來「一個中國」的問題。

本人深切瞭解，身為民選的中華民國第十任總統，自當恪遵憲法，維護國家的主權、尊嚴與安全，確保全體國民的福祉。因此，只要中共無意對台動武，本人保證在任期之內，不會宣布獨立，不會更改國號，不會推動兩國論入憲，不會推動改變現狀的統獨公投。

這是遠比李登輝更加示好的和緩語調。陳水扁同情中國所遭受的「帝國主義侵略」，也誇讚鄧小平與江澤民領導所創造的經濟奇蹟。他宣示不會廢除國家統一委員會（但是後來他還是毀棄這項承諾。）[8]他放棄片面走向獨立建國，也表達自己願意與北京對話。這不是默認「一國兩制」，而且再度要求北京放棄動武。如果遵行下去，這是讓北京保留顏面的路線。

然而，陳水扁從二〇〇〇年至二〇〇八年在職期間，一再威脅要舉行公民投票，反映出臺灣獨立已成為臺灣政壇的常態主張。在全民投票產生的政府中，大部分政客追隨選民意思動作，可是選民是奇妙的一群人。有人會堅決推動他們的立場；有些人會改變主張。民進黨由許多派系組成，有些派系（最著名的是新潮流）主張更強烈的臺灣獨立立場。也有一群人奉李登輝為精神領袖而成立臺灣團結聯盟，他們認為應該更認真看待李登輝提出的國與國關係的主張。[9] 然而，仍在演變中的選民當中，也有一股力量主張獨立建國，精明的政客可能得以從中汲取利益。中國一向拒絕放棄武力統一臺灣的手段，如果被認為不畏中國打壓，有利某些政客；而美國愈來愈對中國友善，如果被認為面對美國能挺直腰桿，也有利某些政客。陳水扁決定遵循臺灣政界這股傾向獨立的潮流。

小布希是個相當單純的總統。如果說單純害他在中東政策上捅出大紕漏，單純卻使他在處理兩岸關係上輕鬆多了。他在就任之初表示美國有責任保衛臺灣，不過他也承諾會要求臺灣不宣布獨立。九一一恐怖攻擊事件使得布希派兵攻打阿富汗，一打就是二十年。九一一事件也引起布希政府重新思考美中關係。中國突然間變得很重要，它將是反恐戰爭中需要倚重的夥伴。朝鮮是布希認定的「邪惡軸心」（axis of evil）成員之一，「六方會談」的目標是要去除朝鮮的核子化，因此更增添中國的重要性。中國持續增長的經濟實力也是一個因素。當陳水扁二〇〇二年在演講中提到海峽兩岸是一邊一國、臺灣將舉行公民投票決定前途時，布希站到北京這一邊。布希政府明白表示它不支持臺灣獨立。[10]

小布希甚至更進一步動作。他向美國派駐在臺北的外交官員說，他不是一個注意細微區別的人，在他來講，「不支持」和「反對」，兩者沒什麼差別。但是全世界都知道箇中差異。美國說它支持兩岸和平解決，不去評斷北京和臺北之間爭端的是非對錯，是一回事。它指的是「不支持」臺灣獨立。但是，反對臺灣獨立可就相當嚴重了；它指的是支持北京的主張，認為臺灣沒有權利獨立。不論是否不夠精細，布希的立場和它的政府的立場一致。二〇〇四年十月二十五日，國務卿柯林・鮑爾（Colin Powell）在電視專訪中宣稱，臺灣並不是獨立的國家，沒有主權。鮑爾後來試圖澄清他的評論，解釋說他只是希望兩岸問題「和平解決」；臺灣政府戒慎小心地接受這個解釋。但是這句話在臺北引起的疑念不是那麼容易消滅。[11]臺北方面認為美國已經拋棄不在兩岸爭端中採取立場的政策，選擇與北京站在同一邊。

陳水扁的反應是更加主張臺灣獨立。他的主要戰術在他任期中不時出現：威脅要舉行公民投票。公投是一種危險的工具。它可以掌握到某一時刻人民的感受，但是公投結果赤裸裸攤開來也會迫使必須採取行動，可是同一批選民稍後對這些行動可能又後悔。但是在陳水扁看來，這些危險都不足為慮，在二〇〇二年至二〇〇四年之間，他一再公開提議舉行各式各樣名目的公民投票：臺灣獨立公投、核電廠存廢公投、臺灣以自己的名稱加入世界衛生組織公投（因二〇〇三年爆發SARS疫情而引起）。這一切最後都沒有出現，因為法律並不允許舉行公投。立法院內的國民黨和親民黨立委決心阻止法律有任何變動。後來陳水扁設法促成法案通過，允許他舉行「防衛性公投」：如果臺灣受到外力威脅，總統有權就「關係到國家安全的議題」發動公民投票。這項法案在二〇〇四年一月通過生效，陳水扁決定與預定二〇〇四年三月舉行的總統大選同時進行防衛性公投。陳水扁雖然當選連任，但是公投並沒有如他的意思進行。公投提出的題目很有趣：如果中國一再以飛彈威脅臺灣，政府應否取得更多反飛彈武器？政府應否與中國談判訂定「和平穩定架構」，據以處理兩岸關係？法案規定，公投要有效，至少要有五〇%選民投票。即使公投案由文字已改成上述內容，這些題目並不能鼓勵足夠的選民投票。[12] 問題很簡單：選民意見十分分歧。

對陳水扁而言，或許情況還會變得更糟：雖然二〇〇四年他當選連任，但是勝負差距非常小。他在競選造勢活動中遭到槍擊，有人說這是精心設計安排好的槍擊案，旨在爭取同情票。經過一番票數差距相當接近的激烈選戰之後，連戰與宋楚瑜（這一次終於合體組成連宋配對抗競選連任的陳水扁）向法院提出訴訟，指控對手作弊。訴訟案遭法院駁回，但是陳水扁僅以十分有限的差距勝選，而且民進黨未能掌控立法院，顯示出選民陷入分裂，而且選民也清楚意識到走得太超過的話，後果不堪設想。[13] 臺獨公投的時機還未成熟。

宏觀來看，結果可以有兩種解讀。第一是把它當做是摒棄臺灣獨立的想法。連戰後來的舉動顯示至少他是這麼認為。他在二〇〇五年赴大陸訪問，熱情的中國群眾簇擁上來歡迎「連爺爺」歸鄉。（後來習近平也在二〇一四年和連戰會面，力促以九二共識為基礎實現統一。）北京試圖爭取過來一位大老，盼望此人有朝一日或許能將臺灣交付給中國。[14] 公投失敗，以及民進黨立委選舉失利，使得他們在立法院缺乏足夠席次降低公投門檻，此刻營造出適合國共兩黨合作的氣象。

但是還有另一種方法看待選舉結果。聰明的分析人員可以深入探究得出結論：臺灣人要的政府，是個能夠認同臺灣的政府，並不是一個認同中國的政府。他們只是希望政府能以務實方式推進。排斥公投絕不是完全摒棄獨立。四年前爭執不下的兩個國民黨人這次終於聯手參選，而陳水扁打的旗號是支持臺灣獨立，竟然能夠力克強敵勝選。李登輝曾經在一九九八年臺北市長選舉一役，教導國民黨如何重新界定自己，當時陳水扁市長競選連任，國民黨提名馬英九挑戰他。李登輝知道陳水扁過去能當選市長，很大一部分原因是因為他是本省人；地方上選民覺得陳水扁替他們發聲，國民黨則不然。如果國民黨還想做為能存活的政治力量，必須要爭取這些選民的支持。李登輝在一九九八年臺北市長選舉時，曾經為國民黨候選人馬英九護樁。李馬兩人同臺出席造勢活動時，李登輝戲劇性地問馬英九是哪裡人。李登輝要馬英九照他的話回答：「我是新臺灣人。」[15] 李登輝所灌輸的臺灣價值仍然引起選民共鳴。如果馬英九說他是臺灣人，如果馬英九說他愛臺灣，願意以此方式治理臺灣，那麼臺灣人會把票投給他。二〇〇八年馬英九競選總統時，選民果然又支持他更上層樓。連爺爺或許能在中國得到支持，但是馬英九即將出任臺灣的總統。李登輝掌握到一個平淡無奇，但經常被忽略的事實：在代議制度下，選民將選擇他們覺得可以代表他們的候選人。馬英九的英俊相貌和哈佛學歷也頗有助益。

傷害民進黨勝選機會的部分原因，是它被人民看做是貪腐的政黨。陳水扁忘掉他當初之所以能夠當選總統，不是因為他對中國的立場，而是他誓言維持政壇清廉。指控陳水扁家人藉他的總統職權自肥的傳聞一直緊跟著他，而且指控者不只是非民進黨人士。在陳水扁任期未滿前，已經有人出面號召趕他下臺。二〇〇六年，民進黨前主席施明德發動群眾運動抗議陳水扁的貪瀆。到了二〇〇九年，陳水扁因侵占公款罪名遭判刑定讞。雖然他聲稱是馬英九為了他的反北京立場企圖懲罰他，這番否認辯詞並不能使他免去牢獄之災。[16] 選民不喜歡縱容貪瀆的政黨，即使這個政黨早先得到過他們的支持。陳水扁的罪行使民進黨一蹶不振，在很長一段時期失去民心支持。

就華府和北京而言，新任總統馬英九遠比其前任意氣相投。馬英九回憶說，他的目標是重建陳水扁胡作妄為所破壞的美臺信任。二〇〇六年，馬英九曾以國民黨主席身分訪問美國，與副國務卿佐立克（Robert Zoellick）等官員會晤。佐立克就是表示美國希望見到中國成為「負責任的利害關係人」的官員。這個經驗使馬英九相信，美方希望見到態度和緩的臺北，表現出臺灣渴望與中國達成臨時協議。情勢很清楚，美國人是以本身利益為優先。情勢也很清楚，他們希望與中國保持親善的關係。臺灣領導人去挑釁中國，然後依賴美國人幫助，是沒有意義的事情。因此馬英九決定扮演「低調、不會引起驚訝」的「和平締造者」。[17] 處於美國希望培養中國成為「負責任的利害關係人」的世界，臺灣的上上之計就是與兩大強國交好。

馬英九走上這條路的第一步，就是重申九二共識的「一中」原則。這是一個相當滑溜的立場。許多臺灣人認為根本沒有九二共識——兩岸對「一中」的意義是各自表述，意即沒有達成共識。這些人其中一位就是一九九八年幫馬英九助選的李登輝。馬英九登門拜訪李登輝，試圖說服他：九二共識是在李登輝本人當家執政時期產生的。馬英九無功而返。但是與中國改善關係的廣大目標已經達到。胡錦濤注意到馬英九的肯定。這位中國領導人在和小布希總統會晤時，表示他希望中國大陸和臺灣能在九二共識的基礎上再度展開談判。兩岸關係突然間又恢復運作。二〇〇八年七月，兩岸遊客首度獲准直飛通航。二〇〇一年的「小三通」已經開啟中國與金門、馬祖外島的直接通郵、通商與通航。現在，臺灣也得以獲得與大陸「三通」的便利。兩岸簽署多項貿易協議，其中最重要的一項成績就是「經濟合作架構協議」（Economic Cooperation Framework Agreement, ECFA），旨在開放兩岸的貿易與投資。馬英九保證，這將給臺灣帶來財富，也將使臺灣與全球經濟更緊密連結起來。[18]

但是，馬英九預備走得多遠也不是沒有限制。他開放大陸觀光客來臺；他允許兩岸直航；他也開放中國官員來臺灣訪問。可是他不急著與中華人民共和國統一。他所宣示的大陸政策很單純：「不統、不獨、不武」。[19] 在民主國家中，領導人必須想方設法爭取選票。馬英九的作法就是讓國民黨做為負責任的守護者，維護人民的意志。陳水扁是即使美國人不支持，也要以舉行公投為威脅，挑釁中國。但是國民黨關心人民，要謹慎處理兩岸關係以維持現狀。民進黨只會唱口號；國民黨了解國家安全。臺灣顯示出來的新的溫和態度如願贏得華府的讚許。美國宣稱對兩岸關係的發展感到鼓舞。歐巴馬總統的中國政策至少在初期與其前任小布希的政策大致相同。理性的臺灣得到歐巴馬的歡迎。臺灣被稱為「安全及經濟夥伴」。不只國務卿約翰・凱利（John Kerry）一人宣稱臺灣攸關到美國在東亞的地位。聯邦環境保護署長吉娜・麥卡錫（Gina McCarthy）也前往臺灣訪問。臺灣也取得罕有的禮遇，臺灣公民若要前往美國旅行，可以免除簽證之要求。前任副國務卿威廉・伯恩斯（William Burns）熱切指出，華府與臺北的關係「從來沒有這麼好」。[20] 馬英九取得了臺灣領導人罕見的成績：讓北京和華府都很滿意。

然而，臺灣內部政治的平順運作和它在國際舞臺的行動之間，出現巨大的落差。民主體制在臺灣似乎穩步前進。新興的民主國家也可能會崩潰，最嚴峻的考驗將出現在權力過渡的過程中。李登輝可以選擇讓國民黨繼續掌權，甚至極力推動它，俾能在放棄威權之前確保民主能夠紮穩根基。在二〇〇〇年陳水扁當選後，李登輝辭去國民黨主席職位。二〇〇四年陳水扁的勝選遭到國民黨質疑，提出訴訟，問題交付司法裁決。法院做出裁定，而裁定也獲得尊重。勝方執掌權柄。當馬英九領導的國民黨重返執政時，陳水扁可以堅稱針對他的指控是舊日威權勢力企圖扼殺臺灣民主的陰謀之一部分，而他不預備卸任，他必須維持住權力才能拯救民主。民進黨內的基本教義派會同意他的說法；他們在國民黨手中吃盡苦頭，可不願再把權力交還給國民黨。國民黨一旦成功讓陳水扁下臺，就可以說整個經驗顯示反對勢力是多麼的腐敗。再換國民黨上台繼續執政才是當時的臺灣所需。陳水扁遭到侵占公款罪名起訴、判刑定讞，送去坐牢。馬英九接任總統。有指控，有罪行，過程也戲劇化。指控經過調查，罪行遭到懲罰，勝選的政黨執掌政權。這正是事態該有的正常發展。[21] 臺灣有過那麼多的歷史包袱，竟能再次完成政黨輪替絕非一件小事。它在短短幾年內迅速進化為一個正常運作的民主政體。

但是身為健全的民主政體，並沒有使臺灣成為守規矩的國際公民。許多國家不滿意臺灣漁船的行為。舉例來說，哥斯大黎加在二〇〇七年和中華民國斷絕外交關係。長期以來，中華民國給予哥斯大黎加各項援助。做為交換，它得到哥斯大黎加的承認，及在哥斯大黎加海域捕魚的權利。臺灣漁民就跟他們在別的地方的所作所為一樣，在哥斯大黎加海域也過度漁撈。他們不認為這樣做有什麼不對；在他們看來，這顯示他們的漁穫能力高明。但是在地人的不滿很強烈。二〇〇三年五月事情鬧大了，臺灣一艘漁船被逮到殺鯨取鰭，砍下能做魚翅的鰭部之後把鯨魚再丟回海中。哥斯大黎加法令禁止這種作法。臺灣漁船在潘塔雷納斯（Puntarenas）外海大規模殺鯨取鰭作業曝光，引起哥斯大黎加人民極其憤怒，尤其是那些靠海為生的老百姓更是憤憤不平。當中華人民共和國出來表示願意提供金援時，聖荷西當局立刻與臺灣斷交。轉向承認北京政權並沒有引起人民反彈，指責當局背棄民主盟國，因為人民從來不曾覺得中華民國善待他們。在他們看來，中國人基本上都一樣，哥斯大黎加不妨投向給更多金援的中國人。[22] 這種感覺並不只限於哥斯大黎加。大國有時候經得起對邦交國冷酷。臺灣這樣的小島國依賴善意維持國際生存，則沒有本錢可以冷酷對待邦交國。其實，哥斯大黎加可能終究有一天會和臺灣斷交而投向中國，但是臺灣並沒有引起它的感情，使其足以中國金援誘惑。

馬英九的兩岸政策出現一個大問題：它引起臺灣人的疑心。他能夠勝選是因為善用臺灣認同意識的存在。即使真正相信臺灣認同意識的人都覺得與中國的經濟關係太束縛。研究兩岸關係的學者稱它為「臺灣的中國兩難」（Taiwan's China Dilemma）：即使自認為是臺灣人的人數大增，臺灣對中華人民共和國的經濟依賴也大增。[23] 開放通商固然引起憂慮，經濟依賴卻照樣上升。其他國家也擔心中國的經濟力量，可是臺灣與這些國家不同之處是中國聲稱對臺灣擁有主權。如果經濟上依賴一個想要扼殺臺灣意識的國家，臺灣又怎麼能夠打造獨立意識？這並不是新議題，李登輝就曾經擔憂過這個問題，並且設法將臺灣的部分經濟關係轉移到東南亞。但是，中國經濟日益增長，國力日益強大。馬英九輕率地擁抱中國提供的財富，使得情勢更加可怕。

民進黨在二〇一二年的總統大選中已經設法利用這股恐懼心理。李登輝對於曾經受他提攜的馬英九所帶領的國家方向感到憂慮，實質上出手為民進黨候選人蔡英文助選。李登輝對馬英九的批評，正中馬英九經濟政策的要害。按照李登輝的說法，馬英九只為「大財團」效命，不關心農民或青年。他說，現在應該是「棄馬救臺灣」的時候了。國民黨發言人懊惱的說，前總統年歲大了，不應該干政。[24] 李登輝的努力沒有產生效果，馬英九當選連任。他具有現任總統優勢，而且民眾也不願輕易寬恕民進黨貪腐的醜聞。但是蔡英文試圖爭取的不滿情緒仍然存在，有兩項重大發展很快就衝擊到馬英九的中國政策。

第一個衝擊是青年活躍分子在二〇一四年春天發動太陽花學生運動。太陽花學運爆發的緣由是，馬英九希望繼「兩岸經濟合作架構協議」之後，再簽訂「兩岸服務貿易協議」，開放臺灣的一些新業種，引進大陸投資人和勞工。貿易協定照理說是要增進效率和提振經濟。可是宣揚這些協定的官僚往往忘了「經濟體」是由人民組成的，而人民又是有種種不同利益和不同需求的個體。在那些因為增進效率和擴大競爭之下已經處於劣勢，或是覺得生存備受威脅的人們心目中，貿易協定正是政府不關心他們命運的證據。兩岸貿易和觀光固然提供就業機會，但不是人人均霑利益。貧富懸殊正在擴大，而在財富日益增長之下，經濟似乎已逐漸降低年輕人能夠生存發展的空間。國民黨和民進黨都注意到這股憂慮，但是國民黨立委人數多，傾向於通過服貿協定。馬英九在推動協定時沒有普遍徵詢民意，現在民意反撲。學生們決定挺身出來表達反對意見。二〇一四年三月十八日，他們衝進立法院，占領了二十四天。他們拿出太陽花象徵希望。[25]

這項抗議有幾項顯著特色，但是最突出的一項或許是學生們展現的冷靜溫和。評論者很難把他們描繪成怒目瞠視的反資本主義者，想要推翻政府。他們的要求歸結到底就是，在和中國訂定協定時要透明化，要有確保協定受到監督的機制。抗議者清楚表示他們是為了臺灣才發起運動。他們保持建築物清潔，安排醫療小組待命以備不時之需，這種專業程度讓人很難不同意這個說法。他們的籲求也得到老一輩的支持；抗議活動的前輩發現年輕人呈現的理想主義令人感動。有位前輩鼓勵他們：「不要相信任何三十歲以上的人，包括我在內。」[26] 太陽花學運是臺灣的未來，是過去抗議運動的後繼者。馬英九政府忘了它們，因此付出了代價。

國民黨內有人認為馬英九的食古不化付出重大政治代價。其中一人就是國民黨籍的立法院院長王金平。王金平在二〇一四年四月六日和抗議者會面，做出重大讓步。他保證，在審議兩岸服貿協定之前，立法院將全面考量一項監督兩岸協定的法案。簡單地說，在通過馬英九鍾愛的協定之前，立法院將立法制訂監督機制（它也的確通過監督辦法）。這是讓步，但不是全面投降，它引起抗議者內部的辯論。縱使如此，太陽花學運分子最後決定，他們已經達成目標。二〇一四年四月十日，他們撤出立法院，各自回家去。[27]

他們留下一個已經改變的政治場域。馬英九不能理解這項抗議活動。在他看來，這批學生沒比犯罪分子好到哪裡去。他的政策合乎經濟思維，民進黨犧牲國家利益、攫取政治好處。他日後回憶說，所有的外國專家都支持他的立場。聲譽卓著的《華爾街日報》都主張應該通過兩岸服貿協定。太陽花學運怎麼可以反對他的經濟計畫呢？[28] 如果說馬英九誤判臺灣社會民心，民進黨則不然。太陽花學運反映出在野黨的希望。學運證明蔡英文在二〇一二年所反對的與中國之關係，可以吸引臺灣人起而行動。它可以在二〇一六年轉化為選票。

臺灣人對中國的懷疑又因第二個因素添柴加油：習近平二〇一二年在北京接掌大權。鄧小平當年對臺灣提出兩岸以「一國兩制」方式統一時，還有可能真正相信第二種制度或許會有相當程度的自主。鄧小平認為，臺灣已有一套運行制度，沒有必要去摧毀它。江澤民雖然發動一九九五年至一九九六年的第三次臺灣海峽危機，但大致上他似乎是一個能夠接受維持現狀的人；胡錦濤亦然。說句公道話，在江澤民和胡錦濤執政時期，香港和大陸之間也出現問題，但香港仍然是個可以紀念天安門廣場屠殺事件的地方。即使在中國內地，還有空間允許公民社會存在，人們可以不用害怕威權干預去討論西藏和韓戰等話題。在那段期間，還有可能辯論中國的主權主張（雖然不是沒有爭議），或許還不至於像臺灣人所想像的，意味著臺灣完蛋。

習近平當權後，一切都變了。原先各方預期他會消極被動、沉默寡言；不料，他帶來令人毛骨悚然的強悍，在中國國內外都製造巨大的恐懼。在中國內地，那些和習近平觀點不同的人，不只是異議人士，還包括共產黨員、企業界和學術界人士，都被恫嚇得噤口不語或甚至被抓去坐牢。西藏和新疆被改造成為古拉格集中營。原本是

「一國兩制」樣板的香港，自治權完全撤銷。原先答應的全民選舉權完全不兌現，香港人發現北京要親自挑選聽話的特區行政長官。部分受到臺灣情況的啟發，香港爆發主張民主的抗議活動。抗議者紛紛被抓去坐牢。[29]習近平的中國，變成臺灣所摒棄不要的一切事物的活廣告。

因此，蔡英文在二〇一六年再度競選總統時，面臨的是一場與她二〇一二年敗選那一次相當不同的局面。這一次她對馬英九中國政策的批評，打動愈來愈擔心中國對臺灣影響的選民心理。國民黨卻再次陷入內鬥。國民黨原先提名洪秀柱出馬競選，她主張兩岸統一的政見被認為是不利選情的因素，因此遭到撤銷提名，改由朱立倫披掛上陣。宋楚瑜代表親民黨再度參選，拉走了會支持國民黨候選人的部分選民。有些國民黨員仍然懷念他們與中國的舊情，認為中國是未來前途之所繫。但是絕大多數選民對這條路毫無興趣。[30]馬英九更進一步壞了大事。他決定和習近平在新加坡會晤。

於是乎，中國和臺灣的兩個最高領導人（他們迴避究竟是一個中國或兩個國家的問題，不提「總統」或「國家主席」的官銜，以「先生」互稱」），在新加坡會面，高唱九二共識，宣稱盼望兩岸進一步交流。他們談論第二次世界大戰，提起美國人轟炸臺灣，打死數千人。習近平提起太陽花學運。他也問起李登輝和蔡英文：他們究竟是什麼樣的想法？在茅台助興和閒話彼此星座的禮貌交談中，隱藏著凶險。習近平代表的中國處心積慮企圖兼併臺灣。馬英九身為臺灣領導人，竟然提供習近平可能領導臺灣的人物之相關資訊。中華人民共和國的領導人利用臺灣民主的守護人，來偵察臺灣公民——這些公民正在努力抗拒中國粉碎他們獨立自主的企圖。馬英九宣稱，習近平可能實現中國政治改革的說法不是完全不可能，這恐怕就不只是違心之論了。

馬習會充分顯示，馬英九和習近平兩人澈底誤判臺灣選民的心意。對於已經懷疑國民黨和中國關係的選民來講，馬習會證實了他們最擔心的噩夢。看來馬英九的確是把他們出賣給中華人民共和國。這位臺灣總統已經深深背離他的人民；只有這種遠離民心的心態，才會讓他以為馬習會有利於國民黨的選情。而習近平就和在他之前的幾乎每一個中國領導人一樣，完全不了解臺灣。習近平扮演聖明天子，刻意接見寵臣，透過接見提升寵臣地位。他以為臺灣人一定會因為馬英九見了中國偉大的領導人而更尊敬馬英九的政黨。有一大堆臺灣人希望與中國保持距離；馬習會不是光榮，而是威脅；由於習近平的高高在上，他們會更加遠離中國，這位中國國家主席完全不知不覺。他可以說是仍然遵循中國共產黨招安國民黨領導人的老方法。毛澤東時代中國共產黨接觸李宗仁就是出於相同的思維。過去，這一招或許會奏效。但是臺灣已經變了。它不再是一個威權主義國家，只透過少數幾個主要領導人的投誠中國就可以實現征服臺灣的企圖。它現在是個民主國家；人民可以不同意領導人的主張，針對他們不能接受的政策懲罰領導人。爭取到馬英九支持中國，並不一定能爭取到臺灣，而且適得其反，得到反效果。後來民進黨贏得立法院過半數席次，蔡英文也當選總統。

蔡英文二〇一一年訪問華府時，並沒有討得美國建制派的歡心。她和李登輝一樣，都是康乃爾大學校友，但兩人的相似點僅只如此而已。她表現出來一副只會念書的沉悶形象。她本身是個律師，用詞遣字十分精準、謹慎，發表講話時有如機器人，毫無熱情。如果另有選擇，她說不定樂於留在學術界。不料，她參與了臺灣加入世界貿易組織的談判，也擔任主掌臺灣對中國關係的行政院大陸事務委員會主任委員。她在上述職務中從來沒有顯露鋒芒；她的治事風格就像個靜悄悄的技術官僚。把事情做好，然後再承接下一份任務——這就是蔡式風格。她在華府和美國官員談話時，保證不是激進派。可是，這個羞澀、乏味的性格卻把美國人嚇壞了，她竟然讓兩岸局勢陷入不安定。一位匿名官員告訴《金融時報》（*Financial Times*），蔡英文這位新聞界和政府看重的人物，「留給我們鮮明的疑慮，不知道她是否有意願、有能力繼續維持臺海地區近年來享有的兩岸關係穩定局面」。這位官員又說，「很不清楚……她和她的顧問們是否充分了解，中國方面對她的動機和民進黨的期望兩者都極端不信任」。[32]

這個說法既不符合事實，也瞧不起人。蔡英文不是傻瓜，她十分清楚中方對她的動機和期望的感覺。她也曉得，她如果當選總統，不向中國完全投降而妥善處理這種感覺，需要費盡她的聰明智慧。（套用這位匿名官員的話，說它是「不信任」其實是沒有看清楚真相的深度。中國不是不信任臺灣領導人，而是認為臺灣領導人的觀念不可接受，必須要想方設法撲滅掉。）華府的接待告訴她，美國對臺灣的民主抱持十分深刻的懷疑。儘管口口聲聲稱讚民主進程，華府並不希望這些進程傷害它和北京的交好。蔡英文二〇一六年當選總統時並沒有忘記這一點。但是她也要面對自己老百姓的感情。臺灣仍有人要求對臺灣的身分認同要更加清晰。「中華民國」是個殖民政權，它的殘暴和高壓統治現在已經成為過去。現在該是更改國號為臺灣，甚至宣布獨立的時候了。處在華府要求審慎、臺灣人民要求更堅定，以及北京日益仇視之間，蔡英文執政之路看來是舉步維艱。

蔡英文碰上意想不到的幸運之神眷顧：美國的中國政策出現巨大變化。一般提到歷史性大變化的陳腔濫調現在也適用：它來得出奇的緩慢，然後又出奇的快速。即使在歐巴馬政府的末期，美國已經日益憂慮中國的行為。從竊取智慧財產的糾紛，到中國在東海及南海的強悍軍事動作，使得美國日益意識到中國根本不會成為「負責任的利害關係人」。歐巴馬吹擂的「轉向亞洲」（pivot to Asia）就某個層面上來講，就是針對這些憂慮的反應。它被誇稱是向中國展現美國決心在亞太地區扮演堅定角色的方式。轉向的樞紐是「跨太平洋夥伴關係協定」（Trans-Pacific Partnership, TPP），這項貿易協定將把亞太地區經濟體結合成為一個自由貿易區，但是把中國排除在外。白宮在尋求國會支持通過協定時，把它形容為攸關對抗中國在亞洲的影響力。如果美國沒有強化並展現它在亞洲的領導實力，這一片廣大地區將成為中國的勢力範圍。但是這樣的論述對美國選民沒有太大影響力。和臺灣的情況一樣，美國也有相當多數選民覺得被這些貿易協定漠視。[33] 角逐總統大位的幾位候選人都意識到這一點。唐納・川普（Donald Trump）、伯尼・桑德斯（Bernie Sanders），和曾在規畫TPP的歐巴馬政府中擔任過國務卿的希拉蕊・柯林頓（Hillary Clinton），三人都在選戰中都譴責這項協定。

乍看之下，主張維持既有慣性似乎不吻合對中國強硬。摒棄「跨太平洋夥伴關係協定」就是明白放棄美國在亞洲的角色。北京長期以來擔心遭到美國盟國包圍，而今放棄美國在亞洲的角色正是北京所渴望的。川普展現他所謂的「美國優先」精神可以和粗暴、自我招致失敗的蠻橫並行不悖。川普既沒有原則、也沒有天分，但是他的確有低級的狡詐。他看到，也利用他的選民之厭惡感情。他了解由「跨太平洋夥伴關係協定」及類似協議所產生的怒意可以導向反中的情緒，而對中國強硬可以增強他的政治地位。即使他在二〇一六年勝選引起震撼和厭惡，他入主白宮後推動的中國政策在他卸任之後持續獲得新政府的遵循。

川普勝選可能給臺灣開啟新機會的第一個跡象是一通電話。蔡英文成為一九七九年以來第一個和美國總統當選人或在任總統通電話的臺灣領導人。對川普來講，箇中意義純屬個人很有面子。他在推特上貼文說：「臺灣總統今天打電話給我恭喜我當選總統。謝謝你！」但如果說這只是關係到候任總統川普個人有面子，對北京而言，這卻是危險的跡象。北京當局起先試圖淡化處理。中國外交部長王毅責備這是臺灣耍小動作，宣稱這改變不了「一中」原則。川普立刻跟上，表示他看不出有任何理由「一中」原則不能改變。他在接受福斯新聞網（Fox News）訪問時說：「除非我們和中國達成關係到其他事務、包括貿易在內的協議，我不知道為什麼我們必須受到『一中』原則的束縛。」[34]

這是一項不得了的動作。不論你有什麼想法，美國同意不就「一中」原則提出異議，一直是美中關係的基礎。現在，它突然間受到質疑。自從雷根以來從來沒有任何一位總統當選人如此直接威脅美中關係的根本基礎。川普透露出來的是，這個原則不是鐵板一塊，而是可以討價還價的。中國可以維持住「一中」原則，但必須給他某些東西做為交換——譬如，在他保證要推動的貿易戰做出讓步。這是以交易方式看待「一中」原則。

以川普之為人處世，北京搞不清楚究竟這是美國真正重新考量政策，或者只是他一時衝動講話，說不定一轉身就放棄的念頭。但是在中國看來，這可不只是挑釁。過去中國主權遭到踐踏，列強予取予求強迫貿易讓步。這種創痛已經深植到全國民眾心中，川普對待問題在商言商的作法又喚醒了傷痛。即使如此，北京展現相當節制。它派軍艦穿過臺灣海峽，引起臺灣方面緊急召集部隊，但是北京沒有重演一九九六年的大戲。北京客氣、堅定地告訴美國，不得違反「一中」原則。凡事關係到主權，就沒有妥協的餘地。北京希望川普能跟以前的雷根一樣，了解美中關係將陷入險境。如果適當地說之以理，他在就職後或許會比較好相處。至少，起初這份期許尚稱合理。二月九日，川普和習近平兩人也通了電話。脾氣變化無常的美國新任總統確認，美國將遵守「一中」政策。[35]

如果任由川普自行發展的話，他會如何執行「一中」政策，並不清楚。他對中國的動作反覆無常。他先是威脅要發動貿易戰，然後宣布雙方已經達成協議，接下來卻又對北京課徵關稅，並且發動針鋒相對的作戰。他在海湖山莊（Mar-a-Lago）招待習近平，也在推特貼文稱讚「中國國王」，然後又發動調查中國留美學生中是否潛伏間諜。他啟動對付華為的作戰，聲稱這家中國電訊公司正在偷竊人民的數據資料，必須將它趕出西方國家市場。在美國慫恿下，華為高階主管孟晚舟在加拿大被捕，遭到詐欺罪及違反對伊朗經濟制裁之罪名起訴。當加拿大官方說明他們是依法行事，逮捕孟晚舟完全不涉及政治因素時，川普卻打臉加拿大人，宣稱如果中國接受貿易協商，孟晚舟就可能獲得開釋。川普對華為是施加種種壓力，可是針對另一家中國電訊業者中興通訊公司（ZTE），他自己又願意減輕國會祭出的懲罰，只求有助於他的貿易協商。[36] 他莫名奇妙，詭異的兼用全力攻擊和甜蜜誘惑。未來的歷史學者肯定要傷透腦筋才能搞清楚，這些動作是基於什麼樣的盤算。有人懷疑川普本身根本沒有一套中國政策。他完全本著自我本位和政治直覺動作：他的中國政策就是隨時心血來潮就祭出來，只要自己高興，能討好支持他的人士就行的作法。完全憑著他的情緒，他可能願意提供臺灣核武器，或是出售核武器給中國以換取貿易協議。他也可能很快地連續動作，先後提供核武器給臺灣和中國。

但是他所掀起的反中情緒散布之快可能超過他的本意。做為爭取選票的策略，抨擊中國相當有效。這意味其他政客很快就跟進效仿。參議院裡出現一個奇怪的同盟——共和黨的馬可・魯比歐（Marco Rubio）和湯姆・柯頓（Tom Cotton），結合民主黨的伊莉莎白・華倫（Elizabeth Warren）和查克・舒默（Chuck Schumer）——提案對中興通訊公司祭出貿易制裁。可是，讓他們大為憤怒的是，川普總統竟然沖淡提案。[37] 川普可能只是嘴上唱高調要強硬對付中國，結果現在卻冒出來參議員們願意真槍實刀強硬對抗中國。

在兩黨協同一致十分罕見的時代，竟然出現了兩黨一致的共識：中國是一個威脅，美國必須有所回應。共和黨和民主黨一致接受的對中國基本觀點，出現在川普的國家安全戰略中：

> 中國和俄羅斯想要塑造一個和美國價值及利益對立的世界。中國想在印太地區取代美國，擴大它以國家推動的經濟模式之範圍，在本地區重建有利於它的秩序⋯⋯

數十年來，美國的政策植根在支持中國崛起及融入戰後國際秩序將可導致中國自由化的信念上。事與願違，中國犧牲其他國家主權，擴張它的力量。中國以無與倫比的規模蒐集與利用數據，並且散播其專制制度的特色，包括貪瀆及監視偵察。它正在建造力量之強大、經費之充足僅次於我們的軍隊。它的核武器日益增長及多元化。中國軍事現代化和經濟擴張有一部分是因為它取得美國的創新經濟，包括接受美國的世界級大學之教育培訓。38

對於中國的這種概念，就跟盼望它成為「負責任的利害關係人」一樣不合實際。它結合了事實真相和不準確。中國的確成長為經濟和軍事大國。它和從前的許多大國一樣，讓它所處區域的周圍國家感受到它的份量。川普團隊的分析略過不提的事實是，美國布建軍事基地把中國沿海包圍起來，而且自中華人民共和國存在以來就一直阻擋中國吞併臺灣。再者，美國所談的中國民主化，在北京聽來很可疑，跡近主張推翻中共、另建政府。中國是已經改變了南海均勢。雖然比較不成功，它也威脅尖閣群島（釣魚臺）和臺灣。但是美國官方政策是對南海和東海的領土糾紛不採取立場，也不考慮臺灣的主權地位。認為中國的崛起是以犧牲他國的主權為代價，是難以成立的立場。中國的行為是出自排外的民族主義，以及它真心感到安全顧慮之產物。可以譴責前者，但並不能就不去了解後者。

然而，美國實際政治運作下，並不去深入了解箇中的細微區別。逐漸地，川普就把中國構成威脅，必須強硬對付它的概念正常化了。起先川普提出廢棄「一中」政策的主意時，美國外交政策專家群的反應是驚恐交加，認為這個主張充分證明這個總統有夠愚蠢。可是到了二〇二〇年，許多備受尊重的評論員都建議美國提供臺灣防務保證，實質上就是恢復美中關係正常化時所廢止的臺美雙邊共同防禦條約。當民主黨批評總統的中國政策時，不是不同意他把中國視為威脅的判斷。他們主張的是要比川普團隊更加與盟友合作、要對中國更加強硬。他們嫌棄川普不夠強硬。[39]

按照美國政府非黑即白的思維，對中國強硬就是要善待臺灣。美方通過新的對臺軍售協議，包括提供F-16戰鬥機和地對空飛彈。美方增加軍艦行駛經過臺灣海峽的次數。衛生暨人道服務部長前往臺北訪問，謁見蔡英文總統。蔡英文建議簽訂雙邊自由貿易協定時，美方似乎也樂於接受。至少國安會裡有些人有意協防臺灣；臺灣是第一島鏈的一環，是戰爭爆發時對付中國的一個關鍵要衝。他們也設法增進臺灣的自衛能力，以便它能「自力與中國接戰」。川普政府有關印太戰略的聲明很驕傲地宣布：

「我們也正在強化與深化我們與臺灣的關係。我們也一再針對北京透過軍事演習、經濟壓力、限縮臺灣國際空間、挖角其外交夥伴等方式欺凌臺灣的行為，表示關切。」

美國的說法沒有提到的是，美國已經和臺灣斷絕外交夥伴關係。二〇二〇年國會通過的二〇一九年《臺北法》（TAIPEI Act of 2019），全名《臺灣友邦國際保護暨加強倡議法》（Taiwan Allies International Protection and Enhancement Initiative），也具有相同的盲點。這項立法注意到臺灣最近一連串失去八個外交夥伴，即布吉納法索（Burkina Faso）、多明尼加共和國（Dominican Republic）、薩爾瓦多（El Salvador）、甘比亞（Gambia）、吉里巴斯（Kiribati）、巴拿馬（Panama）、聖多美普林西比（Sao Tome and Principe）和索羅門群島（Solomon Islands）等八個國家全都轉向承認中華人民共和國。國會因此要求美國政府：

一、應支持臺灣強化與印太地區及全世界各國之正式外交關係及夥伴關係。

二、對於顯著強化、增進或升級與臺灣關係之國家，應研議以適當及符合美國利益之方式，提升美國與該等國家之經濟、安全及外交交往。

三、對於嚴重損害臺灣安全或繁榮之國家，應研議以適當及符合美國外交政策利益之方式，並與國會諮商後，改變美國與該等國家之經濟、安全及外交交往。

（譯按：以上中譯根據臺灣駐美代表處官網之中文版，第五條第一項第一至三款）

這實在是很特殊的一項法案。雖然它指出「臺灣與美國、澳洲、印度、日本及其他國家」具有「特別關係」（譯按：第二條第七項），但它並沒有要求美國與臺灣恢復外交關係。[40] 可是它要求其他國家與臺灣維持外交關係，而且願意以施惠、哄騙和威壓的方式維持住這些關係。邏輯不一致沒有關係。重點是川普的美國預備挺身跟中國抗爭，而臺灣將在其中扮演角色促其實現。美國對臺灣民主政體最強烈的支持，竟出現在一個破壞美國本身自由民主的政府手中。

這正是一個臺灣獨立運動可以欣欣向榮的環境。若換成另一個領導人——我們不禁想到鍾愛公投的陳水扁，或許就會藉著美中關係緊張上升的機會推動公投。蔡英文很謹慎，並沒有如此冒進。講硬話是一回事。美國是否會兌現硬話幹到底，又是另一回事，沒有人，甚至沒有美國人能夠確定。而且，蔡英文也不搞放煙火那一套。她沒有誓言要搞公民投票，沒有威脅要更改國號，只是靜悄悄地進行技術官僚式的治理，在過度觸怒中國和完全屈服之間尋找平衡。

如果臺灣要走上獨立之路，需要注意它的國防。民進黨曾經批評國民黨的國防政策。它主張，放棄自衛能力絕不能確保和平。中華人民共和國沒有放棄使用武力對付臺灣，臺灣人曉得生活在不斷威脅之下是什麼滋味。眼看著對岸的軍事改造，臺灣自己的軍事經費卻在萎縮，現在必須迎頭趕上。這是確保國家目前還有的與各國經濟關係及國內政治穩定永續下去的唯一方法。因此，蔡英文任內，臺灣軍事預算穩步上升，從二〇一六年的一百億美元左右，上升到二〇二三年的二百四十億美元。臺灣可以持續向美國採購軍火之同時，蔡英文也展開在國內自製武器的努力。臺灣既然有第一流的公司和科學家，為什麼不能自己建造潛艦和飛機？美方有時候不願提供更先進的武器系統。臺灣必須自力更生。這是野心勃勃的計畫，是否符合成本效益也引起批評，但到了二〇二三年，臺灣第一艘令人眼睛一亮的國造潛艦下水了。[41]

另外一個問題是如何對付中國的經濟影響力。民進黨能夠重返成為執政黨，畢竟是藉著憂慮臺灣經濟過度依賴中國的勢頭才能勝出。要紓緩這種焦慮相當困難。中國是臺灣最大的進口源頭，也是對外投資的主要去處。經過數十年才建立起來的連結，沒有辦法在一夜之間割斷。蔡英文提出「新南向政策」做為對策。她設法多角化開拓臺灣的經濟夥伴關係。東南亞、印度、澳洲和紐西蘭都是臺灣可以比起以前更加積極開拓的潛在市場。這並不是民進黨獨具慧眼的政策。李登輝推動過類似的計畫，擴大對東南亞的外人直接投資。日本企業界也在認真討論在中國大陸之外再找出營收來源的需要。他們也推動南向政策。[42] 想方設法削減中國力量的努力於焉展開。

新南向政策產生某些成果。臺灣與蔡英文鎖定的一些國家增進新的經濟關係。對臺灣的投資也增長。「民間交流」是新政策著重的重點。這種交流的成績很難評估。走在臺中市街頭，你可以看到許多東南亞移工的蹤影，但是你也不免會問他們在社會中居於什麼地位。長年以來的語文和階級障礙似乎一直無法跨越。無論新南向政策成敗如何，有一個問題依然存在。中國仍然無可取代。北京或許對新南向政策的效果憤怒，例如菲律賓和臺灣簽訂投資協定，又惹來對「一中」原則的爭論，但是中國本身和臺灣的經濟關係繼續萌芽，中國仍然是臺灣的最大貿易夥伴。[43] 在資本主義的世界，哪裡有利可圖，貿易與投資就往哪裡跟進。認同意識的考量和政治獨立都是次要。錢追著錢跑。臺灣可以高唱降低對大陸的依賴，但大陸的確是賺錢的好所在。

如果說今天面對中國很棘手，要和過去取得協和或許更是難上加難。白色恐怖年代給許多人帶來相當大的苦難，留下許多創傷仍未得到撫平。蔡英文啟動轉型正義。政府成立歷史真相調查委員會，蒐集白色恐怖時期逮捕、殺害和刑求的紀錄。受難者得到平反。國家檔案館很慢很慢的開放更多的二二八事件及其後的檔案。唯有如此，過去才不會一直是臺灣人民分裂的源頭；唯有如此，臺灣才能邁步向前走。這是一個很痛苦、很緩慢的進程（有人懷疑，部分原因是因為有些加害人仍然在世、而且各方關係良好）。詳細內情仍在慢慢滴出來。但這是一個起始點。面對歷史並不僅限於一般所知的中華民國政府對臺灣人或民主運動人士的迫害。蔡英文也對原住民遭到的傷害道歉。政府成立委員會確保原住民的語言受到保護，他們的土地不再受到奪占。歷史已經無可挽回，但是了解過去的錯誤才能建立更美好的未來。原住民也是臺灣的一部分，如果臺灣要繁榮，也要確保他們有發展。[44]

即使在這方面，蔡英文作法仍然溫和。換了別人，說不定會全面攻擊國民黨及它所代表的一切。這樣的攻擊會摧毀政治上的信任，瓦解臺灣仍然年輕的民主。蔡英文沒有犯這樣的錯誤。二〇二二年一月二十二日，蔣經國紀念園區揭幕時，蔡英文親臨主持揭幕儀式。她說，臺灣人民將對他們領導人的歷史定位做出裁判。她希望園區內的圖書館能有助於提供資料與訊息，來確保公正的評斷。她聲稱，歷史紀錄會顯現蔣經國領導臺灣走過一段經濟突飛猛進的歲月。在歷史學者看來，這是十分冷靜的評價；就一個政治人物而言，能這樣說的確難得。蔣經國曾經殘酷、專制。但是他也設法維護臺灣的繁榮及不被中華人民共和國併吞。然而，冷靜分析可能得罪受害人及其家屬。對於經歷蔣經國殘暴對待的人來說，他們感覺受到他們的總統背叛。他們也毫不隱諱地表達他們的不悅。但是蔡英文曉得臺灣有許多人堅信蔣經國無畏無懼面對中國共產黨（就這一點來講，他們完全正確）。[45]她也是他們的總統。

回顧起來似乎是無可避免，其實蔡英文在二〇二〇年是否能夠連任總統，猶在未定之天。她推動的年金改革引起深刻的不滿。她的溫和作風引起民進黨人起而反對她。民進黨內有些人厭倦臺灣最好低著頭默默過日子的主張。他們認為該是時候舉行公投、宣布獨立了。民進黨輸掉地方選舉被怪罪到她身上。批評者宣稱，就是因為她，現在才有些縣市長主張九二共識，接受海峽兩岸都同意「一中」原則的說法。行政院長賴清德在民進黨內總統候選提名初選中向她挑戰。[46]賴清德挑戰失敗，他被提名為副總統競選搭檔做為補償，但是賴清德的挑戰清楚顯示，蔡英文的地位絕非無懈可擊。

蔡英文的對手也很難纏。國民黨候選人韓國瑜是個川普式的民粹派人物。他非常精明，並未宣布效忠中國，也沒有對政策採取明確的立場。韓國瑜精確地意識到貧富之間的差距，以及差距所能產生的民怨。他不怕啟動深埋在選民心中的歧視女性和省籍情結，因為這些力量可以轉化為選票。面對這樣一個對手，要把選舉塑造成攸關兩岸關係，洵非易事。可是，蔡英文卻做到了。她向選民提出一個很簡單的問題：以香港情勢為鑒，臺灣民眾希望成為中國的一部分嗎？[47] 如果答案為否，他們必須投票給民進黨。

讓蔡英文能夠採取這項戰術的，不是別人，就是習近平本人。在習近平的鐵腕統治下，香港已經證明「一國兩制」的協定脆弱不堪。香港人原本已經日益擔心「大陸化」。現在，香港特區行政長官林鄭月娥提出一項條例草案，預備允許香港公民可被引渡到大陸接受司法審判。兩個地區的法律制度截然不同，香港人決定抗議。警方採取暴力鎮壓。逃犯條例修訂案雖然「壽終正寢」（譯按：林鄭自己的用詞），但是旋即又出現新的國家安全法，規定搞「分裂」、「顛覆」、「恐怖主義活動」以及「勾結外國勢力」，可處以無期徒刑，如此完全證實了抗議者抗議有理。香港原本是一個人民可以暢所欲言，自由批評，並舉行守護活動紀念天安門事件的地方。[48] 習近平使得這一切都不再可能。原本的香港自此不復存在。治理模式不再是「一國兩制」；它只剩下一國，而且是相當悽慘的一國。

如果你是一個身在臺灣的選民，不可能不注意到香港發生的狀況，一定會自問這是不是臺灣所要的。和香港一樣，臺灣是個年輕的民主政體；和香港一樣，臺灣人民珍惜他們的政治自由，不願放棄它們。中國從來沒有放棄使用武力強迫統一的權利。臺灣是否將成為下一個香港，因此就是十分合邏輯的問題。蔡英文既已提升國防預算、又誓言決心維護臺灣的民主自由，她決定在選戰中直球對決面對這項憂慮。

北京依然繼續推進，使臺灣選民對中國更加離心離德。如果北京運用過去的經驗，試圖了解臺灣的民主，它應該理解到干預通常都會招致反彈。但是它不能讓自己不插手干預選舉進行，這次的干預採用錯假訊息戰術。中華人民共和國的統戰部——負責文宣的政府機構（譯按：應為中宣部）和其他政府特務，利用社群媒體排山倒海灌輸詆毀民主和民進黨的訊息。蔡英文是美國的代理人；美國企圖封殺中國的崛起。中國特務也把內容創造外包給臺灣人。內容立即像野火蔓延開來。但是它也被證明完全無效。臺灣選民明白會有錯假訊息。他們過去已有經驗，他們彷彿已經打了防治疫苗。民進黨選民痛恨中國一再企圖干預臺灣選舉。他們懷疑韓國瑜，加上他沒有清晰的政見綱領，使他更難贏得選戰。另外選民也體認到，儘管蔡英文似乎有些缺點，例如，有如刻意的缺乏個人魅力、不肯舉行獨立公投或變更國號，但在這一次選戰中，蔡英文是唯一一個堪可維護臺灣安全和自由的候選人。二〇二〇年一月十一日，她以相當大的差距連任成功。49

到了二〇二〇年，臺灣已經是個成熟的民主國家。它經歷過和平的政黨輪替。選民已經懲罰了貪瀆、獎勵了幹才。他們堅守住要求政府向選民負責。在另一個國家堅稱臺灣沒有權利做為一個獨立的國家存在、揚言兼併這塊土地的威脅之下，臺灣人掌握自己的命運，達成這一切。

在臺灣成為民主國家的頭幾年，它可以先不理會中國問題。事實上，美中交好使得這樣做是必要的。人們不能提出獨立問題，因為擔心失去美國人可能提供的防禦。然而，到了二〇一六年，中國問題已經無法迴避。對中國的經濟依賴，和習近平的強悍，兩者加起來，使得刻意迴避問題變得不可能。未來的政府必須向人民說清楚講明白，闡釋他們提議如何與中國打交道。

儘管蔡英文受到黨內的嚴厲批評，仍然有人認為她應該更強烈地支持獨立，也仍然有一些頑固的歧視女性者無法接受女性掌握大權，蔡英文雖拿了一手爛牌，卻以相當高的技巧打牌。如果她依照批評者所要求而宣布獨立，很可能會引爆中國入侵，而且誰也不能保證美國會採取任何行動。她在習近平時代能夠成功地維持臺灣實質獨立運作，是一個不小的成就。她成功地做到這一點，而沒有屈服於更進一步的誘惑，表明她對她的超級大國後臺靠山有充分的了解。川普領導下的美國可能會出手捍衛臺灣，但同樣也有可能不會伸出援手。她沒有辦法知道，也沒有必要招惹不必要的風險。

同時，美國民主政治的變幻莫測，導致美國陷入週期性爆發的反華情緒，這似乎是美國外交政策反覆出現的特徵。這並不是說中國沒有提供採取行動的理由。它在南海和東海的行為，原本應該讓華府不再驕矜自滿。在西藏、新疆和香港發生的事情，更不用說中國本土的情況，都是一場滑稽的鬧劇。就這一切而言，如果美國在遵守國際法方面有更好的紀錄，它就有更充分的理由抱怨。例如，如果美國批准通過《聯合國海洋法公約》（UN Convention on the Law of the Sea），當海牙國際法院就眾多南海爭端之一，做出不利於中國的裁決時，美國對菲律賓的支持就不會顯得那麼突兀。美國本身不是條約締約國，卻要求中國遵守它所簽署的條約，實在說不過去。（美國最初反對《聯合國海洋法公約》是因為它試圖建立一個海洋技術轉移的國際機制，但隨著時間的推移，反對意見已經演變成單純地不喜歡受到國際條約的約束。）[50] 無論美國自己在這個問題和其他問題上持何立場，它有必要重新考慮對華政策，因為中國本身已經變了。但華府無法細緻地調整政策。它認定中國是一個威脅，並打算向中國展示自己的強硬程度。

如果一切都如預期發展，這種情況會持續多久就很有意思值得猜測。川普的政策幾乎沒有改變中國的行為，甚至可以說升高了中美衝突的風險。明智的作法是悄悄的拋棄它們，另外制訂一套既保護核心利益又避免不必要的敵意的政策。一套可以繼續保衛尖閣諸島（釣魚臺）和南海，而無需川普團隊打口舌戰的政策。美國可以悄悄和盟國合作，推動世貿組織改革，不必威脅要打貿易戰。如果真心想要保衛臺灣，公開趾高氣揚只會有反效果。有效地武裝臺灣，不去挑戰北京引起它公開回應，應該要好得多。但至少可以說，這種溫和作風在政治上相當困難。川普並不是憑空出現的。他的中國政策得到兩黨的廣泛支持。針對中國的民族主義怒火席捲美國政界。要和這股怒火講道理很困難，可能連技巧最高明的政客都無能為力。

事實上，這個問題從未經過測試。在蔡英文贏得連任期間，一種神祕的病毒在中國南部蔓延，很快就毫無防備的在全世界爆發。這種病毒破壞了美中關係，進而為臺灣帶來危險和機會。

第五章

新冠肺炎疫情之後

蔡英文和韓國瑜選戰激烈之際，造成世界癱瘓的病毒正在武漢地區肆虐。病毒透過呼吸散布開來，而且症狀又變幻多端。在武漢，通常你未必會因為喉嚨發癢或覺得疲勞而停下來擔心。這些事情太常見，何況現在又正是咳嗽、流鼻水的季節。但是這種病毒對某些人來說似乎嚴重得多，武漢的醫生們開始看到患了神祕呼吸道疾病的病人前來求助。

二〇一九年底，武漢的一些醫生就已經開始擔心。二〇一九年十二月三十日，艾芬（她第一個響起警報）和李文亮這兩位醫生向同事們提出警告，指出這種病毒很可疑，很像過去引起「嚴重急性呼吸道症候群」（SARS）流行病的病毒，當局需要嚴重看待。但是，在中國，吹哨的人卻不得好報。兩人都被醫院上級下令閉嘴、不准談論病毒。艾芬遭到訓斥。李文亮不久即死於他一直試圖敲響警鐘的此一病毒。就我們所知，直到二〇二〇年一月七日，習近平才認真看待如何處理這個問題。即使如此，一連好幾個星期，衛生當局也沒有向公眾透露危險的全貌。一月二十八日，世界衛生組織總幹事譚德塞（Tedros Adhanom Ghebreyesus）提出保證。他宣稱：「我們讚賞中國對待這次疫情的嚴肅態度，特別是高層領導的承諾，以及他們所表現出的透明度，包括分享病毒的數據和基因序列。世衛組織正在與中國政府密切合作，採取措施了解病毒和抑制傳染。世衛組織將繼續與中國和其他所有國家並肩努力，保護健康、保障人民安全。」「世界可以放心，病毒已被控制在武漢。北京和世衛組織正在努力解決問題。一切都好。沒有什麼好擔心的。[1]

對世界衛生組織來說，問題在於與北京的合作，使得它難以與臺北合作。臺灣和中國周邊的許多國家一樣，都曾因二〇〇三年的SARS疫情而傷痕累累。現在回顧起來，臺灣的SARS案例似乎不算多，共有數百件案例、七十三人死亡，但是疫病的傳染性實在可怕。因此大家也知道，如果疫情持續下去，醫院系統勢必不堪負荷。如果SARS捲土重來，有兩個事實顯而易見：在傳遞溝通疫情訊息方面，不能信任中國，而臺灣將處於前線。因此，臺灣已採取行動開發自己的流行病學情報來源。當新冠肺炎疫病來襲時，蔡英文的副總統陳建仁正好是一名流行病學家。即使賴清德取代他成為副總統之後，他仍協助制訂臺灣應對疫情的方案。二〇一九年十二月三十一日，臺灣疾病管制署（諷刺的是，它是仿照美國疾病預防管制中心成立的單位，而美國疾管中心在新冠肺炎疫情掌控方面卻欲振乏力）向世界衛生組織分享它掌握的情報。它的措辭謹慎，只分享事實，不談假設。它明確表明中國正在隔離患者。[2] 隔離患者的措施代表人際傳播的可能性非常真實。世界需要了解箇中的可能性，因此臺灣告訴世衛組織。這是平穩、技術官僚的作法。

世界衛生組織收到訊息卻沒有採取任何作為。後來，在二〇二〇年四月二十日的網路記者會中，世衛組織總幹事譚德塞聲稱，臺灣從來沒有提到任何有關人傳人的事。（這是事實，但是避而不談為什麼臺灣提出隔離患者的報告沒有引起世衛組織調查人傳人的可能性。臺灣可以報告它發現的情況；但是世衛組織應該解讀這些發現，並制訂計畫來進一步研究它們可能意味著什麼。）譚德塞於二〇二〇年四月八日聲稱臺灣基於種族歧視對他發動攻訐，臺灣立即否認。蔡英文在臉書上促請世衛組織頂擋住中國的壓力，派人到臺灣了解臺灣如何應對疫情。世界衛生組織為什麼沒有循著臺灣二〇一九年十二月三十一日的警告追蹤下去，仍有待全面交代清楚。但是畢竟中國是這個受尊崇的組織的成員，而且提供大量經費資助。[3]中國可以幫助世衛組織高級官員的職業前程。臺灣只是國際體系中的一個孤島。為什麼要注意它所說的話？因此，病毒蔓延到了中國境外。一場導致數百萬人死亡、世界癱瘓的全球疫情爆發開來。

從這件事產生的兩個教訓讓美國銘記在心。首先是中國撒謊。它掩飾病毒的嚴重性，並且利用它在國際組織中的影響力來掩飾真相。它的欺騙行徑已經危害了世界。

這是不能容忍的，美國應該展現嚴正立場。值得注意的是，憤怒之情超出美國國界。澳洲、德國和巴基斯坦等國家，在此之前與中國關係相當友好，轉而嚴厲批評北京。中國的回應是對所有批評者予以強烈譴責，並且散布令人難以置信的陰謀論，這些其實對北京沒有任何幫助。[4]

第二個教訓是臺灣做了正確的事。它早早就拉響警報；只是它不幸被排除在國際組織之外，才使得警報未能傳布到全世界。臺灣行為正確，應該得到獎勵——尤其是因為這樣的獎勵等於是懲罰中國。SARS之後加強的完善的公共衛生系統，提升了臺灣的信譽。追蹤接觸者、檢疫隔離、找出潛在的疫情爆發，所有這些都是臺灣已經輕鬆做到的事情，而世界其他許多國家還搞不清狀況。臺灣證明一個國家在疫情期間仍可以正常運作，只不過代價是要與世界隔絕。與中國的惡行相比，這更證明了臺灣的美德。參議員查克・葛拉斯利（Chuck Grassley）向世衛組織總幹事譚德塞發出一封怒火沖天的信，反映許多人的心聲。他說：

> 和美國參議院的許多同事一樣，我質疑共產中國在應對新冠病毒威脅時，是否有能力和意願以透明的方式與國際機構進行協調。

此外，無數的報導顯示，臺灣在很大程度上被排除在全球衛生討論之外……臺灣過去曾被允許以觀察員身分參加世界衛生組織會議，但截至二〇一六年，臺灣的參與請求均因來自北京的政治反對遭到拒絕。雖然世界衛生組織將臺灣的統計數據納入中國的統計數據之中，但臺灣對新冠病毒的反應似乎與中國完全不同，準確分列臺灣公共衛生實務的數據和資訊並提供給全世界，對於公共衛生決策至關重要。據報導，截至二〇二〇年三月十八日，臺灣僅有一百例，而中國大陸有八萬多例。[5]

不可能不就海峽兩岸的狀況做出這樣的對比。中國的影響力傷害了世界；臺灣的缺乏影響力也造成了傷害。在要求對統計數據分開另列，以及對臺灣不能參與全球健康討論表示遺憾時，葛拉斯利要求建立一個將臺灣與中國分別開來的世界。

在疫情沒有爆發的另一個世界裡，美中關係的惡化或許可以擋得下來。貿易戰傷害了美國人；與中國陷入更廣泛戰爭的風險也已經變得更加明確。一位謹慎的總統可能有機會（儘管機會很小）悄悄將關係重新設定到更接近中立。（但是，如果沒有爆發疫情，川普很可能會當選連任，而他擔任總統什麼狀況都有可能發生。謹慎則一定不在其內。）事實上，病毒扼殺了美中關係在不久的將來會有改善的任何機會。美國現在將更積極地推行對中國強硬的政策。這樣的政策將加劇北京已經深鑄的民族主義怨恨。就在這樣一個中美競爭根深柢固的世界裡，蔡英文必須在維持臺灣獨立和挑釁中國到可能攻擊臺灣的邊緣之間，找到難以掌握的平衡。對於美中臺三方來說，犯錯的空間已經縮小到近乎零的地步。過去累積的重擔已經把它們帶到混亂的邊緣，一個小小的失誤就可能讓它們從脆弱的、勉強完好無損的現有秩序走向災難。

川普以他獨特的熱情將新冠肺炎疫情怪罪到中國身上。它是「中國病毒」、「功夫流感」，中國需要受到懲罰。川普忖想，或許美中可以完全斷絕關係，而在過程中節省下五千億美元。二〇二〇年九月二十二日，他在聯合國大會上發表講話，要求中國對「中國病毒」負責，並列出一長串中國罪行：過度漁捕、污染、貿易行為。鑒於美國希望中國受到懲罰，比起川普政府，目前更加大聲支持臺灣的作法是有道理的。當蔡英文於五月展開第二個任期時，國務卿麥克・龐培歐發表一份祝賀聲明，稱讚臺灣是「一股正義的力量」。隨後他在電臺接受訪問時直言不諱宣稱：臺灣「不是中國的一部分」。他認為，臺灣自成一國在雷根政府任內已經完成。這完全不是事實。雷根確實向臺灣做出六項保證，但這些保證都小心翼翼地避免承認它正式與中華人民共和國分離。雷根本人上任後就一直恪守「一中」政策。站出來明確表示臺灣不是中國的一部分可是一件新鮮事。但歷史的準確性並不重要；重要的是支持臺灣的政治如何公開表達出來。龐培歐並沒有就此止步。在卸任之前，他取消了美國官員與臺灣官員會面的限制。[6]他正在逐步消除阻礙臺灣成為一個完整國家的障礙。

龐培歐有一點是正確的：美國對臺灣的感情是兩黨一致的。新冠疫情是川普未能連任的原因之一，但他對中國採取的策略得到廣泛的公眾支持。拜登入主白宮並沒有改變中國政策，只是變得更加強硬。從很多方面來說，拜登正是那種在另一個世界可以提倡美中關係改善的總統。早在一九七九年，當參議院外交關係委員會激烈辯論如果美中關係正常化，應該制訂什麼樣的立法來保護臺灣時，拜登是唯二認為國會沒有必要就臺灣安全問題發表聲明的參議員之一。身為歐巴馬的副總統，他清楚地認識到美國實力的局限性，特別是他是唯一堅持認為該是時候從阿富汗撤軍的高階領導人。在拜登的世界觀中，對抗占有一席之地，但對抗能夠改變地緣政治現實的作用仍有限度。人際關係、謹慎的外交——這才是保護美國利益的最佳方式。[7]但與這種務實的外交政策觀點相反，拜登必須確定國內政治的現實。在他上任時，放寬對華政策根本不是可行的政治選擇。拜登政府在二〇二二年二月提出的印太戰略，用幾乎與前任總統相同的語言來描述中國威脅。他說：

中華人民共和國正在整合其經濟、外交、軍事和技術實力，尋求在印太地區建立勢力範圍，並力求成為世界最有影響力的大國。從經濟上對澳洲脅迫……到對臺灣日益增加壓力，以及對東海和南海鄰國的霸凌，我們在該地區的盟友和夥伴承擔了中國有害行為的大部分成本。在此一過程中，中華人民共和國也破壞人權和國際法，包括航行自由，以及為印太地區帶來穩定與繁榮的其他原則。

中國構成主要威脅的概念仍然完好無損。拜登團隊比起川普政府，稍為更強調盟友和夥伴的重要性，但對中國要接管世界的描繪卻很明顯。它認為中國「有害」、「霸凌」。川普帶來的改變已經鞏固，受到美國政界各黨派所接受。聲明中明確表示，美國對臺灣的支持仍處於新常態：「我們還將與區域內外的夥伴合作，維護臺海的和平與穩定，包括支持臺灣的自衛能力，以確保臺灣的未來是根據臺灣人民的意願和最佳利益、和平決定的環境。」[8] 這明顯背離了僅只希望臺灣問題和平解決的立場。從本質上講，這是保護臺灣自決的一種保證。臺灣人民必須決定他們的未來。拜登政府聲稱這符合「一中」政策，但很難看出如何吻合。美國對「一中」原則的認同歸結為不質疑只有「一個中國」存在的觀念。按照拜登團隊的說法，如果臺灣人民確實對這個想法提出異議，他們仍然會受到保護。這是一個細微的差異，但細微差異很重要。拜登對臺灣的態度與川普的相似之處，大於與歐巴馬或布希的政策相似之處。

拜登的國家安全戰略繼續澄清，他的政府不支持臺灣獨立，並且在中國和美國需要合作的領域（氣候變遷是最明顯、最常提到的例子），他的政府將尋求雙方合作。但是一系列旨在對抗中國影響力的政策還是繼續付諸實行。拜登和川普之間的主要區別在於，拜登相信多邊主義。必須讓盟友加入一起行動。命名不是很恰當的「澳英美三邊安全夥伴關係」（AUKUS）成立：這是澳洲、英國和美國之間的三邊軍事協定，旨在建立一個「自由開放的印太地區」，對抗美國的主要競爭對手中國。「四方安全對話」（Quad）是由澳洲、印度、日本和美國組成的一個鬆散組織，召開會議，宣布將為「自由開放的印太地區」而努力。為了避免有人懷疑這是針對中國而來，「四方安全對話」明確表示，它將「支持遵守國際法，特別是《聯合國海洋法公約》中所反映的國際法，以對應包括東海和南海在內海洋秩序所面臨的挑戰」。（美國尚未批准《聯合國海洋法公約》，這一點被小心翼翼地略過不提。）「四方安全對話」也承擔起疫苗分發的工作。要求美國與中國進行「疫苗外交」競爭的聲音響起；否則，未來恐怕將輸給北京。[9] 問題不再是如何盡可能讓更多人接種疫苗。而是誰會在美中競爭中獲勝。

堅決反對中國就意味著堅決支持臺灣。拜登對於支持臺灣有多堅定，最早的跡象出現在從阿富汗撤軍後他接受記者採訪的談話。從阿富汗撤軍所引發的焦慮、恐懼和反省中，他的暗示沒受到注意，但它確實存在。採訪記者對拜登指出：「你已經看到中國告訴臺灣：看到了嗎？你不能指望美國人。」總統的回應是，阿富汗與臺灣根本上是不同的。他接下來將臺灣歸入的類別涵義深刻，他說：「我們對第五條做出神聖的承諾，如果實際上任何人入侵或對我們的北約盟友採取行動，我們將作出回應。對日本也一樣，對南韓也一樣，對臺灣也一樣。」[10]

總統提到，臺灣與日本、南韓和北約盟國歸屬於同一類別，這些國家都與美國簽訂了共同防禦條約。如果拜登真的像對待其他國家一樣對待臺灣，那麼一九五四年的防禦條約就形同復活。別介意中美修好，以及歷經痛苦周折才達成中美關係正常化。美國再次承諾，如果臺灣遭到攻擊，它將介入。這並不是倉促做出的錯誤判斷評論，試圖迴避因阿富汗問題之決策不受歡迎所遭遇的尖銳追問。拜登多次重申美國將保衛臺灣。俄羅斯入侵烏克蘭更加堅定了他的堅持。美國軍隊沒有介入俄烏戰爭，不存在任何條約義務，但是美國將保衛臺灣。他更進一步重申他認為臺灣有自決的權利。美國不是要支持獨立，而是「臺灣對他們的獨立做出自己的判斷……那是他們的決定」。無論白宮如何宣稱，這都是政策轉變。[11]

對臺灣的支持也不只限於白宮。儘管白宮認為有點太過頭，但國會仍然決定提出《臺灣政策法》（Taiwan Policy Act, TPA）。《臺灣政策法》的目的是「支持臺灣的安全及其自決權」。法案的原始文字版本雖然沒有獲得通過，但它顯示美國立法機關對中國的疑慮相當強大。其中有一條款將臺灣指定為「非北約盟友」，另一條款要求中國官員若對臺灣的敵對行動升級，美國將針對他們制裁，制裁對象級別最高可上至國家主席。還有一條款呼籲美國政府「以臺灣人民合法的代表之身分對待經由民主選舉產生的臺灣政府」。」這些條款並未納入名為《臺灣增強韌性法案》（Taiwan Enhanced Resilience Act）的修正版。但是紐澤西州參議員鮑勃・梅南德斯（Bob Menendez）在本身遭到貪瀆指控、有損個人形象之前，已經巧妙地將它附加到《國防授權法》中。法案將向臺灣提供價值一百億美元的安全援助。梅南德斯發誓，還會有更多的後續援助，他說：「我承諾將於下屆國會繼續尋求立法，以動員美國戰略、經濟和外交工具箱中的所有工具，以便我們的國家能夠充分對付中國對我們的國家和經濟所構成的挑戰。」[12] 梅南德斯對臺灣的民主做出應有的承認，但很明顯，臺灣得到支持不是因為它是民主國家，而是因為支持臺灣可以對抗中國。

美國政客現在競相對中國採取強硬態度。由於沒有什麼比訪問臺灣更能展現出強硬的態度，這些訪問就成為具備政治企圖心的人物勢必要做的事情。龐培歐二〇二二年三月的表現，引發一系列備受矚目的朝聖活動，最終以斐洛西的臺灣之行達到最高潮。她的訪問是自一九九六年以來最讓中國大動肝火的事件。這事件完美地說明了嚇阻的邏輯、表現強硬的需要以及相應的緊張升級之需要，如何綁鎖在一起，造成自我強化的循環。裴洛西是個不折不扣的對中鷹派人物。和美國一般政客無殊，她也具有喜歡出風頭的紀錄。一九九一年她訪問中國時，曾在天安門廣場舉行自己的抗議活動，導致一名美國記者遭到中方拘留。看到世界各地的龐培歐們和麥克・穆倫們在臺北受到盛大接待，高談闊論美國對臺灣民主的支持，而她，斐洛西卻待在家裡，實在令人難以忍受。裴洛西因此宣布她也要訪問臺灣。訊息一旦發出，就不可能退縮。拜登表示，軍方認為現在不是進行此類訪問的最佳時機。這是中國的敏感時期，中共全國黨代表大會定於秋季舉行。但是中共要召開黨代表大會，反而使訪問更有必要。美國必須表明它不會被軍事威脅或敏感度嚇倒。無論中國會做什麼或說什麼，美國將支持民主。中國一貫對美國的不理解並沒有幫助大局。習近平警告「玩火者必自焚」時，使得斐洛西更是不能不成行。當這類言論公諸於世時，華府不能顯得缺乏挺直腰桿的勇氣。中國著名的民族主義報紙《環球時報》的編輯胡錫進建議將斐洛西的飛機擊落。[13]對斐洛西來說，這等於是天上掉下來的黃金。她成為一位英勇的領導人，冒著飛機被擊落的風險飛向民主、展現支持。對整個美國來說，中國的言論已經讓這件事關係到面子和信譽。斐洛西現在非去臺灣不可。

這次旅行很有可能會發生悲劇性的錯誤。對中國來說，這是巨大的挑釁。政府和人民長久以來的民族主義怒火可能會讓北京陷入危險境地。解放軍飛機飛近臺灣已成為兩岸生活的常態。習近平很可能會拒絕擊落斐洛西飛機的呼籲，但如果一名年輕的飛行員決定騷擾議長的飛機來嚇唬它，或者如果一個小中隊被命令跟蹤飛機直到它著陸會是什麼狀況？如果在執行這些命令過程中，解放軍飛機離得太近而發生意外事故又怎麼辦？

二〇〇一年四月一日就曾經發生這樣的事故。中國戰鬥機駕駛員王偉，在國際空域飛得太靠近美國一架偵察機，雙方碰撞導致王偉機毀人亡，美機緊急迫降在海南島。雙方的火氣都很大。如果中國傷害了美方機組人員，或者美國堅持這次碰撞是戰爭行為，局勢很可能就會失控。但在二〇〇一年，華府和北京都願意緩和緊張局勢，找出友好的解決方案。美國拒絕道歉，但確實選擇對王偉的喪生表示哀悼，並對偵察機未獲准許就緊急迫降表示遺憾。中國認為這已經是充分的道歉，儘管美國人不肯說是道歉。衝突的可能性消除掉，因為整體氣氛有利於雙方和睦相處。可是，二〇二二年的氣氛顯然不是如此。如果發生空中意外事故，造成解放軍一名軍人，或甚至斐洛西議長喪生，由於兩國已經日益猜疑對方，恐怕就得大費周章如何防止第三次世界大戰爆發。當時附近的美國軍隊已進入戒備狀態，以確保議長的安全。[14] 但他們的存在已經充分說明威脅的嚴重性，也增加衝突的可能性。

後來事態發展證明，訪問安全順利進行。八月二日，斐洛西成為二十五年來訪問臺灣的最高級別美國官員。在她之後，更多的官員絡繹於途來到臺灣表示支持。雖然這些訪問安全進行，並不意味著它必然就會安然無恙。美國和中國很幸運。

除了潛在的風險之外，斐洛西的訪問還存在三個問題。首先，除了象徵意義之外，沒有什麼可以展示的。斐洛西發表了一系列振奮人心的演講，讚揚臺灣的民主，但這並不等於防衛保證。當然，這種象徵意義可能會讓未來更難逃避承諾，特別是如果有足夠的美國政客參與進來，但它充其量只是一場不確定的賭博。第二個問題是裴洛西帶著兒子隨行，顯示出裙帶關係的跡象。小保羅・裴洛西（Paul Pelosi Jr.）是一名科技業投資者；他有機會與台積電創辦人張忠謀交談。裴洛西說她的兒子不是來做生意，這或許是實話，但對於一個純粹是為了捍衛民主而來的人來說，給人不太好的印象。[15] 臺灣人懷疑爭取美國支持是否要付出與美國政界菁英悄悄簽署幾筆商業交易的代價，也是不無道理。

第三個問題是中國針對訪問宣布後所進行的武力展示。軍事演習一開始，解放軍模擬封鎖臺灣。飛機和船隻都跨越中華人民共和國和臺灣之間的海峽中線。中國以前也曾經跨越這條非正式的邊界，但現在卻認為中線不存在。飛彈飛過臺灣上空，其中一些落在日本專屬經濟區。最後這項動作很可能是向日本發出的信號。東京曾經警告北京不得以武力改變現狀，儘管尖閣諸島（釣魚臺）地區經常受到中國漁民民兵的騷擾，日本海上保安廳也表現出完全有能力保衛尖閣諸島。對北京官員來說，向日本、美國和臺灣展示中華人民共和國是多麼強大的對手是有意義的。無論斐洛西是否訪問臺灣，中國完全有可能，且遲早都會展示這種能力。但這次訪問確實為如此大規模的武力展示提供了一個常態化的藉口。北京還不以此為滿足，它也暫停與美國就從氣候變遷到國防等各個領域的對話。[16] 敵對船隻和飛機匯集在彼此附近之際卻切斷通訊——這真的是在玩火。

如果臺灣人不介意，認為這只是生活在北京陰影下的又一天，美國人可就傷透腦筋展開棘手的猜謎遊戲：中國何時會真正入侵臺灣？一系列的猜測被提出來。美國情報機構說，習近平已經要求解放軍部隊做好在二〇二七年占領臺灣的準備。空軍將領麥克・密尼漢（Mike Minihan）的「直覺」提出警告，侵臺作戰將發生在二〇二五年。印太司令部總司令海軍上將菲利普・戴維森（Philip Davidson）認為會在未來六年內的某個時間爆發。事實是根本沒有人知道。中國的意圖只能猜測，而且即使猜測準確，它們也可能會改變。習近平可能在裴洛西訪問後就誤判情勢並且入侵。他也可以再等六年或十六年。戴維森的繼任者約翰・阿奎利諾（John Aquilino）將軍提出這個顯而易見的看法。他簡單地說：「我想人人都是在猜測。我的職責是阻止衝突在今天發生，如果嚇阻無法奏效，就要能作戰，並且打勝戰。」[17]

由於中國本身也被幾股勢力往幾個不同的方向拉扯，因此預測中國的行為變得更加困難。對兩岸事務常態性的直覺彈膝反應依然存在，深化兩岸的分歧。但另外又出現一個被稱為「戰狼外交」的新現象。「戰狼」這個新名號來自一系列歌頌中國的動作電影，在這些片中，英雄為保護中華人民共和國利益而做出貢獻。一位新型態的中國外交官聲稱，他們的強硬外交也扮演同樣的角色。戰狼與中國傳統民族主義者的不同之處在於，他們的好戰似乎沒有引來任何異議。這些外交官將北京通常在討論特別痛處時，將所遭受的盲目傷害擴大到任何事情上，而且這樣做時沒有考慮民族主義發作時的利弊得失。當川普在聯合國大會上針對疫情痛罵中國時，中國駐聯合國大使張軍反過頭指責美國「濫用聯合國平臺挑起對抗、製造分裂」。這是標準式的中國外交：凡遭攻擊，必定回擊，以表明中國不會在受到尊重方面有所妥協。不符合標準的是，戰狼們決定在推特上發布新冠肺炎病毒是美國所製造的陰謀論。當澳洲呼籲對這場流行病的起源進行調查時，換了一位老派的中國外交官，會警告不要將這項疫情政治化，再增加一篇關於干涉中國內政和傷害中國人民感情的長篇大論。戰狼們也對澳洲祭出制裁，並對這個先前與中華人民共和國關係相當友好的國家列出了一份清單，敘明種種不滿。[18] 結果造成澳洲徹底和北京疏遠。情勢就好像更古老、更克制的民族主義已經產生癌變，現在威脅要接管整個中華人民共和國。

冒著以這種方式激怒其他國家的風險，確實吻合習近平的作風。他本人和其他許多人一樣，一再利用臺灣問題點燃中國民族主義的火種。毛澤東和鄧小平都強調這個問題可以留待未來解決，而習近平則多次向臺灣特使和中國民眾明確表示，他的耐心有個限度。他不想讓問題「代代相傳」而不去解決。但現在，儘管習近平自己的民族主義情緒繼續高漲，他呼籲建立一個更「可愛的中國」，似乎委婉地譴責戰狼外交。（或許他也擔心這種民族主義可能會影響中國本身的內部安定。他經歷過文化大革命。如果黨內就如何與外界強悍對抗發生衝突，衝突極有可能發展成為激烈的內鬥——而內鬥會消耗掉中國共產黨的力量。）習近平的號召並沒有讓戰狼們閉上嘴。或許習近平和拜登一樣，處於一種不太舒坦的境地，正在試圖對付不太甩他大權的勢力。即使如此，二〇二二年十月的全國黨代表大會上，習近平似乎正處於權力的頂峰。黨廢除任期限制的規定，他第三度擔任國家主席；政治局常委會全是他欽點的親信。在共產黨二十屆代表大會開幕式上，習近平在臺灣問題上的發言調子和毛澤東以來歷任中國領導人沒有不同。中國希望和平統一，但不會放棄使用武力。統一是不容談判的。[19]

臺灣的回應是兩黨都駁斥習近平的講話。民進黨誓言保護臺灣主權。國民黨表示它將捍衛中華民國，理由是民眾反對習近平再次宣示的「一國兩制」模式。民進黨的反對被認為是理所當然的，但連國民黨也會如此澈底地反北京，這就是多年對臺灣誤判的結果。

對國內情勢的誤判使習近平面臨更大的問題，中國人民爆發抗議風潮。中國共產黨一開始拒絕承認病毒的威力，針對新冠肺炎決定實施清零政策。基本上，社區或城市稍出現感染可能性的跡象即予以封閉，一直要封閉到認為威脅已經過去才解封。二○二○年初，武漢是第一個全面封城的城市，隨後從新疆到上海，全國各地紛紛封鎖。封鎖無從預測，老百姓沒有空間規畫如何工作或聯繫親人。沒有人知道什麼時候會開始封鎖，一旦開始，也沒有人知道它們何時會結束。這項政策引起不滿，尤其是直到二○二二年仍在封城，此時其他國家已經提高疫苗接種率，也開始恢復正常。令人驚訝的是，不滿之情從醞釀轉變到大規模抗議，並不需要太長時間。二○二二年十月十三日，北京四通橋上飄起的抗議布條，立刻引起人民的共鳴。到了十一月，全國各地爆發針對清零政策的大規模抗議活動。烏魯木齊的一處公寓內有人因不准外出竟然被火燒死。這種政策讓人沒有辦法活下去。民眾第一次膽敢呼籲習近平下臺。[20]這是天安門事件以來最戲劇性的抗議風暴。

習近平的回應是投降。清零政策於二○二二年底終止。對於一個號稱是毛澤東以來最有權勢的人來講，這還真是令人驚訝的讓步。它無可避免產生一個問題，讓人懷疑中國共產黨的持久性。政府沒有崩潰，但有一件事是明確的：將來一定還會發生抗議活動。老百姓了解到，如果他們的聲音無人傾聽，他們可以走上街頭；要改變政策就得走上街頭。在清零政策下，經濟成長放緩，債務上升。由於疫苗接種率低，加上中國國產疫苗效果不如西方疫苗，新冠病毒席捲全國。中國歷史上的王朝開始陷入長期衰敗時，中國人會談到天命已失。過去天命喪失時會出現某些警訊：外國人更強悍反抗中國，對頑抗地區的治安要投注愈來愈大的資源，民眾對當權的皇帝失去信心、並且決定表現出來，恐慌的決策試圖安撫抗議者，不料卻助長了他們的膽量。跡象也來自大自然：瘟疫會爆發，天氣將變得不適宜居住，天有異象等等。[21] 看著今天習近平領導的中國陷入掙扎，人們不禁懷疑這是否是中國共產黨覆亡的開端。結局可能不會很快到來。從鴉片戰爭戰敗到帝國最終崩潰，大清帝國就撐了幾十年。但有些傷口實在太深，無法療癒。

無論中國共產黨的長期前景如何，一系列的國內問題可能對中國的對臺政策產生不同的抉擇。習近平很可能選擇針對臺灣發動另一波軍事演習，來分散人們對中國內部動盪的注意力。畢竟一九五八年毛澤東發動第二次臺海危機，部分動機就是為了團結內部力量、展開大躍進。不過，抗議活動似乎讓習近平克制住自己更冒險的衝動。國內充滿不確定性。當普丁決定入侵烏克蘭時，中國拒絕與俄羅斯決裂，讓習近平失去歐洲的支持。他即將於二〇二三年十一月前往美國出席亞太經濟合作會議；要取得成果需要相當的機智。現在不是去尋找更多麻煩的時候。這或許可以解釋習近平在新年講話中對臺灣所表現出來的平靜態度。這次沒有喋喋不休大談中國使用武力的權利。他宣稱：「兩岸同胞要攜手同心，共享民族復興的偉大榮光。」[22] 親情勝過怒火，這是一個值得歡迎的語氣改變。

然而，長期以來受傷的民族主義仍然存在。外交部長王毅在慕尼黑安全會議（Munich Security Conference）上的演講中，並沒有習近平的和解論調。王毅宣稱：「『臺獨』分裂活動與臺海和平穩定是水火不相容的。」王毅認為，如果國際社會可以援引領土完整和主權來譴責俄羅斯入侵烏克蘭，那麼遵循「一個中國」原則就是一項義務；否則，就是「在重大問題上出現雙重標準」。鑒於北京對莫斯科的支持，這是一個似是而非的論點，臺北遂加以利用。臺灣陸委會表示，中國不願與俄羅斯劃分清界線，顯示中國是多麼不值得信任。無論中國怎麼說，臺灣是一個主權國家。[23] 民族主義熱情不是可以輕易開啟和關閉的東西。它會獲得自己的生命。王毅沒有意識到，強烈的憤慨只會讓臺灣更加堅持立場。蔡英文兩任總統任期即將結束，中國仍然沒有弄清楚在臺灣問題上應該採取什麼論調。

更糟的是，北京控制不了自己的設備。氣球開始飛過美國天空。二〇二三年一月二十八日，中國一個氣球不聽使喚飄過北美洲上空。美國不能容忍這一類的入侵；拜登下令將氣球擊落。二月四日，氣球飛到大西洋上空，終於被擊落，掉進海裡沒有造成傷害。北京為此相當憤怒。它堅稱氣球是偵測氣象之用，因故障而迷航；美國人則聲稱它在從事偵察活動。中國外交部副部長謝鋒宣稱：「美國充耳不聞，堅持對即將飛離美國領空的民用飛行器不分青紅皂白動用武力，明顯過度反應，也嚴重違反國際法精神和國際實務。」無論是否過度反應，這件事確實引發臺灣的評論。臺灣聲稱，它一直都受中國氣球困擾。雖然中國氣球還未突破它的防線，但任何來自中國的間諜氣球若是飛越臺灣上空，都會被擊落。另一個中國氣球在拉丁美洲上空現蹤。同時，北美地區也頻頻發生擊落氣球事件。二月十日，第二個「高空物體」在阿拉斯加上空被擊落。次日，第三個物體在加拿大上空被擊落。二月十二日，又一個高空物體在休倫湖（Lake Huron）上空被擊落。這些物體是什麼，或它們來自哪裡都不清楚。但是這並沒有阻止參議院多數黨領袖舒默譴責北京的「一堆氣球……它們可能已經遍布世界各地」。主要的受害者是國務卿安東尼・布林肯（Antony Blinken）的訪華計畫為之夭折。[24] 這本來應該是北京和華府討論分歧的機會，也是一個應該掌握的機會。面對面會談，即使充滿敵意，至少也有可能避免進一步的損害。美中關係運作得最順利的時候，是雙方保持相互對話的承諾之時。但隨著氣球的出現，會議不得不擱置。而希望就像氣球一樣，很容易洩氣。

蔡英文的任務是維持臺灣的主權。為此，她必須小心翼翼穿過極度危險的暗流。保持美國的支持似乎很容易；但要維持住美國的支持卻不惹起臺灣選民的反感，或是不招惹中國發動戰爭，則要困難得多。臺灣選民知道他們希望與中國保持分離。但是他們意見不一致的地方是，如何才是達成分離的最佳方法。在民主國家，這種分歧會被大聲喧嘩，這使得領導人的任務變得異常艱鉅。

俄羅斯入侵烏克蘭已經顯示，主權並不是理所當然不會受到侵犯的。今天的世界仍然是一個列強入侵而各國卻袖手旁觀的世界。對臺灣人來說，問題很簡單。中國會效仿俄羅斯嗎？如果真的如此，臺灣人能像烏克蘭人一樣堅持抵抗嗎？名義上，臺灣擁有一支規模不小的軍隊：十九萬名現役軍人和大約二百萬名後備軍人。但是這些數字掩蓋了這事實：服役期總共只有四個月（二〇二四年起恢復為一年），而所謂的戰鬥人員對戰鬥毫無準備。臺灣不僅是還沒準備好和中華人民共和國作戰，而且是看起來並沒有認真要做好準備。這一點必須要改變。少數臺灣人主動尋求培訓，想要了解一旦中國入侵，要如何應對攻擊。像黑熊學院這樣的民間組織開始成立，教臺灣人如何躲避敵人、閱讀地圖、偵傻與反偵傻。如果說很多人太忙無法參與，那麼黑熊學院的存在至少表明這個世界可能很殘酷，有一些準備總比根本沒有準備好。同時，蔡英文藉此機會推動拖延已久的軍事改革。二〇二二年十二月二十七日，她在向人民解釋改革的必要性時引用了溫斯頓・邱吉爾（Winston Churchill）說過的一句話：「你們必須在戰爭和恥辱之間做出選擇。你選擇了恥辱，就會出現戰爭。」迄今為止，保衛臺灣主要是後備軍人的工作。現在將有一支現役志願部隊、一支衛戍部隊、一支民防部隊和後備部隊。在此之前，義務兵役期限為四個月，蔡英文將役期延長為一年。軍人的待遇將會調升。訓練方式已經過時，刺刀術仍然是常態訓練項目，因此臺灣士兵現在會像美國士兵一樣受訓，學習使用刺尖飛彈和操作無人機等裝備。少數有軍事經驗的女性也將被徵召加入後備役。[25] 面對對岸的龐然大物，這些改革似乎十分不足，但對臺灣來說，它們是巨大變革的第一步。

這項改革得不到普遍支持。蔡英文深知，在一個仍然將士兵與戒嚴暴政聯繫在一起的國家，人們對軍隊有著根深柢固的懷疑。當民進黨在二〇一四年強調需要加強軍民關係時，它需要對抗的正是這種懷疑。有些人批評改革力道不夠；其他人則反對延長徵兵期限。前任總參謀長李喜明希望臺灣採取不對稱防禦；這項計畫必須對入侵者發動游擊作戰。[26] 但蔡英文的改革不只是提高軍事效能。她也要向世界展示（主要是美國）：臺灣準備好要為民主而戰。烏克蘭贏得援助，是因為它表現出抵抗俄羅斯軍隊的意志。談論民主的優點固然很好，但如果事實證明臺灣不願意為自己的防務作戰，那麼它就沒有理由指望美國人會來援助。如果臺灣人想讓自己的島嶼繼續保持主權，就必須展現戰鬥的意願。改革無論多麼不完美，都證明這種意願。

蔡英文在轉向美國時遇到一些困難，因為儘管她的選民盼望美國的保護，但是他們反對伴隨保護所附帶的條件。美國人來宣揚民主福音，但他們也希望臺灣多買他們的商品。其中一項商品就是美國豬肉，而它有一個問題：美國人在豬飼料中添加萊克多巴胺（ractopamine）。美國農民認為，萊克多巴胺是無害的添加劑，可以加快豬肌肉增長的速度，使肉質更瘦。（譯按：因此它的俗名是「瘦肉精」。）但在歐盟和臺灣（更不用說中國和俄羅斯），萊克多巴胺是一種可能導致心率加快和焦慮的潛在危險化學物質，因此法令規定禁止使用。打開大門允許美國豬肉進口，就等於打開大門允許萊克多巴胺進入臺灣。為了讓美國人滿意，蔡英文決定放棄反對添加萊克多巴胺的美國豬肉之進口。她還發現，她無法強迫美國人將進口豬肉貼上含有萊克多巴胺的標籤。（這裡面挺諷刺的是，多年前，馬英九決定進口美國牛肉，因為美國牛肉中含有大量的萊克多巴胺，蔡英文還鼓勵民眾反對。）現在，數千人走上街頭遊行，反對開放美豬進口。其中包括許多養豬戶，他們現在必須與更便宜的美國進口豬肉競爭。在立法院裡，國民黨向行政院長蘇貞昌丟豬腸以示抗議；民進黨則說，這樣做浪費食物。二〇二一年十二月十八日舉行全民公投，要求推翻這項決定。公投沒有通過，因此美國豬肉叩關進來。蔡英文雖然做不到強制美豬貼上含有萊克多巴胺的標籤，她還是確保做到進口豬肉要標示原產國——雖沒有逕自標明含有萊克多巴胺，但等於間接暗示萊克多巴胺的存在。美國貿易代表對以此方式暗示美國豬肉不安全，感到不滿，但是臺灣對此不再讓步。27

整個故事充分展示臺美關係的全貌。美國人會提供保護，但在實際衝突中效果如何還不確定。不過美國人不會免費提供保護。如果可以的話，他們會強制進口美國商品，而他們希望保護的國家有什麼衛生和安全標準，並不重要。這是一個不完美的世界，臺灣只能忍受。也這有助於解釋為什麼在熱烈、親善歡迎葛萊姆和斐洛西到訪之下，隱藏著一股針對美國的不滿情緒。仰人鼻息很難以忍受，尤其是當依賴方被迫接受它並不想要的東西時。

儘管公投失敗，國民黨卻發現民心可用。臺灣因應疫情也迅速封鎖，但出色的接觸者追蹤系統，使臺灣能夠相對較好的控制住疫情，不過代價是選民感覺經濟表現不佳。蔡英文將二〇二二年的地方選舉，定性為對中國的又一次公投，但是生活上並不是事事物物都能扯到中國身上，它涉及到餐桌上的食物、汽油價格、補貼以及人們日常生活的便利性。國民黨贏得了大部分席次，蔡英文尷尬地辭去民進黨主席職務。

臺灣的生活並非全跟中國有關，但要活下去也不能不思考中國問題。如果國民黨要在二〇二四年角逐總統大位，就需要調整它的中國政策。它已經被認定是贊成與中國建立某種形式聯繫的政黨。它的麻煩在於，當中國表現得像個令人難以忍受的惡霸時，國民黨要如何向選民推銷這樣一個結合關係。國民黨在制訂政策時，尋求中間路線。現在只有最魯莽的政客才會嘗試發出支持統一的主張。當習近平在二〇二二年威脅要使用武力時，國民黨如此強烈摒斥「一國兩制」是有原因的。有一派主張認為，安撫中國，不要去觸怒它，是繼續保持安全和兩岸分治的更好途徑。這是一個很難提出的理由，因為中國已經變了。它所表現出的暴力傾向，使得國民黨很難主張更大的善意會有助大局。習近平不是江澤民，也不是胡錦濤；目前尚不清楚除了完全投降之外還有什麼方法可以安撫他。而國民黨卻認為這是值得採取的立場。馬英九宣稱：「票投民進黨，青年上戰場。票投國民黨，兩岸無戰場。」在馬英九的描述中，蔡英文對海峽緊張局勢負有責任。避免戰爭的最好方法是與中國接觸。恢復因疫情而中斷的外島與中國之間的小三通將是一個起始點。[29]

金門和中國之間的小三通，的確在二〇二三年一月七日農曆春節期間恢復直航。蔡英文明確表示，儘管她會為戰爭做好準備，但她知道這遠非理想的解決方案。[30]但理想的解決方案是什麼？與美國人合作和屈服於他們之間有什麼界線？臺灣如何抵抗中國而不激怒它，避免爆發更廣泛的戰爭，特別是當臺灣做為臺灣而存在本身，就被中國當做是一種挑釁？這裡沒有簡單的答案，關於這些問題的爭論，在馬英九和蔡英文的分別訪問中國大陸和美洲上變得更加明白。

馬英九於二〇二三年三月前往中國。他稱頌海峽兩岸人民有共同的祖先，他回到湖南湘潭的家族墓園祭拜已故的先人，他到南京的中山陵拜謁孫中山，他參觀歷史古跡，並表達他對和平的希望，但是他沒有與習近平會面。[31]這是一個難堪的處境，人們只能驚嘆馬英九居然堅持成行。未能與習近平會面被視為沒有面子：中國領導人太重要了，沒有空見馬英九。反之，若與習近平會面，將被解讀為再次尋求中國干預臺灣選舉。或許馬英九做得有點過頭了。批評蔡英文的好戰行為，而不用跑中國一趟，可能對國民黨更有好處。

蔡英文前往中美洲。由於宏都拉斯認為中華人民共和國可以提供更多經濟援助，臺灣又失去了一個外交夥伴。蔡英文需要訪問瓜地馬拉和貝里斯，這兩個國家仍然承認臺灣，然而邦交國數量正在不斷減少。儘管這很重要，但同樣重要的是，她往返中美洲途中在美國的過境中停。她獲得紐約哈德遜研究所（Hudson Institute）頒與獎項。回國途中，她在二〇二三年四月五日會見了接替裴洛西眾議院議長一職的凱文・麥卡錫（Kevin McCarthy）。

北京方面曾以最嚴厲的措辭警告美方不要舉行這次會面。因此，雙方都認為更有必要舉行這次會談。必須讓中國知道，臺灣或美國要與誰會面，不是北京可以說三道四的。對此，臺北和華府都有共識。本來有一個說法是安排麥卡錫訪問臺北，但大概是為了避免重演裴洛西訪問臺北造成中國軍事集結的老套戲碼，後來決定蔡麥會安排在加州的雷根總統圖書館舉行。會議的進行，表現出無害的跡象。蔡英文優雅的向雷根致敬，她表示贊同他的座右銘：「為了維護和平，我們必須強大」，並感謝美國國會為加強美臺夥伴關係所做的一切努力。麥卡錫誓言要繼續對臺進行軍售，並堅稱兩黨進行會議並無意加劇與中國的緊張關係。邁克・蓋拉格（Mike Gallagher）和艾希莉・辛森（Ashley Hinson）等國會議員，競相表現他們是多麼地不畏懼中國。裴洛西祝賀這次會面反映兩黨立場一致。中國兌現它揚言強力反應的承諾，展開軍事演習、派遣軍艦和飛機在臺灣周圍進出。海峽中線和臺灣的防空識別區被解放軍突破。解放軍航空母艦「山東艦」進入日本南方海域。[32] 北京必須明確表示，對於違反「一中」原則的行為，它不會默不出聲。為了明確表態，它加深了戰爭的風險。

評論人士認為，北京方面對蔡麥會的反應，沒有如裴洛西訪臺那麼強烈。其實這裡面已經凸顯問題的凶險。相當程度的軍事活動已經常態化。就好像世界現在認為飛彈和航空母艦的存在是理所當然，中方既已展現武力，美國也需要回敬顏色。美國和菲律賓宣布舉行聯合軍事演習。這是向中華人民共和國表明其他國家的軍隊也可以在本地區活動的一種方式。新常態意味著更多的船隻和飛機在近距離內活動、相互指責和相互猜疑。發生事故的風險不斷上升，北京和華府對風險程度卻變得麻木不仁。拿第一次世界大戰與當代中美關係進行比較可說是陳腔濫調，而且往往不準確。但是外交政策軍事化，又未能掌握這種軍事化的全面意義，歷史學家不禁聽到了一九一四年的迴響。數學家講的「混亂邊緣」（edge of chaos）就是區隔秩序和混亂之間的最末端。運行在混亂邊緣的系統不容許犯錯空間存在。稍有閃失就意味陷入厄運。[33]這就是過去累積的重量把美國、中國和臺灣帶到一起的地方。過去，他們曾多次走到可能爆發核戰的邊緣：如一九五四年至一九五五年、一九五八年，以及一九九六年。現在，他們似乎已永久常住在這個邊緣。

中國採取的做法讓臺灣澈底疏遠它。它在國內外都進行霸凌、威脅和展現武力。這麼做使得大部分臺灣選民無法接受統一的想法。它試圖透過與國民黨領導人的接觸來影響臺灣的民主進程。中國這樣做，傷害國民黨的選舉前景，或許已經無法挽救。在試圖從外交上孤立臺灣的過程中，中華人民共和國的成敗互見。誠然，它已經成功收買了臺灣許多昔日的盟友。但中國在新冠肺炎疫情問題上的行為，以及在入侵烏克蘭的情況下仍然支持俄羅斯，也讓朋友不齒、棄之而去。這些舊朋友轉向支持海峽對岸的臺灣。訪客似乎絡繹不絕湧入臺灣，他們並非全是美國人。日本一個國會代表團抵達臺灣，熱情洋溢地談到蔡英文的國防計畫，並且強調日本決心維持區域現狀，防止現狀遭到「武力或單方面改變」。歐洲議會也派代表團訪問臺灣。代表團團長拉斐爾‧格魯克斯曼（Raphaël Glucksmann）說明他的目的，其措辭引起北京的憤怒。他說：「我們歐洲也面臨著獨裁政權的干擾，我們來這裡是要向你們學習。」德國派教育部長前往臺灣，儘管北京譴責此一訪問「卑鄙」。仍有國會議員身分的英國前首相利茲‧特拉斯（Liz Truss）也來到臺北。捷克候任總統彼得‧帕維爾（Petr Pavel）無視北京的威脅，與蔡英文通電話。來自立陶宛和烏克蘭的國會議員在臺北和蔡英文站在一起合影。正如蔡英文所承認的，立陶宛不顧北京的憤怒，在臺灣設立代表處。對烏克蘭來說，這是跟一個與中國不同，對莫斯科持尖銳批評的國家表示聲援的姿態。[34]

北京只能怪自己。戰狼民族主義斷送掉歐洲對它的支持。它不願與莫斯科決裂的立場，進一步觸怒歐洲各國。對於一個外交夥伴不斷流失的國家來說，臺灣成為一個政客絡繹於途前來訪問的國家。目前還不清楚這些訪問實際上預示著什麼樣的支持，但北京已經弄巧成拙，反倒強化了臺灣的外交地位。如果這些訪問轉化為在聯合國對中國譴責，中國可以否決安理會的決議。果真如此的話，中國會發現自己就像俄羅斯一樣，成為人人唾棄的國家；而與俄羅斯不同的是，中國很介意世界如何看待它。它本身具有腐蝕性的民族主義也侵蝕自己的政治實體。它還未爆發政治流血事件或陷入四分五裂，但它肯定已經釋放了允許這種情況發生的盲目愛國主義。一旦危機爆發，它將怎麼做，尚不確定。北京自己也不知道。

與此同時，美國似乎有意恢復一項它曾經花費十多年時間試圖終結的防禦條約。臺灣已經成為向中國展示美國可以變得多麼強硬的手段。強硬的最終目標並不確定。美國仍不清楚採取強硬態度要如何改變它覺得有反感的中國行為。「嚇阻」是最常被提起的概念。展示武力可以表明美國是認真的，從而嚇阻中國的侵略行為。但如果嚇阻失敗要怎麼辦？畢竟，要不要被嚇阻是一種選擇。中國可以選擇不被嚇阻。如果展現武力將中國逼入絕境，讓中國覺得除了全力反擊之外別無選擇，又該怎麼辦？對此，除了為戰爭做好準備之外，華府幾乎沒有其他答案。美國評論員高談闊論如何與中國作戰。他們認為，可以把臺灣化成豪豬，把鄰近海域變成禁區，布置飛彈和無人機。一位前國防官員建議一旦與中國發生衝突，可以使用「低當量戰術核武器」。美國當年在廣島和長崎投擲的就是低當量核武器。普丁可能使用這種武器已經讓全世界既恐懼又厭惡。然而，在某些圈子裡這個想法卻變得相當正常。與中國的戰爭即將來臨，必須明智地使用核武器。[35]沒有人敢保證一旦打破核武禁忌，這些武器就會保持「低當量」。如果兩個核武大國升高戰事、採用更高當量的武器，使世界陷入核浩劫，將會發生什麼樣的問題，並沒有人去思索如何收場。

麥克阿瑟將軍在一九五〇年曾經想過對中國發動戰爭。艾森豪總統在一九五五年和一九五八年也曾經考慮過對中華人民共和國使用核武。美國似乎被過去與中國和臺灣的所有糾纏所困擾，迫使它重新審視曾經認為已解決的問題。美國恪守「一中」原則（譯按：精確來說，美國遵守的是一中「政策」，不是一中「原則」。），但希望臺灣享有「自決」。美國宣稱承諾不會質疑臺灣是中國一部分的說法，但會幫助臺灣抵制中國的脅迫。美國希望促進臺灣在國際組織中的存在，但仍不願意承認臺灣本身。美國已經從純粹的模糊立場轉向偏袒臺灣的模糊——美國這樣做是因為認定中國是敵人。和中國一樣，美國也深陷沙文主義和混亂之中。和中國一樣，美國也不知道如果出了亂子應該怎麼辦。

人們不時燃起一絲希望，以為這兩個大國能再次達成妥協。拜登在二〇二三年五月樂觀地表示，兩國關係即將「解凍」。國家安全顧問傑克・蘇利文（Jake Sullivan）在維也納和中共中央政治局委員王毅見面；主要是想恢復對話。貿易談判在亞太經合會議中恢復。布林肯終於前往北京，完成因氣球事件而推遲的中國之旅。他會見了習近平，習近平鼓勵他「為穩定中美關係做出積極貢獻」。布林肯強調，美國的「一中」

政策沒有改變。美國財政部長珍妮特・葉倫（Janet Yellen）隨即也到中國訪問，強調「坦率和深入的討論具有明確的價值」。這提醒人們，儘管雙邊關係充滿了怒火，但美國和中國之間仍然存在強大的經濟聯繫。[36] 或許，只是或許，溝通管道可以恢復。如果它們能恢復溝通，全面戰爭的可能性就會減少。

但是推動衝突的力量仍然相當強大。美國對用於人工智慧（以及其他戰略敏感技術）的晶片向中國出口的限制，仍然沒有改變。中國採取反擊措施，緊縮用於製造半導體和電動車的兩種稀土：鎵和鍺的出口。隨著美國總統選戰的升溫，每位候選人，無論是民主黨還是共和黨，必須做的一件事就是競相展現他們對中國的強硬態度。這意味著要力挺臺灣。爭奪提名的共和黨人很早就採取行動。隆恩・狄桑蒂斯（Ron DeSantis）指出，習近平只知道實力。尼姬・海利（Nikki Haley）要求中國對新冠肺炎疫情負責。川普則宣稱法國總統艾曼紐・馬克宏（Emmanuel Macron）「舔習近平屁股」。[37] 每位候選人無不施展渾身解數，爭相表現對中國持最強硬立場。

臺灣也開始準備在二〇二四年一月十三日舉行總統大選。民進黨候選人賴清德對臺獨的主張更為鮮明，四年前曾挑戰蔡英文、爭取黨內提名。現在他強調不會改變現狀，但是指控北京企圖改變現狀。他認為，臺灣已經是個主權獨立的國家。沒有必要改變已經正常運作的現狀。成為總統候選人似乎帶來相當程度的謹慎。但是這份謹慎很快就消失。美國官員已在計畫讓賴清德以過境名義在美國某個地方停留（蔡英文和她之前的臺灣領導人都這麼做）。然而，賴清德在選戰中將臺灣的成功界定為他能夠訪問白宮。這是一個大膽挑戰。過去臺灣官員不准訪問華盛頓特區，賴清德要挑戰這一點。拜登政府立即要求解釋。美國官員明確表示，兩國關係不能這樣搞。[38] 蔡英文一直很謹慎，而賴清德則願意碰碰運氣。

民進黨在大選中需要聰明才智和運氣。經過長期內鬥之後，國民黨提名侯友宜為總統候選人，聲望頗高。年輕時，他曾經跳到豬身上把豬綁起來送去市場賣。做為一名警察，他也奮不顧身撲捕罪犯。他知道如何與人交往。他更喜歡和選民熱情握手，而不是在舞臺上亮相。侯友宜很清楚，他是為了臺灣而參選。如果他確實表現出某種政治人物的傾向，無法回答某些問題，他所宣稱的愛臺灣仍然足以確立他的愛國誠意。據他本人說，他希望統治的國家是中華民國，他的意思是他將保護臺灣和金馬外島。他說，他將拒絕「一國兩制」和正式宣布獨立。但如果臺灣受到攻擊，他就會迎接挑戰。他說，臺灣需要做好戰鬥準備，不過他會推翻民進黨延長義務兵役期的決定。[39] 在如何與中國打交道的關鍵問題上，賴清德和侯友宜所主張的政策幾乎沒有什麼區別。

對於民進黨的前景來說，比侯友宜更危險的是冒出第三位候選人。曾任臺北市長的臺灣民眾黨主席柯文哲也來參一腳。雖然號稱政治上獨立，他過去卻一直支持陳水扁和蔡英文。然而，他的競選活動清楚顯示，他認為自己當選的希望繫於傳統國民黨支持者的選票：那些支持與中國建立更密切關係的選民。柯文哲承諾將重新檢視《海峽兩岸服務貿易協定》，同時要求中方澄清對「九二共識」的涵義。如果考慮到過去已經發生的一切，對中國如此信任似乎太天真。柯文哲的回答是中國會改變。做為確保臺灣生存的計畫，這個答案還有太多不足之處。做為爭取可能投給藍營候選人侯友宜的選票策略而言，這是一個穩健的政策。柯文哲在民調中的支持度穩定上升，尤其是因為他精於對問題含糊、不明確界定。他像往常一樣高唱反對政治。他會在國民黨對大陸的求和政策和民進黨對中國的挑釁之間找出中間路線。他將使臺灣成為中美溝通的橋樑，而不是中美戰爭的前線。他從未解釋過他要如何提議這樣做，但這並沒有阻止臺灣綠營和藍營兩邊的部分人士決定投票支持他。第四位候選人郭台銘最終也以獨立參選的身分投入競選。郭台銘是一位科技大亨和億萬富翁，擁有直接管道可以接觸權力高層。二〇二〇年，他號稱得到媽祖啟示，出馬尋求爭取國民黨提名參選。當國民黨和媽祖意見不合時，他曾經考慮以獨立人士身分參選，但最終退出。他在二〇二四年的民調結果並不高。但任何一位新候選人至少都有些實力，可能從兩個主要政黨奪走選票。[40]

投票日前一天，臺北上空籠罩著棕色霧霾。中國朝臺灣方向發射氣球和衛星，並且嚴厲警告賴清德若當選，情勢一定危險。郭台銘後來退出競選，但柯文哲堅持參選到底。選前國民黨和民眾黨一度談判藍白合，讓柯文哲和侯友宜合力扳倒賴清德。但是談判未能成功。柯文哲的堅持不退使選情一直緊繃，難以預料誰能勝出。在「三腳督」搶票之下，民進黨和國民黨都無法十拿九穩確定當選。名嘴們拚命解讀選情的一切。同時，人們對選舉期間那些沉重的話題抱怨不已：兩岸關係、同性婚姻、雞蛋價格飛騰。

二〇二四年一月十三日，霧霾已經消散。這是散步踏青的好日子。在中正紀念堂，蔣介石總統雕像前的衛兵每小時換崗一次。儀隊的表演一定讓他很高興。人群舉起手機拍攝儀式。情侶們手牽手，歡笑著在二二八紀念公園的青翠綠地上漫步。一名男子在草地上輕輕打鼾，一隻悶悶不樂的池鷺觀望著這一幕。一個破舊的帳篷貼著要求原住民土地權的海報，提醒人們，還有更深層的一些過去問題沒有得到解決，仍然有人民覺得民主與威權主義的鬥爭對他們來說只是一場戲劇。飯店的擴音機開始響起《加州大飯店》（*Hotel California*）：「有些舞是要記住，有些舞則要忘記。」（"Some dance to remember, some dance to forget."）

當天晚上，賴清德贏得總統大位。但與蔡英文四年前締造的輝煌勝績相比，賴清德得票率只有四成，勉強過關，侯友宜和柯文哲未能聯手，才讓他有機會當選。當他準備五月就職時，面臨的是嚴重分裂、情緒不穩定的民眾，以及民進黨失去多數席位的立法院。

中國很快就強調這一點。它憤怒表示，民進黨並不能代表「多數民意」。然而北京看不到的是，其他兩位候選人也都明確表示，他們也不願意支持統一。侯友宜刻意不邀請馬英九參加他的造勢活動；如果他將自己與馬前總統對中國的擁抱聯繫在一起，會傷害他的選情。北京仍然不了解臺灣。美國繼續宣示不會支持臺灣獨立，同時又擬訂計畫要派遣更多代表團訪問臺灣。隨著美國總統選舉進入重要階段，誤判的風險只會上升。[41]

在混亂的邊緣，簡單的一個選擇就可以產生秩序或災難的重大差異。開羅會議八十年後，我們可以看到，在無數的時刻，不同的決定可以產生不同的結果，無論是好是壞。如果羅斯福總統在戰後堅持臺灣自決，如果中華民國警察在二月二十七日表現得更溫和，如果韓戰沒有發生，如果北京讓「一國兩制」按照本來的意思運作，如果臺灣研發出核武器，如果斐洛西的飛機真的遭到射擊——如果有人在任何一個混亂邊緣做出不同的決定，世界將是一個截然不同的地方。當嚇阻、強硬和自豪感驅動政策時，犯錯的空間就縮小到幾近為零。這三個國家正處於一個關鍵時刻，他們所做的選擇可能決定和平或是核子浩劫。在做抉擇之前，我們最好先將過去的歷史紀錄，以及歷史未實現的各種可能性，都先銘記於心。

結語

循著美國、中國和臺灣所走過的道路檢視，我們可以清楚地看到，會走到混亂邊緣並不是注定的。評論人員喜歡把當前美中關係描述為大國政治不可避免的作用。我們常會聽到這樣的論調：「挑戰現狀的勢力和維持現狀的勢力，總是會發生衝突。第一次世界大戰期間的德國和英國，或是伯羅奔尼撒戰爭（Peloponnesian War）中的雅典和斯巴達，不就是如此嗎？」這種敘事方式，掩蓋了「選擇」在將我們帶到當下時刻的作用。（就此而言，它也掩蓋了「選擇」在過去大國競爭中所起的作用。）[1] 華府、北京和臺北的決策者，並不是環境下無助的受害者。他們所做的決定產生了我們今天所生活的結果。如果這些相同的決定採取另一種方式，世界將會變得非常不同。儘管人們很容易根據道德——善與惡、自由與獨裁——來制訂這些決定，但歷史紀錄並沒有證實這一點。很大一部分，人們是在困惑、驚慌、固執以及無法思考清楚長期後果之下做出決定。意圖和結果之間出現落差。領導人經常發現他們的選擇受到民族主義和信譽等超出他們控制的力量之限制。但是這些力量本身就是人類決策的產物。即使這些限制因素縮小了決策者可以選擇的範圍，也並沒有取消所有道路而只留下一條路。其他路也還有可能存在。

美國雖然號稱對老牌的歐洲帝國不以為然，但其實做法就跟它們一樣，在自己幾乎不了解的世界部分地區畫定界限、分配領土。它沒有尋求將臺灣交付託管，而是將臺灣交付給蔣介石。臺灣的反應就像列強瓜分世界，造成各地爆發鬥爭一樣，也出現反抗。這是人們對自己的政治前途沒有受到諮詢很自然的反應。隨後，美國在一陣恐慌中介入韓戰，並因此陷入它拼命試圖置身事外的中國國共內戰。幾十年來，它拒絕承認統治中國的政權，並以擁護自由的名義在臺灣支持一個獨裁者。最後終於終止美中共同防禦條約之後，它又缺乏清晰的前瞻願景，全力完成與中國和解。後來它認定中國是要命的大敵。臺灣成為面子問題，成為對抗中華人民共和國的手段。美國在混亂中做出的一系列決定導致當前的複雜情勢。

中國也可以有它自己的選擇。中華人民共和國建立之前，它一直宣稱國家領土的全面版圖有多大都是可以談判的。中國對領土歸屬的思考，有一定的實用主義傾向，這在它處理與其他國家領土爭端時仍然很明顯。[2]在大多數情況下，它會堅持具有地緣戰略重要性的領土；其餘的可以以贏得鄰國善意的名義進行交換。然而，國共內戰的慘烈影響了毛澤東的判斷。他本來可以從一開始就允許臺灣獨立，就像他將領土割讓給北韓和巴基斯坦一樣。當時中華人民共和國仍在試圖摸索自己的路線。這是可以讓中國公民相信臺灣雖然在種族上與中國有聯繫，但在政治上是一個獨特的單位的時刻。這樣做絕不意味著承認蔣介石政府。毛澤東可以貶抑他、稱他為失敗的暴君，並敦促世界甩掉蔣委員長。反之，毛澤東堅持臺灣是中國的一部分這個立場。然後，他開始以鼓動群眾運動的方式治理，在這樣的治理下，臺灣一直是中國一部分的觀念變成無法動搖。中國國內被刻意煽動起有毒的民族主義，使得妥協幾乎不可能。

如果這是中國處理臺灣問題方法上的原罪，那麼更糟糕的狀況還在後頭。鄧小平時代曾經許諾一個未來，在這個未來中，歸屬中國似乎不是世界上最糟糕的協議。如果中國真正遵循到底，「一國兩制」或許會成為臺灣可能接受的模式。臺灣感受到中國的經濟拉力，而且在中國承諾成為負責任的利害關係人的時期，中國似乎也贏得了美國人支持它的立場。堅持這一路線，不訴諸威脅，可能是中國達成和平統一的最佳機會。有明顯證據表明（尤其是一九九六年臺灣總統大選時），在與臺灣打交道時，霸凌、恐嚇和干涉只會有反效果。但是習近平還是決定澈底廢除「一國兩制」。香港和中國本土，現在是任何明智的臺灣人都不會願意與它統一的地方。新冠疫情之後，中國出現的野蠻民族主義，只會加深臺灣的疏離感。對於與中國統一的未來，一旦喪失信心，信心再也不會回來。不同世代的臺灣人都變成不能接受與中國統一。習近平和中國只能怪自己搞砸了全局。

美、中、臺三個國家當中，臺灣的選擇差異最大。蔣介石和蔣經國選擇統領一個專制的警察國家。但他們也選擇將這個國家與大陸分隔開來，而至少蔣介石還夢想光復大陸。這絕非易事。它需要狡黠和操縱來維持住美國承諾保衛中華民國。它也需要在美中關係正常化後堅持中華民國路線的決心。蔣經國也可以押寶在鄧小平的中國，和北京合作，尤其是中國允許中華民國保留自己的軍隊。正如蔡英文對小蔣的評論所反映的，兩蔣父子留下的是令人不安的混合遺產。他們對人民實施巨大的暴力。他們也使人民不落入中華人民共和國的控制。

如果臺灣在一九九〇年代之前的任何時候回歸中國，局外人很難對它產生太多的同情。中華民國是一個殘酷、獨裁的國家；如果它被另一個殘酷、獨裁的國家併吞，人們或許會騷動，但不會感到悲傷。但是臺灣確實實現了民主化。李登輝冒著政治風險，迫使老一輩政客退休。他選擇開放總統直選。繼任的幾位總統也選擇遵守民主制度。對於過去曾經是警察國家的臺灣來說，這是了不起的成績，尤其是有那麼多的新興民主國家都失敗。臺灣擺脫過去加在它身上所有的重擔，進行自由公正的選舉，選舉後又和平地移交權力（這方面有很多地方值得美國政客學習），並且就如何最好地運用權力展開了激烈的政治辯論。它所創造的國家值得生存。但這個國家仍在支付維護其新身分的成本，努力奮鬥中。如果說它已經獲得了還不敢發聲的獨立，它在經濟上仍然依賴中國，在國防上仍然依賴美國。在某些時候，生活在自由與依賴之間的緊張關係中可能會變得站不穩。

重視選擇，有助於分攤責任。將選擇放到歷史情境中，人們就會明白過去的可塑性有多大，儘管選擇往往受到限制，而且不完美，但選擇依然是存在的。這種理解顯示未來也可能具有可塑性。核子浩劫只是我們可能出現的幾種可能的未來之一。歷史學者通常對推測未來持謹慎態度；他們太容易推測錯了。但推測是有幫助的，即使推測只能告訴我們應該盡量避免什麼，以及我們可能追求什麼。

在理想的世界裡，習近平可以選擇同意臺灣獨立。他可以大方地宣布這是皇帝大赦罪民的禮物。國家通常很難同意這種分裂國土的行為，不過捷克斯洛伐克和平分解為捷克和斯洛伐克的例子，顯示這也不是完全不可能。包括大清帝國在內的帝國本來就可以，而且也確實以這種方式調整領土。中國身為大清帝國領土的繼承者，也許能夠回過頭聽從毛澤東關於自決的主張，與臺灣友好離婚。

從地緣戰略角度來看，這樣做有它的道理。北京可以讓臺灣繼續在大國之間保持平衡，而不是承擔起對一個頑固抗拒的前哨時刻警戒的代價。在這種情況下，臺北會比在占領下更願意與北京合作。長久以來的語文和種族聯繫，再加上經濟利益，將更加保證團結。而且這將大大有助於消除世界各國對中華人民共和國的某些恐懼。當然，最大的障礙是，長期以來，中國一直煽動公民對收復臺灣的愛國熱情，現在很難轉寰說這一舉動不是丟臉丟到家的行為。不過，或許也是可行。畢竟，毛澤東花了數十年的時間痛批美國帝國主義之後，還是做到與美國化敵為友、實現和平。鄧小平主政下，經濟體系澈底改革，使它獲得了彷如宗教的神聖地位。鄧小平下臺時，共產中國除了名義上還不是，事實上已經徹頭徹尾奉行資本主義，大多數中國人都心知肚明。如果習近平解釋說臺灣是受令人唾棄的大清帝國征服，而毛澤東曾擁護自決的傳統，這個訊息可能會更容易在國內推銷。因過去幾年的考驗而傷痕累累的老百姓，很可能並不像北京擔心的那樣，其實並不關心臺灣問題。當國內人民正在遭逢苦難時，中國在國外的多項舉措已經受到一些批評。這種中國至上的情緒是否會延伸到臺灣問題上，尚不確定。但還是有可能找到答案。

如果中國共產黨發現自己沒辦法走得這麼遠，還有一個折衷的辦法。它可以宣告願意在一段特定的時間內（譬如一百年或五十年）不使用武力。當然，沒有人能要求一個國家堅守這樣的承諾到底。但是這項宣示如果得到落實，可能會在相當程度上緩解與臺灣的緊張關係。取消飛機飛越海峽中線，並讓軍艦遠離臺灣，一定會有助緩和局勢。臺灣不應吹擂我方的堅定導致此一成效，而應冷靜地接受，繼續前進。暫時停止使用武力並不是要求北京放棄它的主張。這只是讓經濟和文化的聯繫能有機會發揮作用，避免掉威脅使用武力的不利影響。臺灣不可能在不久的將來就決定要信任中國；過去幾年的印象需要一段時間才能淡化。但是人們繼續往前走下去。幾十年後，世界會有所不同。尼克森曾經提出過的「邦聯」（commonwealth）模式，可能會有吸引力。對北京來說，採取機智的策略，比試圖威脅臺灣屈服要好得多。

如果這兩個選項和維持現狀是中華人民共和國無法容忍的，那麼大致來講，它要占領臺灣有兩個選擇。第一條路是政變。中國可以找到足夠多的政治人物和軍官，他們收下大筆金錢之後願意交出臺灣。中共在內戰中取得北京以及其他很多地方，靠的就是這一招；多年來，中國也一直在籠絡臺灣領導人。至少在一開始，比起全面戰爭，這可能是比較不暴力的方案。但是比起表面，真要實現它可就困難得多。臺灣領導人意識到這一風險，正在採取措施對付。二〇一九年通過的《反滲透法》，就是在遏制可能以這種方式導致主權喪失的這種影響力。這種防禦措施的有效性如何，只有到了事件發生時才會清楚。但即使中國透過無聲政變成功占領臺灣，它的問題才正要開始。臺灣公民幾乎肯定會集會反對中國占領，就像烏克蘭人在首都基輔獨立廣場（Maidan in Kyiv）的抗議一樣。中國也許能夠壓制這類抗議，但代價將極為巨大。我們不知道這樣的抗議行動會持續多久，也不清楚中國最終會付出多少代價。

同樣的研判，也適用於中華人民共和國奪取臺灣的第二個方案：全面戰爭。這可能產生更廣泛的中美戰爭的風險。我們不清楚，如果臺灣遭到攻擊，美國會怎麼做，而北京在戰爭開始前也無從得知。但即使美國不介入，臺灣也可能讓這場衝突變得比預期更長、更血腥。戰爭中沒有什麼事是確定的。烏俄戰爭爆發前，本來一般看法不以為烏克蘭會讓俄羅斯如此難以對付。解放軍士兵對於屠殺被視為自己同胞的臺灣人民會作何感想，他們在戰鬥中會如何表現，臺灣能發動多大的遊擊抵抗，臺灣的飛彈會對中國城市造成多大的破壞，這一切都很難預測。中國有可能會獲勝，但付出的代價是除了最愚蠢的沙文主義中國人之外，所有人都會懷疑是否值得。

政變和軍事攻擊，都會讓中華人民共和國陷入兩個問題的困境。第一個問題是征服臺灣之後的治理問題。被納入中華人民共和國管轄的這些臺灣人民，將是會吵會鬧的一群人，他們習慣公開辯論和批評公務員。這些習慣不會輕易消失。過去，中華人民共和國擔心民主思想會感染黨和人民。把臺灣併入中國，就可能面臨這種感染的風險。在新疆培養出來的監視和治安方法，可能足以平息威脅。但即使在香港，也是費盡九牛二虎之力，實施起來十分困難。從長遠來看，沒錯，所有的異議人士都可能逃跑或被監禁，但這需要耗費大量的時間、金錢和精力才能達到。代價將會一路攀升。中國可能無力承受。

第二個問題是占領臺灣，在國際上造成的影響。絕大多數人不會相信臺灣願意和中國統一的鬼話。當然，有可能，世界上大部分國家聳聳肩就自掃門前雪，就像天安門事件之後一樣。但是鑑於臺灣透過處理疫情所贏得的國際善意，情況恐怕遠非如此。聯合國大會可能會通過一項決議譴責中國。由於中國在安理會擁有否決權，可以使這類決議失去實際效果，但對合法性的打擊將十分嚴重，特別是對於一個為爭取在多邊組織的成功投入如此巨資的國家而言。毫無疑問，最嚴重的後果將是地緣政治上的衝擊。對亞太國家來說，中國占領臺灣將是一個不可忽視的警鐘。澳洲、日本、菲律賓和越南已經對中國心懷戒懼。如果臺灣遭到占領，他們將會增加軍事預算，並加強對抗中國力量的努力。在日本帶頭下，可能出現核武軍備競賽。最終結果將是中國的地緣戰略環境變得更加不安全，更不用說它會抵消中國自鄧小平推動改革開放路線以來所獲得的許多經濟成果。

無論是對臺灣內部的動盪，或是地緣戰略產生的挑戰，中國的反應就是投入金錢設法解決問題。他們將投資金錢增強警察工作和擴充攝影機安裝；競爭對手軍事預算的增加，將導致中國軍事預算相對應也增加。但這正是大國陷入「帝國過度擴張」的方式：它們的承諾超越了它們的資源，它們的經濟遭到軍事開支蠶食。鄧小平擔心軍費會損害經濟發展，他很清楚這一點。他認為，他的安全的最大保證是鄰國的善意。[3]這是中國近年來忽略的一項規則。繼續忽視下去將會付出代價。如果併吞臺灣導致中國的衰落，甚至最終崩潰，那麼中華人民共和國的勝利，確實是一場得不償失的虛幻勝利。

如果說揮舞武器對中國不會有什麼好處，甚至是有害的，對美國來說情況也是如此。使用輕型戰術核武器的想法在華府一度頗為流行，但是這種想法是錯誤的，而且極度危險。中美戰爭可能以核子浩劫告終。其實很容易看出這樣一場戰爭會如何發生。一種可能性涉及到意外事故。美國和中國軍艦發生擦撞，或者不聽話的解放軍飛行員距離美國政要訪賓的飛機太近，都有可能導致人員傷亡。要求兩國做出回應的壓力將會導致暴力升級。如果沒有定期溝通，反應可能就會擴大為戰爭。一旦動用到核武器，誰也不知道屠殺會在哪裡停下來。另一種可能性是，無論出於何種原因，北京決定入侵臺灣的時刻已經到來。美國在驚慌下會像韓戰期間那樣倉促介入，即使它並沒有承諾保衛臺灣。

一旦大國戰爭開始，使用核武器的風險就會急劇上升。可怕的是，美國沒有「不先使用」的政策，意即在衝突中不會首先使用核武的誓言。這樣的誓言並沒有辦法執行，但它確實有助於一個國家制訂管理自身行為的規範。在這樣的戰爭中不會有贏家。臺灣將成為一堆灰燼和廢墟。說是中國啟釁開戰並無補於事實。

美國需要政策清晰。對臺政策不能是華府對北京要採取多麼強硬態度的產物。它需要基於華府對臺北的重視程度、願意對此採取什麼行動，以及哪些選擇實際上屬於實際政策範圍去做評估。有一種選擇是武裝臺灣，讓它擁有自己的核子嚇阻力量。這可能阻止住中國的入侵。但它將意味著核不擴散體制的終結，可能在東亞地區引爆軍備競賽。儘管大國普遍表現出不願意攻擊擁有核武力的小國，但不能保證這項規則會永遠有效。北京很可能會判斷錯誤，導致世界末日。

第一個重要步驟是重建溝通管道，確保美國和中國能夠安然度過目前似乎特別容易發生的爭吵。關於氣候變遷、網路安全，甚至可能是裁軍，這些議題有些已達成具體協議，有些則可望達成協議，定期會談將有助於提醒各方對話的必要。下一步將是確保雙方國防部門定期溝通（理想情況下，中方的關鍵決策者不能莫名其妙的消失，建立信任需要時間）。這個想法並不是要就臺灣問題達成協議，而是產生足夠的互動，以阻止衝動發生戰爭。儘管互動過程可能很煩人。當年在華沙單純喝一杯茶就能緩和溝通，是有原因的。它提醒兩位外交官，儘管有種種分歧，他們仍然具有人性。

臺灣會變成什麼樣子？如果美國能夠控制住本身的國會議員，它可以提出一個交換條件：讓中華人民共和國停止使用武力，來換取美方承諾終止官員到臺灣訪問。這個建議乍聽之下可能很奇怪，但是做為緩解緊張局勢的一種方式，它可能會有所幫助。按照美國的政治制度，這是不可能的。正如斐洛西訪問臺灣所示，國會議員可以自行其是，決定自己要到哪裡去，而其中大部分都是往臺北去。不幸的是，不使用武力的承諾的確也很容易就被背棄。[4]貿易方面的讓利也可能值得探索。最不糟糕的做法或許是私下向中國明確表示，任何改變現狀的企圖都將遭到前所未有的制裁，這樣做不至於因公開對抗而讓北京沒面子。[5] 威脅將把中國變成一個巨大版本的北韓。中國官員存放在北美洲的許多資產將立即遭到沒收。中國官員的子女和親屬的簽證不僅會更難取得，而且還會根本拿不到，淪為舊時代的歷史遺跡。黃豆出口將停止。這需要下定巨大決心和承諾來號召盟友和合作夥伴一致行動，以確保制裁得以落實。這需要透過賄賂、威脅或兩者兼而有之的方式，確保較小的國家如巴西、南非、南韓等不會私下攪局。他們必須知道與中國的貿易超出了可接受的行為範圍。

美國如果要發出威脅，就必須貫徹到底，除非能夠貫徹，否則都不值得做出任何威脅，這本身也會對美國造成傷害和痛苦。制裁的成本將高得驚人。但保衛臺灣的成本不會低。如果美國當真想在臺灣問題上與中國對抗，那就會有痛苦。目前還不清楚美國民眾是否已準備好承受這種程度的痛苦。澈底修改美國稅法可能會有所幫助，累進稅可以抵消對中國的禁運可能造成的經濟痛苦，雖然這會產生的政治困難需要妥善解決。[6] 但是在民主國家，這是應該交付辯論才做決定的事情。將大國對抗的代價明白擺在公眾面前，並詢問公眾對進入這樣的衝突有什麼樣的意見，是負責任的政治家應該做的事情。如果實際上對抗中國的困難太大，正確的做法就是現在就應該讓臺灣知道。

就臺灣而言，它並不認為美國理所當然會提供援助。它與美國交往的時間已經相當長久，知道它很可能必須靠自己面對中國。它有可能在未來的某個時候會尋求自己的核嚇阻力量。如果臺灣選擇不牴觸核武這一禁忌，它可能會選擇針對海峽對岸的主要水壩和關鍵基礎設施發射飛彈來嚇阻中國。對中國的威脅很簡單：不會使用核武器，但造成的損害將極其巨大，足以讓中國人民起義反對中國共產黨。

在此之前，臺灣需要確保它的支援來自世界各國，而不僅限於美國。贏得聯合國會員國的支持，使各國起碼會譴責中華人民共和國，可以削弱北京的外交牌。日本可能會提供安全援助，特別是因為臺灣和尖閣群島（釣魚臺列嶼）近在咫尺。最大的挑戰或許仍然是與中國的經濟連結。持續主張獨立，同時經濟上又要依賴中國，實在很困難。臺灣能做的就是繼續推動經濟夥伴關係的多元化，如此一來，如果出現經濟制裁，臺灣已經有所準備。

如果最壞的情況發生，中國成功占領了臺灣，又該怎麼辦？顯而易見，如果臺灣選擇抵抗的話，可以使中國的占領既痛苦且代價昂貴。游擊抵抗和普遍抗議將使中國的日子難過。但是對臺灣人來說，它也將是無比困難。然而，臺灣本身過去的歷史將是希望的來源。臺灣經歷過中國占領軍的統治，儘管遭受苦難，但它還是設法維持住臺灣獨立的意識。異議人士祕密聚會，有些人在日本活動、有些人在島內伺機蠢動、有人印刷雜誌刊物、還有人引爆炸彈。他們不太可能會成功，但畢竟還是這麼做了。中共政權在占領臺灣後尚能存活多久，尚未可知，但如果中共垮臺，可以預測臺灣獨立的思想仍將存在，並且準備再次生根發芽。

戰爭不是可以預測的事。當它們看起來不可避免時，卻可能抑制住它們。戰爭也可能在最意想不到的時候突然發生。但是，把武力當做解決複雜問題的一般性解答，會增加出錯的可能性，這種錯誤可能造成巨大災難。隨著二〇二三年接近尾聲，中華人民共和國闖入臺灣防空識別區的次數多到驚人（超過一千六百次），這吻合它在二〇二二年設定的新常態。裴洛西的訪問將中國的侵略行為推向新高點。美國國防部長勞埃德・奧斯汀（Lloyd Austin）警告說，在臺灣爆發衝突將是「毀滅性的」。但他對這個問題的回答，體現了將三方都推向懸崖的哲學。二〇二三年六月，他在新加坡舉行的香格里拉安全對話（Shangri-La security dialogue）中表示：「今天的嚇阻力量很強大，我們的職責就是保持這種嚇阻力量。」[7] 這裡面沒有體認到，運氣和嚇阻一樣，使美國和中國沒有陷入災難。儘管軍事嚇阻很有價值，但這項「職責」遠遠超出了以武力對抗做威脅的範疇。這需要弄清楚美國想從中國得到什麼，以及華府對臺灣的長期目標是什麼。這就需要詢問，這些目標是否涉及中華人民共和國和臺灣可以接受的未來。它還需要確保華府和北京之間的溝通管道保持開放，因為正是溝通和運氣，才能畫定嚇阻和戰爭之間的界線。

或許，正是短視的擁護武力，而不是與德意志帝國做靈活的比較，才讓我們看到與一九一四年世局真正相似之處。但如果這些相似之處讓我們感到不安——我們是應該感到不安沒錯，但它們也可以提供安慰。那時災難並非不可避免，現在也不是不可避免。

注釋

緒論

1 Michael Martina and David Brunnstrom, "Exclusive: Biden Sends Former Top Defense Officials to Taiwan in Show of Support," Reuters, February 28, 2022, www.reuters.com/world/china/exclusive-biden-sends-former-top-defense-officials-taiwan-show-support-2022-02-28; "Peace in Taiwan Strait a Global Concern, Says Mullen," AP, March 2, 2022; https://apnews.com/article/russia-ukraine-china-taiwan-europe-joint-chiefs-of-staff-1d133ce85b3a79fae056c38248fa08d2; Kayleigh Madjar et al., "Pompeo Urges US to Recognize ROC," *Taipei Times*, March 5, 2022, www.taipeitimes.com/News/front/archives/2022/03/05/2003774214.

2 Tom Mitchell and Demetri Sevastopulo, "Chinese Anger Over Taiwan Visit Grows After Nancy Pelosi Departs on Asia Tour," *Financial Times*, July 31, 2022, www.ft.com/content/9abd2646-5562-4a32-9bb8-19645ed8601f; Vincent Ni, "Nancy Pelosi's Taiwan Trip 'Not a Good Idea Right Now,' Says Biden," *Guardian,* July 21, 2022, www.theguardian.com/us-news/2022/jul/21/nancy-pelosi-taiwan-trip-not-good-idea-right-now-joe-biden; Chen Yi-chieh, "Peiluoxi lai le!," *Taibei baodo*, August 2, 2022, www.setn.com/News.aspx?NewsID=1155373; Chris Horton and Amy Chang Chien, "Ahead of Pelosi's Trip, Quiet Defiance in Taiwan," *New York Times*, August 2, 2022, https://cn.nytimes.com/asia-pacific/20220802/pelosi-trip-taiwan/dual/.

3 Anders Hagstrom, "US Lawmakers Visit Taiwan in Unannounced Trip on the Heels of the Nancy Pelosi Uproar," Fox News, August 14, 2022, www.foxnews.com/politics/lawmakers-visit-taiwan-unannounced-visit-heels-nancy-pelosi-uproar; Office of the President Republic of China (Taiwan), "President Tsai Meets Indiana Governor Eric Holcomb," news release, August 22, 2022, https://english.president.gov.tw/NEWS/6304#: ~:text=Governor%20Holcomb%20is%20leading%20a,deepening%20of%20Taiwan%2DUS%20relations; Lawrence Chung, "Pompeo in Taiwan Calls for End to US 'Blind Engagement' with Beijing," *South China Morning Post*, September 27, 2022, www.scmp.com/news/ china/diplomacy/article/3193997/pompeo-taiwan-calls-end-us-blind-engagement-beijing; Helen Davidson, "China Used Drills to Prepare for Invasion, Taiwan Foreign Minister Says," *Guardian*, August 9, 2022, https://www.theguardian.com/world /2022/aug/09/china-used-drills-to-prepare-for-invasion-taiwan-foreign-minister-says.

4 "Chinese Warship Comes Within 150 Yards of U.S. Missile Destroyer in Taiwan Strait," CBS News, June 3, 2023, www.cbsnews.com/news/chinese-warship-u-s-missile-destroyer-taiwan-strait-close-call uss-chung-hoon/; Patrick Smith and Courtney Kube, "US Releases Video Showing Close Call with Chinese Warship in Taiwan Strait," NBC, June 5, 2023, www.nbcnews.com/news/world/us-releases-video-encounter-chinese-warship-taiwan-strait-rcna87669.

5 Antony J. Blinken, "The Administration's Approach to the People's Republic of China" (speech, George Washington University, Washington, DC, May 26, 2022), www.state.gov/the-administrations-approach-to-the-peoples-republic-of-china/; David Brunnstrom and Trevor Hunnicutt, "Biden Says U.S. Forces Would Defend Taiwan in the Event of a Chinese Invasion," Reuters, September 19, 2022, www.reuters.com/world/biden-says-us-forces-would-defend-taiwan-.event-chinese-invasion-2022-09-18/; "Xi Jinping kan wang canjia zhenxie huiyi de minjian gongshang lianjie weiyuan shi qiang diao," Gov.cn, March 6, 2023, https://archive.ph/MFIi0; Yew Lun Tian and Ben Blanchard, "China Will Never Renounce Right

to Use Force Over Taiwan, Xi Says," Reuters, October 16, 2022, www.reuters.com/world/china/xi-china-will-never-renounce-right-use-force-over-taiwan-2022-10-16/; Zubaidah Abdul Jalil, "China Sends 30 Warplanes into Taiwan Air Defence Zone," BBC, May 31, 2022, www.bbc.com/news/world-asia-61642217.

6 Department of Defense, National Defense Strategy of the United States, 2022 https://media.defense.gov/2022/Oct/27/2003103845/-1/-1/1/2022-NATIONAL-DEFENSE-STRATEGY-NPR-MDR.PDF; Lai Ching-te, "My Plan to Preserve Peace in the Taiwan Strait," *Wall Street Journal*, July 4, 2023.

7 快速瀏覽附註之後，讀者可以看到我是如何受惠於林孝庭、林夏如、唐耐心 (Nancy Tucker) 和任雪麗 (Shelley Rigger) 等人的作品。現有的文獻大部分專注在涉及的三方當中的兩個國家。最優質的綜合論述仍然是唐耐心的大作 *Strait Talk: United States-Taiwan Relations and the Crisis with China* (Cambridge, MA: Harvard University Press, 2011)，這本書專注美、臺關係。唐耐心沒有花太多篇幅討論一九五〇年之前那段關鍵時期，而她的大作出版時，許多較為晚近的發展則還未發生。將中華民國的形成交代得極其清楚的是林孝庭的大作 *Accidental State: Chiang Kai-shek, the United States, and the Making of Taiwan* (Cambridge, MA: Harvard University Press, 2016). 關心臺灣民主化和兩岸關係的讀者，絕不能錯過任雪麗的著作。林夏如的Syaru Shirley Lin, *Taiwan's China Dilemma: Contested Identities and Multiple Interests in Taiwan's Cross-Strait Economic Policy* (Stanford, CA: Stanford University Press, 2016), 是我所讀過、不只是關於臺灣，而是關係到所有國家的政治經濟及身份認同議題，最深入、最鮮明的檢視。另外可以參見 Kerry Brown and Kalley Wu Tzu Hui, *The Trouble with Taiwan: History, the United States and a Rising China* (London: Zed Books, 2019).至於美國對臺政策，Ryan Hass, Bonnie Glaser, and Richard Bush, *US-Taiwan Relations: Will China's Challenge Lead to a Crisis?* (Washington, DC: Brookings, 2023)有提

綱契領的概述。中國的檔案今天已經無法再提供早先歷史學者視為理所當然的第一手資訊。縱使如此，有些學者(包括我自己)以前已經從中國蒐集到相當文件、把它們存放在華府特區的Wilson Center。在臺灣和美國的檔案文獻仍然方便取閱。

第一章　臺灣問題的形成（一九五三年至一九七一年）

1 Winston Churchill, *The Second World War,* vol. 5, *Closing the Ring* (London: Cassell and Co., 1952). Video at "The Cairo Conference (1943)," British Pathé, posted April 13, 2014, YouTube, www.youtube.com/watch?v=TTl6RC43h7g.

2 "The Cairo Declaration," November 26, 1943, Wilson Center Digital Archive, in *FRUS: Diplomatic Papers, The Conferences at Cairo and Tehran, 1943*, eds. William M. Franklin and William Gerber (Washington, DC: US Government Printing Office, 1961), 448–449, https://digitalarchive.wilsoncenter.org/document/122101.

3 陳第的文字引自Laurence G. Thompson, "The Earliest Chinese Eyewitness Accounts of the Formosan Aborigines," *Monumenta Serica* 23, no. 1 (1964): 163–204. 關於大清帝國歷史，最佳導論是William Rowe, *China's Last Empire: The Great Qing* (Cambridge, MA: Harvard University Press, 2012). 關於清朝的起源和征服中亞的事蹟，Peter C. Perdue, *China Marches West: The Qing Conquest of Central Eurasia* (Cambridge, MA: Harvard University Press, 2010), 是不可或缺的參考文獻。〔譯註：陳第這段文字參見周婉窈〈陳第東番記：十七世紀臺灣西南平原的實地調查〉，原載二〇〇三年四月《故宮文物月刊》二四一期。〕

4 關於滿清入據臺灣之前的文獻，家博 (Bruce Jacobs) 的 "The History of Taiwan," *China Journal* (January 2011) 有非常有用的檢視。初期漢人對臺灣的漠不關心可參見 Emma Jinhua Teng, *Taiwan's Imagined Geography: Chinese Colonial Travel Writing and Pictures, 1683–1895* (Cambridge, MA: Harvard University Press, 2006)。臺灣與荷蘭及清

朝的接觸，首推 Tonio Andrade的傑作，見 Andrade, *Lost Colony: The Untold Story of China's First Great Victory Over the West* (Princeton, NJ: Princeton University Press, 2011)，；以及 Andrade, *How Taiwan Became Chinese: Dutch, Spanish, and Han Colonization in the Seventeenth Century* (New York: Columbia University Press, 2008).

5 見 Rowe, *China's Last Empire* for a summary.

6 關於滿清治理臺灣的豐富討論，見 John Robert Shepherd, *Statecraftand Political Economy on the Taiwan Frontier, 1600–1800* (Stanford, CA: Stanford University Press, 1993). 另參見周婉窈Wan-yao Chou, *A New Illustrated History of Taiwan,* trans. Carol Plackitt and Tim Casey (Taipei: SMC Publishing, 2015).

7 這些發展有許多文獻報導。史景遷 (Jonathan Spence) 的*The Search for Modern China* (New York: W. W. Norton, 2020) 是很好的一個起始點。關於帝國擴張，見保羅・甘迺迪 (Paul Kennedy) *The Rise and Fall of the Great Powers* (New York: Vintage, 2010).

8 關於日清戰爭，見Stewart Lone, *Japan's First Modern War: Army and Society in the Conflict with China, 1894–5* (London: Macmillan, 1994).

9 見 Spence, *Search for Modern China*, for a starting point.

10 關於大清覆亡和袁世凱的討論，見史景遷*Search for Modern China*。關於軍閥時期，見方德萬 (Hans van de Ven) *War and Nationalism in China: 1925–1945* (London: Routledge, 2003), and 林(雨尉) (Arthur Waldron) *From War to Nationalism: China's Turning Point, 1924–1925* (Cambridge: Cambridge University Press, 1995).

11 關於蔣介石，見 Jay Taylor, *The Generalissimo: Chiang Kai-shek and the Struggle for Modern China* (Cambridge, MA: Belknap, 2011), 〔中文版，林添貴譯，陶涵《蔣介石與現代中國的奮鬥》(時報文化)〕，以及潘佐夫 (Alexander Pantsov) *Victorious in Defeat: The Life and Times of Chiang Kai-shek, China, 1887–1975* (New Haven, CT:

Yale University Press, 2023). 他所建立的國家必須依賴與各地軍閥鬆懈的聯盟，這一點值得進一步深入研究。

12 這些發展已有許多文獻記載，史景遷的 *Search for Modern China* 是個很好的起始點。關係蘇聯的決定，見Paul Gregory, 林孝庭(Hsiao-ting Lin) 和 Lisa Nguyen, "Chiang Chooses His Enemies," *Hoover Digest*, April 21, 2010, www.hoover.org/research/chiang-chooses-his-enemies. 關於蔣介石本人的治國方術，見Chiang Kai-shek, *China's Destiny* (New York: Roy Publishers, 1947).〔中文本,《中國之命運》。〕

13 Sulmaan Wasif Khan, *Haunted by Chaos: China's Grand Strategy from Mao Zedong to Xi Jinping* (Cambridge, MA: Harvard University Press, 2022). 關於中國共產黨在大西北的命運，最佳資訊來源是 Xiaoyuan Liu, *Frontier Passages: Ethnopolitics and the Rise of Chinese Communism, 1921–1945* (Stanford, CA: Stanford University Press, 2004).

14 關於日本在東亞的政策，見 S. C. M. Paine的佳作*The Japanese Empire: Grand Strategy from the Meiji Restoration to the Pacific War* (Cambridge: Cambridge University Press, 2017).

15 關於這段時期國共雙方接觸的詳情，見 Pantsov, *Victorious in Defeat.*

16 關於抗戰時期，尤其是汪精衛動向，近年最佳作品是，*Rana Mitter, Forgotten Ally: China's World War II, 1937–1945 (New York: Houghton Mifflin* Harcourt, 2013).〔中文版，林添貴譯，芮納・米德《被遺忘的盟友》(遠見天下文化)。〕

17 前面幾段關於中美關係的資訊，取材自Odd Arne Westad, *Restless Empire: China and the World Since 1750* (New York: Basic, 2012),〔中文本，林添貴譯，文安立，《躁動的帝國》(八旗文化)。〕Joanna Waley-Cohen, *Sextants of Beijing: Global Currents in Chinese History* (New York: W. W. Norton, 2000), and George C. Herring, *From Colony to Superpower: US Foreign Relations Since 1776* (Oxford: Oxford University Press, 2008). 關於門戶開放政策的堂皇分

析，參見喬治・肯楠(George Kennan) 的 *American Diplomacy* (Chicago: University of Chicago Press, 2012).

18 關於這段時期的美日關係，見 Eri Hotta, *Japan 1941: Countdown to Infamy* (New York: Vintage, 2014). 芮納・米德《被遺忘的盟友》對中日抗戰有最優質的記錄。關於史汀生，見Herring, *From Colony to Superpower*. 關於史迪威最優質的記述仍是 Barbara Tuchman的大作*Stilwell and the American Experience in China: 1911–1945* (New York: Random House, 2017).

19 “Memorandum by the Second Secretary of Embassy in China (Davies) to the Ambassador in China (高斯Gauss),” March 9, 1943, in *FRUS: Diplomatic Papers, 1943, China,* eds. G. Bernard Noble and E. R. Perkins (Washington, DC: US Government Printing Office, 1957), https://history.state.gov/historicaldocuments/ frus1943China/d17; “Memorandum by Mr. O. Edmund Clubb of the Division of Chinese Affairs,” May 10, 1944, in *FRUS: Diplomatic Papers, 1944, China*, vol. 6, eds. E. Ralph Perkins et al. (Washington, DC: US Government Printing Office, 1967), https://history.state.gov/historicaldocuments/frus1944v06/d341. 近年來有好幾本傑作——包括我相當倚重的芮納・米德《被遺忘的盟友》在內——對蔣介石的評價，比起戴維思在備忘錄中的評價，和善許多。學者研究的重點擺在委員長的愛國主義，以及美國的態度傲慢、盛氣凌人，令人十分惱火。這話說的沒錯，但我比較嚴苛，我個人認為蔣介石的愛國主義受到自我崇拜的損害。他（像毛澤東一樣）認為自己的生存攸關到中國的生存。即使已經得到美國的援助，他仍然願意與日本探討達成協議，這一點是可以理解的，但這也確實表明他自己政權的生存最為重要。史迪威對委員長的批評是很過分，但也不是無緣無故。

20 參見 Herring, *From Colony to Superpower*, and Pantsov, *Victorious in Defeat.* Tuchman, *Stilwell* is still invaluable.

21 關於這一點最佳的資料來源是Xiaoyuan Liu, *A Partnership for Disorder: China, the United States, and Their Policies for the Postwar Disposition of the Japanese Empire, 1941–1945* (Cambridge: Cambridge University Press, 2002). 關於

設置基地的思考之資訊，見“Minutes of the Presidents Meeting With the Joint Chiefs of Staff, November 19, 1943, 2 P.M., Admiral's Cabin, U. S. S. 'Iowa'," Moscow, November 19, 1943, in *The Conferences at Cairo and Tehran*, https://history.state.gov/historicaldocuments/frus1943CairoTehran/d238.

22 "Minutes of the Presidents Meeting With the Joint Chiefs of Staff, November 19, 1943, 2 P.M., Admiral's Cabin, U. S. S. 'Iowa'," Moscow, November 19, 1943; "Agreement Regarding Entry of the Soviet Union into the War Against Japan," February 11, 1945, in *FRUS: Diplomatic Papers, Conferences at Malta and Yalta, 1945*, ed. Bryton Barron (Washington, DC: US Government Printing Office, 1955), https://history.state.gov/historicaldocuments/frus1945Malta/d503; "Memorandum by the Ambassador in the Soviet Union (Harriman)," July 18, 1945, in *FRUS: Diplomatic Papers, 1945, The Far East, China,* vol. 7, eds.

Ralph R. Goodwin et al. (Washington, DC: US Government Printing Office, 1969), https://history.state.gov/historicaldocuments/frus1945v07/d665; "Bohlen Minutes," November 30, 1943, in *The Conferences at Cairo and Tehran*, https:/history.state.gov/historicaldocuments/frus1943CairoTehran/d371; "Bohlen Minutes," November 28, 1943, in The Conferences at Cairo and Tehran, https://history.state.gov/historicaldocuments/frus1943CairoTehran/d358; "Bohlen Minutes, November 29, 1943, in *The Conferences at Cairo and Tehran,*

https://history.state.gov/historicaldocuments/frus1943CairoTehran/d365; Liu, *A Partnership for Disorder*; Keith Allan Clark, "Imagined Territory: The Republic of China's 1955 Veto of Mongolian Membership in the United Nations,'" *Journal of American-East Asian Relations* 25, no. 3 (2018): 263–295, www.jstor.org/stable/26549248.

23 見 Bob Bergin, "The Dixie Mission 1944: The First US Intelligence Encounter with the Chinese Communists," *Studies in Intelligence* 63, no. 3 (September 2019). See also Tuchman, *Stilwell*, and Khan, *Haunted by Chaos*.

24 關於日本傷亡數字，見Lone, *Japan's First Modern War*. 關於臺灣接受日本統治歷史的起始點，可參見Ping-hui Liao and 王德威David Der-wei Wang, eds., *Taiwan Under Japanese Colonial Rule, 1895–1945: History, Culture, Memory* (New York: Columbia University Press, 2006). 某些臺灣團體尋求推翻日本統治，的確和國民黨接觸，想了解臺灣做為中國之一部分可能會是什麼樣狀況。有趣的是，這些團體尋求保證會有自由派的治理，允許他們的地位或許高於只是國民政府的屬地。國民黨似乎不願同意賦予此一地位。見Liu, *A Partnership for Disorder*. 這個題目值得深入研究。

25 史明《史明回憶錄》(臺北：前衛出版社，2016), 143, 148, 225–226, 284–289.

26 Peng Ming-min, *A Taste of Freedom: Memoirs of a Formosan Independence Leader* (New York: Holt McDougal, 1972), 11–12. 中文版即彭明敏《自由的滋味》。

27 秦孝儀等編，《光復臺灣之籌畫與受降接收》(臺北：中國國民黨中央委員會黨史委員會，1990), 59–64.

28 這些事件最好的指引是長谷川毅Tsuyoshi Hasegawa, *Racing the Enemy: Stalin, Truman, and the Surrender of Japan* (Cambridge, MA: Harvard University Press, 2005).

29 Odd Arne Westad, *The Cold War: A World History* (New York: Basic, 2017); Xixiao Guo, "Paradise or Hell Hole? US Marines in Post World War II China," *Journal of American-East Asian Relations* (1998). 關於有多少日本人散布在昔日帝國各地的資訊，整理自Pantsov, *Victorious in Defeat,* 以及 Barak Kushner and Andrew Levidis, eds., *In the Ruins of the Japanese Empire: Imperial Violence, State Destruction, and the Reordering of Modern East Asia* (Hong Kong: Hong Kong University Press, 2020). 另要注意，有一小批日本人留在台灣擔任蔣介石的軍事顧問：見林孝庭Lin Hsiao-ting, "U.S.-Taiwan Military Diplomacy Revisited: Chiang Kai-Shek, Baituan, and the 1954 Mutual Defense Pact," *Diplomatic History* 37, no. 5 (2013): 971–994. 日本人遣送回日本的故事值得學界進一步研究，許多接送遣送回日

本的人，其實出生在臺灣，回到日本已無親友故人。

30 關於人口的估算，有些不同的數字。我取材自Dominic Meng-Hsuan Yang, *The Great Exodus from China: Trauma, Memory, and Identity in Modern Taiwan* (Cambridge: Cambridge University Press, 2021); Pantsov, *Victorious in Defeat*; Odd Arne Westad, *Decisive Encounters: The Chinese Civil War, 1946–1950* (Stanford, CA: Stanford University Press, 2003), 以及台灣政府官方的估算，見 "History," Taiwan.gov.tw, accessed on September 24, 2023, www.taiwan.gov.tw/content_3.php.

31 秦孝儀等編，《光復臺灣之籌畫與受降接收》，204–205. 關於臺灣人的感受，見Peng, *Taste of Freedom*; 以及George Kerr, *Formosa Betrayed: The Definitive First-Hand Account of Modern Taiwan's Founding Tragedy* (Manchester: Camphor Press, 2018). 有關陳儀雇用大陸人的資訊，見 UK National Archives, Kew, FO 371/63425, "Situation in Taiwan," 1947.

32 Westad, *Cold War*.

33 我對馬歇爾調處國共內戰的想法，受到 Daniel Kurtz-Phelan, *The China Mission: George Marshall's Unfinished War, 1945–1947* (New York: W. W. Norton, 2019) 的影響。Kurtz-Phelan 並不像我認為調處任務成功，但是他詳細的描述卻使我難以得到不同的結論。另參見陳兼Chen Jian, *Mao's China and the Cold War* (Chapel Hill: University of North Carolina Press, 2001). 關於毛澤東接受暫時分治的可能性，見拙著Khan, *Haunted by Chaos*。

34 除了Kurtz-Phelan, *China Mission*之外，見Ernest R. May, "1947–48: When Marshall Kept the US Out of War in China," *Journal of Military History* 66, no. 4 (2002): 1001–1010.

35 到目前為止最佳的論述——而且不太可能被超越——仍是文安立 Westad, *Decisive Encounters*.

36 各種敘述汗牛充棟。關於重述事件經過的回憶錄，見George Kerr, *Formosa Betrayed* (Manchester: Camphor, 2018).

雖然有些爭議，但是標準的說法是Z. Lai and R. H. Myers, *A Tragic Beginning: The Taiwan Uprising of February 28, 1947* (Stanford, CA: Stanford, 1991).〔譯按：中文版，賴澤涵、馬若孟，《悲劇的開端》(時報文化)。〕林孝庭的*Accidental State*對這段時期有相當細緻的報導。學界對白色恐怖確實始於何時，看法莫衷一是。有人主張始於一九四七年，即二二八事件之後開始鎮壓。也有人主張始於一九四九年宣布戒嚴起。兩者都有強烈的論述基礎。我個人傾向於一九四七年，因為人民自此以後開始畏懼國家機關。一九四九年增強了恐懼感，但是恐懼並不始自一九四九年。

37 Peng, *A Taste of Freedom*; Shi Ming, *Shi Ming Huiyi lu*, 419–420.

38 葛超智的回憶錄提到這一點。最佳的歷史記述是林孝庭的*Accidental State*。

39 "General Wedemeyer to the Secretary of State," July 29, 1947, in *FRUS, 1947, The Far East: China*, vol. 7, eds. Ralph E. Goodwin et al. (Washington, DC: US Government Printing Office, 1972), *https://history.state.gov/historicaldocuments*/frus1947v07/d562; "General Wedemeyer to the Secretary of State," August 17, 1947, in *1947, The Far East: China*, vol. 7, https://history.state.gov /historicaldocuments/frus1947v07/d582.

40 參見 Kerr, *Formosa Betrayed*。魏德邁報告後來收入國務院中國政策白皮書中發表，見*The China White Paper: August 1949* (Stanford, CA: Stanford University Press, 1967), https://ia800203.us.archive.org/32/items/VanSlykeLymanTheChinaWhitePaper1949/Van%20Slyke%2C%20Lyman%20-%20The%20China%20White%20Paper%201949.pdf.

41 "Memorandum by the Director of the Policy Planning Staff (Kennan)," PPS 53, in *FRUS, 1949, The Far East: China,* vol. 9, eds. Francis C. Prescott, Herbert A. Fine, and Velma Hastings Cassidy (Washington, DC: US Government Printing Office, 1974), https://history.state.gov/historicaldocuments/frus1949v09/d402.

42 "Memorandum by the Director." 另參見John Lewis Gaddis, *George F. Kennan: An American Life* (New York: Penguin,

2011).

43 關於宣布自主的可能性，見林孝庭Accidental State, 72–73.

44 Gaddis, *George F. Kennan*. 關於撤回這項提議，以及可能涉及到戴維思，見 Gaddis, *George F. Kennan*。另參見Paul J. Heer. *Mr. X and the Pacific: George F. Kennan and American Policy in East Asia* (Ithaca, NY: Cornell University Press, 2018); Kennan, *American Diplomacy*; "Memorandum by the Director of the Policy Planning Staff (Kennan)," PPS 53. 可以說，向來有先見之明的肯楠並未預見到，如恐龍這般的巨獸竟會像《侏羅紀公園》系列電影所描繪的那樣迅猛、熱血。

45 Lin, *Accidental State*; see also Pantsov, *Victorious in Defeat*. 關於傅作義，見拙著 Khan, *Haunted by Chaos*.

46 參見Lin, *Accidental State*.

47 Lin, *Accidental State*.

48 關於這一點，我要感謝Timothy Snyder在東歐演講時提示到它。關於蔣經國，見Jay Taylor, *The Generalissimo's Son: Chiang Ching-kuo and the Revolutions in China and Taiwan* (Cambridge, MA: Harvard University Press, 2009).〔中文版，林添貴譯，陶涵《蔣經國傳》(時報文化)。〕

49 關於被捕及致死人數的估算，說法不一，因為檔案仍無法完全公開。最好的資料來源是周婉窈《轉型正義之路》(Taipei: Yushan she, 2022)它已經凸顯出獲致恰當估算的困難。另參見Taylor, *Generalissimo's Son*. 我相當受惠於Anna Beth Keim即將出版的原稿 *Heaven Does Not Block All Roads*。

50 "Introduction," Constitution of the Republic of China (Taiwan), Office of the President Republic of China (Taiwan), accessed September 24, 2023, https://english.president.gov.tw/page/93。關於李宗仁，見林孝庭，Lin, *Accidental State*, 以及Pantsov, *Victorious in Defeat*。關於司法的角色，見家博J. Bruce Jacobs, *The Kaohsiung Incident in Taiwan and*

Memoirs of a Foreign Big Beard (Leiden: Brill, 2016).

51 "The Chargé in China (Strong) to the Secretary of State," June 2, 1950, in *FRUS, 1950, East Asia and the Pacific*, vol. 11, eds. Neal H. Petersen et al. (Washington, DC: US Government Printing Office, 1976), https://history.state.gov/historicaldocuments/frus1950v06/d186.

52 Liu, *Frontier Passages*; Edgar Snow, "Interviews With Mao Tse-tung," July 16, 1936, Marxists Internet Archive, 2014, www.marxists.org/reference/archive/mao/works/1936/11/x01.htm.

53 Sergey Radchenko, "Lost Chance for Peace: The 1945 CCP-Kuomintang Peace Talks Revisited," *Journal of Cold War Studies* 19, no. 2 (2017): 84–114, https://doi.org /10.1162/JCWS_a_00742; Khan, *Haunted by Chaos*.

54 見Taylor, *The Generalissimo*, and Khan, *Haunted by Chaos*.

55 見Khan, *Haunted by Chaos*. 毛澤東和史達林的討論出自 "Record of Conversation Between I.V. Stalin and Chairman of the Central People's Government of the People's Republic of China Mao Zedong on 16 December 1949," December 16, 1949, trans. Danny Rozas, Wilson Center Digital Archive, Archive of the President, Russian Federation (APRF), fond (f.) 45, opis (op.) 1, delo (d.) 329, listy (ll.) 9-17, https://digitalarchive.wilsoncenter.org/document/record-conversation-between-iv-stalin-and-chairman-central-peoples-government-peoples.

56 "The Charge in the Soviet Union (Kennan) to the Secretary of State," February 22, 1946, National Security Archive, George Washington University, https://nsarchive2.gwu.edu/coldwar/documents/episode-1/kennan.htm; Mao Zedong, "On the People's Democratic Dictatorship: In Commemoration of the Twenty-Eighth Anniversary of the Communist Party of China," June 30, 1949, Wilson Center Digital Archive, in *Selected Works of Mao Tse-tung,* vol. 4 (Peking: Foreign Languages Press, 1961), 411–423, https://digitalarchive.wilsoncenter.org/document/119300; "Ambassador in China (Stuart)

to Secretary of State," May 13, 1949, in *FRUS, 1949, The Far East: China,* vol. 8, eds. Francis C. Prescott et al. (Washington, DC: US Government Printing Office, 1978), https://history.state.gov/historicaldocuments/frus1949v08/d889. On Cold War developments, see John Lewis Gaddis, *The Cold War: A New History* (New York: Penguin, 2006). 關於毛澤東企圖玩權力政治平衡，見Khan, *Haunted by Chaos*。陳兼的觀點和我不一樣，比我更重視意識型態的角色，見Chen, *Mao's China*.

57 "The United States Representative at the United Nations (Austin) to the Secretary of State," August 17, 1949, in *1949, The Far East: China,* vol. 9, https://history.state.gov/historicaldocuments/frus1949v09/d1451; *China White Paper.*美國政策的混亂程度，林孝庭的*Accidental State*有詳盡敘述，他除了提供許多細節之外，還提到多項企圖推翻蔣介石、卻不成功的計畫。關於美國國內的反共情況，見John Earl Haynes and Harvey Klehr, *Early Cold War Spies: The Espionage Trials that Shaped American Politics* (Cambridge: Cambridge University Press, 2012). 到目前為止，對於「丟掉中國」的辯論及此事對美國外交政策的影響(而且影響還持續到今天)，最深入的記述仍推David Halberstam, *The Best and the Brightest* (New York: Ballantine Books, 1993).

58 "Memorandum of Conversation, by the Secretary of State," January 5, 1950, in *FRUS, 1950, East Asia and the Pacific,* vol. 11, eds. Neal H. Petersen et al. (Washington, DC: US Government Printing Office, 1976), https://history.state.gov/historicaldocuments/frus1950v06/d127.

59 "Editorial note," in 1950, East Asia and the Pacific, vol. 11, https://history.state.gov/historicaldocuments/frus1950v06/d128; "Extract from a Draft Memorandum by the Assistant Secretary of State for Far Eastern Affairs (Rusk) to the Secretary of State," May 30, 1950, in *1950, East Asia and the Pacific*, vol. 11, https://history.state.gov/historicaldocuments/frus1950v06/d183; "Memorandum by the Deputy Special Assistant for Intelligence (Howe) to Mr. W. Park Armstrong,

Special Assistant to the Secretary of State for Intelligence and Research," May 31, 1950, in *1950, East Asia and the Pacific*, vol. 11, https://history.state.gov/historicaldocuments/frus1950v06/d182.

60 John Lewis Gaddis, *Strategies of Containment: A Critical Appraisal of American National Security Policy during the Cold War* (New York: Oxford University Press, 2005).

61 "Remarks by Dean Acheson Before the National Press Club," January 12, 1950, Harry S. Truman Library and Museum (underlining in original text), www.trumanlibrary.gov/library/research-files/remarks-dean-acheson-national-press-club?documentid=NA&pagenumber=2. On motivations for Acheson's speech, see James I. Matray, "Dean Acheson's Press Club Speech Reexamined," *Journal of Conflict Studies* 22, no. 1 (2002): 28–55.

62 見Westad, *Cold War*.

63 Harry S. Truman, *Memoirs*, vol. 1, *Year of Decisions* (New York: Doubleday, 1955); Gaddis, *Cold War*.

64 關於中華人民共和國對它此時被排拒在聯合國之外的態度，見"Struggle to Restore China's Lawful Seat in the United Nations," Ministry of Foreign Affairs of the People's Republic of China, www.fmprc.gov.cn/eng/ziliao _665539/3602_665543/3604_665547/200011/t20001117_697805.html. 蘇聯抵制安理會見諸許多文獻，可參見Gaddis, *Cold War*。

65 Harry S. Truman, *Memoirs*, vol. 2, *Years of Trial and Hope* (New York: Doubleday, 1956), 337. 杜魯門對於他此時做出決定的經過，有詳盡的交代。"The Secretary of State to All Diplomatic and Certain Consular Offices," July 1, 1950, in *1950, East Asia and the Pacific,* vol. 11, https://history.state.gov/historicaldocuments/frus1950v06/d196.

66 Pantsov, *Victorious in Defeat*, 443.

67 "Memorandum of Conversation, by the Ambassador at Large (Jessup)," June 25, 1950, in *FRUS, 1950, Korea,* vol. 7, ed.

John P. Glennon (Washington, DC: US Government Printing Office, 1976), https://history.state.gov/historicaldocuments/frus1950v07/d86.

68 "Extracts of a Memorandum of Conversations, by Mr. W. Averell Harriman, Special Assistant to the President, with General MacArthur in Tokyo on August 6 and 8, 1950," in *1950, East Asia and the Pacific*, vol. 11, https://history.state.gov/historicaldocuments/frus1950v06/d253.

69 Harry S. Truman, "Message to General MacArthur Regarding the Withdrawal of the General's Message to the Veterans of Foreign Wars," August 29, 1950, American Presidency Project, www.presidency.ucsb.edu/node/230181. 關於麥克阿瑟和蔣介石的會談，見林孝庭*Accidental State*。

70 "Memorandum of Conversation, by the Ambassador at Large (Jessup)."

71 見Khan, *Haunted by Chaos*.

72 陳兼的 *Mao's China*.對於事件演進有最精彩的記述。

73 欲知詳情，可參見Westad, *Cold War*。麥克阿瑟的演講稿出自"Gen. Douglas MacArthur's 'Old Soldiers Never Die' Address to Congress," April 19, 1951, Library of Congress, www.loc.gov/resource/mcc.034/?st=gallery.

74 見Chen, *Mao's China*; Khan, *Haunted by Chaos*.

75 關於韓戰，見Chen, *Mao's China*。關於舊金山和約，見Kimie Hara, "50 Years from San Francisco: Re-Examining the Peace Treaty and Japan's Territorial Problems," *Pacific Affairs* 74, no. 3 (2001): 361–382, https://doi.org/10.2307/3557753。蘇聯也沒有簽署舊金山和約。

第二章　在兩個暴政之間抉擇（一九五三年至一九七一年）

1 "No. 115: Memorandum of Discussion at the 237th Meeting of the National Security Council, Washington, February 17, 1955," in *FRUS, 1955–1957, China*, vol. 2, ed. Harriet D. Schwar (Washington, DC: US Government Printing Office, 1986), https://history.state.gov/historicaldocuments/frus1955-57v02/d115. 關於艾森豪是個戰略家和他的決策過程，見William Hitchcock, *The Age of Eisenhower: America and the World in the 1950s* (New York: Simon & Schuster, 2019). 另參見Gaddis, *Cold War*, 以及 *The Long Peace: Inquiries into the History of the Cold War* (Oxford: Oxford University Press, 1989).

2 "No. 139: Memorandum of Conversation," July 9, 1971, in *FRUS, 1969–1976*, vol. 17, *China, 1969–1972*, ed. Steven E. Phillips (Washington, DC: US Government Printing Office, 2006), https://history.state.gov/historicaldocuments/frus1969-76v17/d139. 關於毛澤東的一般戰略，見Khan, *Haunted by Chaos*.

3 "No. 75: Message from the President to the Congress," February 2, 1953, in *FRUS, 1952–1954, China and Japan*, vol. 14, part 1, eds. David W. Mabon and Harriet D. Schwar (Washington, DC: US Government Printing Office, 1985), https://history.state.gov/historicaldocuments/frus1952-54v14p1/d75. 關於麥加錫，馬歇爾和艾森豪，見Halberstam, *The Best and the Brightest*. 關於麥加錫痛批馬歇爾，出自Joseph McCarthy, "The History of George Catlett Marshall, 1951" (speech delivered before the Senate, June 14, 1951), Internet Modern History Sourcebook, Fordham University, https://sourcebooks.fordham.edu/mod/1951mccarthy-marshall.asp.

4 "No. 80: The Ambassador in India (Bowles) to the Department of State," February 10, 1953, in *1952–1954, China and Japan*, vol. 14, part 1, https://history.state.gov/historicaldocuments/frus1952-54v14p1/d80; "No. 73: Memorandum by the Assistant Secretary of State for Far Eastern Affairs (Allison) to the President," February 2, 1953, in *1952–1954, China and*

Japan, vol. 14, part 1, https://history.state.gov/historicaldocuments/frus1952-54v14p1/d73; "No. 76*: The Chargé in the United Kingdom (Holmes) to the* Department of State," February 4, 1953, in *1952–1954, China and Japan*, vol. 14, part 1, https://history.state .gov/historicaldocuments/frus1952-54v14p1/d76.

5 "No. 68: Memorandum of Conversation, by the Assistant Secretary of State for Far Eastern Aairs (Allison)," January 28, 1953, in *1952–1954, China and Japan*, vol. 14, part 1, https://history.state.gov/historicaldocuments/frus1952-54v14p1/d68; "No. 78: The Chief of the Military Assistance Advisory Group, Formosa (Chase) to the Chief of General Staff, Republic of China Taipei," February 5, 1953, in *1952–1954, China and Japan*, vol. 14, part 1, https://history.state.gov/historicaldocuments/frus1952-54v14p1/d78.

6 "No. 74: Memorandum of Conversation, by the Assistant Secretary of State for Far Eastern Affairs (Allison)," February 2, 1953, in *1952–1954, China and Japan*, vol. 14, part 1, https://history.state.gov/historicaldocuments/frus1952-54v14p1/d74; "No. 83: *Memorandum of Conversation, by the Assistant Secretary of State for Far Eastern Affairs (Allison)*," March 19, 1953, in *1952–1954, China and Japan*, vol. 14, part 1, https://history.state.gov/historicaldocuments/frus1952-54v14p1/d83; "No. 86: *Memorandum of the Substance of Discussion at a Department of State–Joint Chiefs of Staff Meeting, Held at the Pentagon, March 27, 1953, 11:30 a.m.*," in *1952–1954, China and Japan*, vol. 14, part 1, https://history.state.gov/historicaldocuments/frus1952-54v14p1/d86.

7 "No. 93: Memorandum of Discussion at the 139th Meeting of the National Security Council, Washington, April 8, 1953," in *1952–1954, China and Japan*, vol. 14, part 1, https://history.state.gov/historicaldocuments/frus1952-54v14p1/d93.

8 "No. 93: Memorandum"; "No. 98: The Ambassador in the Republic of China (Rankin) to the Department of State," April 16, 1953, in *1952–1954, China and Japan*, vol. 14, part 1, https://history.state.gov/historicaldocuments/frus1952-

54v14p1/d98; "No. 95: *Memorandum of the Substance of Discussion at a Department of State–Joint Chiefs of Staff Meeting, Held at the Pentagon, April 10, 1953, 11 a.m.*," in *1952–1954, China and Japan*, vol. 14, part 1, https://history.state.gov/historicaldocuments/frus1952-54v14p1/d95; "No. 101: The Chargé in the Republic of China (Jones) to the Department of State," April 23, 1953, in *1952–1954, China and Japan*, vol. 14, part 1, https://history.state.gov/historicaldocuments/frus1952-54v14p1/d101; "No. 94: *The Ambassador in the Republic of China (Rankin) to the Director of the Office of Chinese Affairs (McConaughy)*," April 10, 1953, in *1952–1954, China and Japan*, vol. 14, part 1, https://history.state.gov/historicaldocuments/frus1952-54v14p1/d94.

9 "No. 216: Memorandum of Telephone Conversation, Prepared in the White House," June 16, 1954, in *1952–1954, China and Japan*, vol. 14, part 1, https://history.state.gov/historicaldocuments/frus1952-54v14p1/d216.

10 "No. 224: The Ambassador in the Republic of China (Rankin) to the Department of State," June 24, 1954, in *1952–1954, China and Japan*, vol. 14, part 1, https://history.state.gov/historicaldocuments/frus1952-54v14p1/d224; "No. 229: The Secretary of State to the Embassy in the Republic of China Washington," July 9, 1954, in *1952–1954, China and Japan*, vol. 14, part 1, https://history.state.gov/historicaldocuments/frus1952-54v14p1/d229; "No. 230: The Chargé in the Republic of China (Cochran) to the Department of State," July 13, 1954, in *1952–1954, China and Japan*, vol. 14, part 1, https://history.state.gov /historicaldocuments/frus1952-54v14p1/d230.

11 "No. 155: The Ambassador in the Republic of China (Rankin) to the Department of State," November 30, 1953, in *1952–1954, China and Japan*, vol. 14, part 1, https://history.state.gov/historicaldocuments/frus1952-54v14p1/d155.

12 "No. 88: Memorandum by the Deputy Under Secretary of State (Matthews) to the Secretary of State," March 31, 1953," in *1952–1954, China and Japan*, vol. 14, part 1, https://history.state.gov/historicaldocuments/frus1952-54v14p1/d88; "No.

97: The President of the Republic of China (Chiang Kai-shek) to President Eisenhower," April 15, 1953, in *1952–1954, China and Japan*, vol. 14, part 1, https://history.state.gov/historicaldocuments/frus1952-54v14p1/d97; "No. 108: The President of the Republic of China (Chiang Kai-shek) to President Eisenhower," June 7, 1953, in *1952–1954, China and Japan*, vol. 14, part 1, https://history.state.gov/historicaldocuments/frus1952-54v14p1/d108. 關於戰俘之談判，見常成 David Cheng Chang, *The Hijacked War: The Story of Chinese POWs in the Korean War* (Stanford, CA: Stanford University Press, 2020).

13 "No. 193: Memorandum of Conversation, by the Director of the Office of Chinese Affairs (McConaughy)," May 19, 1954, in *1952–1954, China and Japan*, vol. 14, part 1, https://history.state.gov/historicaldocuments/frus1952-54v14p1/d193.

14 "No. 262: Memorandum by the Assistant Secretary of State for Far Eastern Affairs (Robertson) to the Secretary of State," August 25, 1954, in *1952–1954, China and Japan*, vol. 14, part 1, https://history.state.gov/historicaldocuments/frus1952-54v14p1 /d262. 東南亞公約組織在許多文獻中都有報導，大略概要見"Southeast Asia Treaty Organization (SEATO), 1954," Milestones: 1953–1960, Office of the Historian, US Department of State, https://history.state.gov/milestones/1953-1960/seato.

15 "No. 269: Memorandum by the Acting Secretary of State to the Assistant Secretary of State for Far Eastern Affairs (Robertson)," September 1, 1954, in *1952–1954, China and Japan*, vol. 14, part 1, https://history.state.gov/historicaldocuments/frus1952-54v14p1/d269.

16 逄先知和中共中央文獻研究室編，《毛澤東年譜》(1949–1976) (北京：中央文獻出版社, 2013), 2:263. 關於毛澤東時期臺灣海峽危機的最佳記述仍是陳兼 Chen, *Mao's China*。另參見Tucker, *Strait Talk*, 以及 Khan, *Haunted by Chaos*.

17 見 Chen, Mao's China.

18 "No. 289: Memorandum of Discussion at the 213th Meeting of the National Security Council, Washington, September 9, 1954," in *1952–1954, China and Japan*, vol. 14, part 1, https://history.state.gov/historicaldocuments/frus1952-54v14p1/d289; "No. 293: *Memorandum of Discussion at the 214th Meeting of the National Security Council, Denver, September 12, 1954*," in *1952–1954, China and Japan,* vol. 14, part 1, https://history.state.gov/historicaldocuments/frus1952-54v14p1/d293; No. 291, *Memorandum by the Chairman of the Joint Chiefs of Staff (Radford) to the Secretary of Defense (Wilson)* Washington, 11 September 1954" in *1952–1954, China and Japan*, vol. 14, part 1.

19 "No. 293: Memorandum of Discussion"; "No. 364: Memorandum of Discussion at the 220th Meeting of the National Security Council, Washington, October 28, 1954," in *1952–1954, China and Japan*, vol. 14, part 1, https://history.state.gov/historicaldocuments/frus1952-54v14p1/d364.

20 "No. 364: Memorandum of Discussion."

21 "No. 362: Memorandum of Conversation, by the Director of the Office of Chinese Affairs (McConaughy)," October 27, 1954, *in 1952–1954, China and Japan*, vol. 14, part 1, https://history.state.gov/historicaldocuments/frus1952 54v14p1/d362; "Mutual Defense Treaty Between the United States and the Republic of China; December 2, 1954," Avalon Project, in *American Foreign Policy 1950–1955*: *Basic Documents*, vols. 1 and 2 (Washington, DC: US Government Printing Office, 1957), https://avalon.law.yale.edu/20th_century/chin001.asp; "No. 375: Memorandum of Discussion at the 221st Meeting of the National Security Council, Washington, November 2, 1954," in *1952–1954, China and Japan*, vol. 14, part 1, https://history.state.gov/historicaldocuments/frus1952-54v14p1/d375.

22 "No. 8: Memorandum of a Conversation, Department of State, Washington, January 12, 1955," in *1955–1957, China*, vol.

2, https://history.state.gov/historicaldocuments/frus1955-57v02/d8; "No. 23: Memorandum of Discussion at the 232nd Meeting of the National Security Council, Washington, January 20, 1955," in *1955–1957, China*, vol. 2, https://history.state.gov/historicaldocuments/frus1955-57v02/d23.

23 "No. 23: Memorandum of Discussion"; "No. 8: Memorandum of a Conversation." 關於毛澤東規畫調度軍事行動，見 Khan, *Haunted by Chaos*.

24 "No. 56: Joint Resolution by the Congress," January 29, 1955, in *1955–1957*, *China*, vol. 2, https://history.state.gov/historicaldocuments/frus1955-57v02/d56; "No. 60: Telegram from the Ambassador in the Republic of China (Rankin) to the Department of State Taipei," January 30, 1955, in 1955–1957, China, vol. 2, https://history.state.gov/historicaldocuments/frus1955-57v02/d60. 國會顯然是在思考現代地緣政治學者所謂的「第一島鏈」，而不是更東邊包括密克羅尼西亞 (Micronesia)在內的第二島鏈。

25 "No. 94: Telegram from the Ambassador in the Republic of China (Rankin) to the Department of State," February 7, 1955, in *1955–1957, China*, vol. 2, https://history.state.gov/historicaldocuments/frus1955-57v02/d94; "No. 115: Memorandum of Discussion."

26 "No. 141: Memorandum of a Conversation Between the President and the Secretary of State, Washington, March 6, 1955, 5:15 p.m.," in *1955–1957, China*, vol. 2, https://history.state.gov/historicaldocuments/frus1955-57v02/d141; "No. 146: Memorandum of Discussion at the 240th Meeting of the National Security Council, Washington, March 10, 1955," in *1955–1957, China*, vol. 2, https://history.state.gov/historicaldocuments/frus1955-57v02/d146; "No. 185. Memorandum from the Under Secretary of State (Hoover) to the Secretary of State," April 1, 1955, in *1955–1957, China*, vol. 2, https://history.state.gov/historicaldocuments/frus1955-57v02/d185.

27 見Chen, *Mao's China*, 以及 Khan, *Haunted by Chaos*.

28 "No. 219: Message from the Assistant Secretary of State for Far Eastern Affairs (Robertson) to the Secretary of State," April 25, 1955, in *1955–1957, China*, vol. 2, https://history.state.gov/historicaldocuments/frus1955-57v02/d219.

29 見Chen, *Mao's China*, 180的引句。

30 此處資訊和前段資訊引自Chen, *Mao's China*, 以及Khan, *Haunted by Chaos*.

31 Khan, *Haunted by Chaos*.

32 "No. 28: Memorandum of Meeting," August 8, 1958, in *FRUS, 1958–1960, China*, vol. 19, ed. Harriet Dashiell Schwar (Washington, DC: US Government Printing Office, 1996), https://history.state.gov/historicaldocuments/frus1958-60v19/d28; "No. 43: Memorandum of Meeting," August 25, 1958, in *1958–1960, China*, vol. 19, https://history.state.gov/historicaldocuments/frus1958-60v19/d43; "No. 67: Memorandum Prepared by Secretary of State Dulles," September 4, 1958, in *1958–1960, China*, vol. 19, https://history.state.gov/historicaldocuments/frus1958-60v19/d67.

33 "No. 185: Draft Talking Paper Prepared by Secretary of State Dulles," October 13, 1958, in *1958–1960, China*, vol. 19, https://history.state.gov/ historicaldocuments/frus1958-60v19/d185; "No. 59. Telegram from the Embassy in the Republic of China to the Department of State," September 1, 1958, in *1958–1960, China*, vol. 19, https://history. state.gov/historicaldocuments/frus1958-60v19/d59; "No. 203: Memorandum of Conversation," October 22, 1958, in *1958–1960, China*, vol. 19, https://history.state.gov/historicaldocuments/frus1958-60v19/d203; "No. 204: Memorandum of Conversation," October 22, 1958, in *1958–1960, China*, vol. 19, https://history.state.gov/historicaldocuments/frus1958-60v19/d204; "No. 210: Telegram from Secretary of State Dulles to the Department of State," October 23, 1958, in *1958–1960, China*, vol. 19, https://history.state.gov/historicaldocuments/frus1958-60v19/d210.

34 Chen, *Mao's China*; "The Taiwan Straits Crises: 1954–55 and 1958," Milestones: 1953–1960, Office of the Historian, US Department of State, https://history.state.gov /milestones/1953-1960/taiwan-strait-crises.

35 "No. 256: Memorandum of Discussion at the 211th Meeting of the National Security Council, Washington, August 18, 1954," in 1952–1954, China and Japan, vol. 14, part 1, https://history.state.gov/historicaldocuments/frus1952-54v14p1/d256; "No. 146: Memorandum by the Director of the Office of Chinese Affairs (McConaughy) to the Assistant Secretary of State for Far Eastern Aairs (Robertson)," November 4, 1953, in *1952–1954, China and Japan*, vol. 14, part 1, https://history.state.gov/historicaldocuments/frus1952-54v14p1/d146.

36 "No. 144: Memorandum by the Regional Planning Adviser for Far Eastern Aairs (Ogburn) to the Director of the Office of Chinese Affairs (McConaughy)," October 30, 1953, in *1952–1954, China and Japan,* vol. 14, part 1, https://history.state.gov/historicaldocuments/frus1952-54v14p1/d144; "No. 185: Memorandum of Discussion at the 193rd Meeting of the National Security Council, Washington, April 13, 1954," in *1952–1954, China and Japan*, vol. 14, part 1, https://history.state.gov/historicaldocuments/frus1952-54v14p1/d185; "No. 419: Memorandum of Discussion at the 226th Meeting of the National Security Council, Washington, December 1, 1954," in *1952–1954, China and Japan*, vol. 14, part 1, https://history.state.gov/historicaldocuments/frus1952-54v14p1/d419; "No. 375: Memorandum of Discussion at the 221st Meeting of the National Security Council, Washington, November 2, 1954," in *1952–1954, China and Japan*, vol. 14, part 1, https://history.state.gov/historicaldocuments/frus1952-54v14p1/d375. 關於艾森豪和杜勒斯試圖透過施壓，促使蘇聯和中國分裂的計謀，見Gaddis, *Long Peace*. 這個計畫並沒有經過細密規畫。

37 Tucker, *Strait Talk* 提供很好的綜述。關於中蘇分裂，見Sergey Radchenko, *Two Suns in the Heavens: The Sino-Soviet Struggle for Supremacy, 1962–1967* (Stanford, CA: Stanford University Press, 2009)，以及 Lorenz M. Lüthi, *The Sino-*

Soviet Split: Cold War in the Communist World (Princeton, NJ: Princeton University Press, 2008). 關於美國對中蘇關係的評估，見Gaddis, *Strategies of Containment*, 以及Halberstam, *Best and the Brightest*比較嚴苛的觀點。

38 見Khan, *Haunted by Chaos*.

39 Li Jian, *Liang an mou he zuji zhuizong* (Beijing: Huawen, 1996), 73–74. 另參見宮力 Gong Li, "Tension Across the Taiwan Strait in the 1950s Chinese Strategy and Tactics," in *Re-examining the Cold War: US-China Diplomacy, 1954–1973*, eds. Robert S. Ross and Changbin Jiang (Leiden, Netherlands: Brill, 2020)。Tucker, *Strait Talk* 指出，美國知道蔣介石可能和中國共產黨有密使往來。關於西藏，見 Liu Xiaoyuan, *To the End of Revolution: The Chinese Communist Party and Tibet, 1949–1959* (New York: Columbia University Press, 2019), 以及 Sulmaan Wasif Khan, *Muslim, Trader, Nomad, Spy* (Chapel Hill: University of North Carolina Press, 2015).

40 Li, *Liang an*, 140–162.

41 Li, Liang an, 166–171.

42 CCP Central Committee, "Central Committee Issues the Central Propaganda Department's 'Report on the Basic Conditions of and Suggestions for Improvement of Propaganda Work Towards Taiwan,'" February 26, 1956, trans. Simon Schuchat, Wilson Center Digital Archive, Fujian Provincial Archives, 101-5-814, 18-24, https://digitalarchive.wilsoncenter.org/document/cable-ccp-central-committee-central-committee-issues-central-propaganda-departments-report.

43 "No. 260: Memorandum of a Conversation, Taipei, May 27, 1957," in *FRUS, 1955–1957, China*, vol. 3, eds. Harriet D. Schwar and Louis J. Smith (Washington, DC: US Government Printing Office, 1986), https://history.state.gov/historicaldocuments /frus1955-57v03/d260; "No. 259: Telegram from the Ambassador in the Republic of China (Rankin) to the Department of State," May 26, 1957, in *1955–1957, China*, vol. 3, https://history.state.gov/historicaldocuments/

frus1955-57v03/d259; “No. 261: Memorandum of Discussion at the 325th Meeting of the National Security Council, Washington, May 27, 1957,” in *1955–1957, China*, vol. 3, https://history.state.gov/historicaldocuments/frus1955-57v03/d261. 另參見Han Cheung, “Taiwan in Time: A ‘Great National Shame,’” *Taipei Times*, May 20, 2018, https://www.taipeitimes.com/News/feat/archives/2018/05/20/2003693380.

44 “No. 53: Telegram from the Embassy in Poland to the Department of State,” August 16, 1961, in *FRUS, 1961–1963*, vol. 22, *Northeast Asia*, eds. Edward C. Keefer, David W. Mabon, and Harriet Dashiell Schwar (Washington, DC: US Government Printing Office, 1996), https://history.state.gov/historicaldocuments/frus1961-63v22/d53. 關於華沙會談最佳評述是 Yafeng Xia, *Negotiating with the Enemy: U.S.-China Talks During the Cold War, 1949–1972* (Bloomington: Indiana University Press, 2006).

45 “No. 119: Memorandum from the Director of the Bureau of Intelligence and Research (Hilsman) to Secretary of State Rusk,” June 18, 1962, in *1961–1963*, vol. 22, *Northeast Asia*, https://history.state.gov/historicaldocuments/frus1961-63v22/d119; “No. 131: Telegram from the Embassy in Poland to the Department of State,” June 23, 1962, in *1961–1963*, vol. 22, *Northeast Asia*, https://history.state.gov/historicaldocuments/frus1961-63v22/d131. 關於蔣介石的反攻計畫，見Khan, *Muslim, Trader*.

46 “No. 156: Telegram from the Consulate General at Singapore to the Department of State,” November 13, 1962, in *1961–1963*, vol. 22, *Northeast Asia*, https://history.state.gov/historicaldocuments/frus1961-63v22/d156; “No. 145: Telegram from the Department of State to the Embassy in the Republic of China,” July 28, 1962, in *1961–1963*, vol. 22, *Northeast Asia*, https://history.state.gov/historicaldocuments/frus1961-63v22/d145.

47 關於季辛吉的文獻汗牛充棟。做為起點，可參見John Lewis Gaddis, “Rescuing Choice from Circumstance: The

Statecraft of Henry Kissinger," in *The Diplomats, 1939–1979*, eds. Gordon A. Craig and Francis L. Loewenheim (Princeton, NJ: Princeton University Press, 1994)。季辛吉本人對俾斯麥的研究仍值得拜讀，見 Henry Kissinger, "The White Revolutionary: *Reflections* on Bismarck," *Daedalus* 97, no. 3 (Summer 1968): 888–924.

48 "No. 163: Memorandum of Discussion at the 177th Meeting of the National Security Council, Washington, December 23, 1953," in *1952–1954, China and Japan*, vol. 14, part 1, https://history.state.gov/historicaldocuments/frus1952-54v14p1/d163; US Assistant to the President for National Security Affairs, "Meeting Between the President, Ambassador Chow, and Henry A. Kissinger (U.S. Relations with China and Taiwan; Includes Action Memorandum Entitled 'Chinese Representation at the United Nations')," April 12, 1971, Digital National Security Archive, ProQuest, accessed April 26, 2023. 另參見 Elis Eastmund (@eliseastmund1030), "There's an Old Vulcan Proverb…… 'Only Nixon Could Go to China'," YouTube, September 5, 2016, www.youtube.com/watch?v=X_gwnFSFzv0.

49 White House, "Meeting Between Henry Kissinger and Zhou Enlai," July 9, 1971, Digital National Security Archive, ProQuest, accessed April 26, 2023; "Communiqué [Meeting of Henry Kissinger and Zhou Enlai]," October 25, 1971, Digital National Security Archive.

50 "Kissinger Transcripts, Memorandum of Conversation," November 12, 1973, Digital National Security Archive; "No. 203: Joint Statement Following Discussions with Leaders of the People's Republic of China," February 27, 1972, in *FRUS, 1969–1976*, vol. 17, *China, 1969–1972*, ed. Steven E. Phillips (Washington, DC: US Government Printing Office, 2006), https://history.state.gov/historicaldocuments/frus1969-76v17/d203.

51 Tucker, *Strait Talk*在此對季辛吉的批評堪稱允當。

52 林孝庭《意外的國度》對經濟改革有允當的評述；另參見陳誠和何智霖，《陳誠先生回憶錄:六十自述》(臺北:

國史館, 2012), 885. 蔣介石的治理原則見他本人所著《中國之命運》。關於今天「自由中國」可悲的前景，見 Danielle Pletka and Marc Thiessen, "Like It or Not, Taiwan Is Free China," American Enterprise Institute, April 20, 2020, www.aei.org/foreign-and-defense-policy/like-it-or-not-taiwan-is-free-china/. "No. 141: Memorandum for the Files, by the Director of the Office of Chinese Affairs (McConaughy)," November 13, 1953, in *1952–1954, China and Japan*, vol. 14, part 1, https://history.state.gov/historicaldocuments/frus1952-54v14p1/d141.

53 Taiwan National Archives, A383130000C/0059/215/008/1/003; Taiwan National Archives, A303000000B/0047/006.3/008/1/041; 史明，《史明回憶錄》467–468.

54 《毛澤東年譜》卷二，二六三頁。關於群眾動員，見陳兼Chen, *Mao's China*.

55 彭明敏《自由的滋味》，101–199; Memoranda for the President Beginning February 20, 1972, National Archives, Nixon Presidential Materials Project, White House Special Files, President's Office Files, box 87, https://nsarchive2.gwu.edu/NSAEBB/NSAEBB106/NZ-3.pdf.

56 Memoranda for the President Beginning February 20, 1972.

57 Jill Lepore, *These Truths: A History of the United States* (New York: W. W. Norton, 2018); John W. Finney, "Nixon Wins Broad Approval of Congress on China Talks but Some Criticism Arises," *New York Times*, February 29, 1972; "Richard Nixon and Ronald W. Reagan on 26 October 1971," transcript, eds. Ken Hughes et al., Presidential Recordings Digital Edition, University of Virginia, https://prde.upress.virginia.edu/conversations/4002192.

第三章　走向另一次危機（一九七一年至一九九六年）

1 "No. 20: Conversation Between President Nixon and His Assistant for National Security Affairs (Kissinger)," March 12,

1973, in *FRUS, 1969–1976*, vol. 18, *China, 1973–1976*, ed. David P. Nickles (Washington, DC: US Government Printing Office, 2007), https://history.state.gov/historicaldocuments/frus1969-76v18/d20.

2 關於中國在毛澤東和鄧小平身後所受的影響，見傅高義Ezra Vogel, *Deng Xiaoping and the Transformation of China* (Cambridge, MA: Harvard University Press, 2011). 鄧小平沒有立刻接班，在毛澤東去世後繼任最高領導人；華國鋒接棒，是毛主席的接班人。

3 . "No. 5: Conversation Between President Nixon and His Assistant for National Security Affairs (Kissinger)," February 1, 1973, in vol. 18, *China, 1973–1976*, https://history.state.gov/historicaldocuments/frus1969-76v18/d5; "No. 43: Memorandum of Conversation," July 19, 1973, in vol. 18, *China, 1973–1976*, https://history.state.gov/historicaldocuments/frus1969-76v18/d43. 關於日本對「一中」原則之理解，見Adam Li, "Japan, Taiwan and the 'One China' Framework after 50 Years," *China Quarterly* 252 (2022): 1066–1093, https://doi.org/10.1017/S0305741022001357.

4 "No. 9: Memorandum of Conversation," February 16, 1973, in vol. 18, *China, 1973–1976*, https://history.state.gov/historicaldocuments/frus1969-76v18/d9; "No. 10: Memorandum of Conversation," February 17, 1973, in vol. 18, *China, 1973–1976*, https://history.state.gov/historicaldocuments/frus1969-76v18/d10. 關於美軍部隊人數，見 "Does America Have Troops in Taiwan?," *Economist*, October 8, 2021, www.economist.com/the-economist-explains/2021/10/08/does-america-have-troops-in-taiwan; "US Military Bases in Taiwan," GlobalSecurity.org, www.globalsecurity.org/military/facility/taiwan.htm; and CIA, "Mr. Nixon and Taiwan," Freedom of Information Act Reading Room, December 9, 2016, www.cia.gov/readingroom/document/cia-rdp80-01601r000800180001-7.

5 "No. 43: Memorandum of Conversation."

6 “No. 41: Memorandum of Conversation,” July 6, 1973, in vol. 18, *China, 1973–1976*, https://history.state.gov/historicaldocuments/frus1969-76v18/d41. 關於周恩來在這段時期案牘勞形的最權威消息來源是陳兼的新作Chen Jian, *Zhou Enlai: A Life* (Cambridge, MA: Harvard University Press, 2024)。另參見 Khan, *Haunted by Chaos*, 以及 Tucker, *Strait Talk*.

7 “No. 56: Memorandum of Conversation,” Beijing, November 11, 1973 in vol. 18, *China, 1973–1976*, https://history.state.gov/historicaldocuments/frus1969-76v18/d56; “No: 59: Memorandum of Conversation,” November 13, 1973, in vol. 18, *China, 1973–1976*, https:// history.state.gov/historicaldocuments/frus1969-76v18/d59; “No. 62: Memorandum from the President’s Assistant for National Security Affairs (Kissinger) to President Nixon,” November 19, 1973, in vol. 18, *China, 1973–1976*, https://history.state.gov/historicaldocuments/frus1969-76v18/d62.

8 “No. 78: Memorandum of Conversation,” April 14, 1974, in vol. 18, *China, 1973–1976*, https://history.state.gov/historicaldocuments/frus1969-76v18/d78.

9 “No. 94: Memorandum of Conversation,” November 26, 1974, in vol. 18, *China, 1973–1976*, https://history.state.gov/historicaldocuments/frus1969-76v18/d94; “No. 95: Memorandum of Conversation,” November 27, 1974, in vol. 18, *China, 1973–1976*, https:// history.state.gov/historicaldocuments/frus1969-76v18/d95.

10 “No. 112: Memorandum from the Assistant Secretary of State for East Asian and Pacific Affairs (Habib), the Deputy Assistant Secretary of State for East Asian and Pacific Affairs (Gleysteen), the Director of the Policy Planning Staff (Lord), and Richard H. Solomon of the National Security Council Staff to Secretary of State Kissinger,” July 3, 1975, in vol. 18, *China, 1973–1976*, https://history.state.gov/historicaldocuments/frus1969-76v18/d112; “No. 120: Memorandum of Conversation,” October 17, 1975, in vol. 18, *China, 1973–1976*, https://history.state.gov/historicaldocuments/frus1969-

76v18/d120; "No. 129: Memorandum of Conversation," October 25, 1975, in vol. 18, *China, 1973–1976*, https://history.state.gov/historicaldocuments/frus1969-76v18/d129; "No. 125: Memorandum of Conversation," October 22, 1975, in vol. 18, *China, 1973–1976*, https://history.state.gov/historicaldocuments/frus1969-76v18/d125; "No. 137: Memorandum of Conversation," December 4, 1975, in vol. 18, *China, 1973–1976*, https://history.state.gov/historicaldocuments/frus1969-76v18/d137; "No. 133: Editorial Note," in vol. 18, *China, 1973–1976*, https://history.state.gov/historicaldocuments/frus1969-76v18/d133.

11 "Chiang Kai-shek Is Dead in Taipei at 87; Last of Allied Big Four of World War II," *New York Times*, April 6, 1975, www.nytimes.com/1975/04/06/archives/chiang-kaishek-is-dead-in-taipei-at-87-last-of-allied-big-four-of.html. 關於高華德的角色，見Tucker, *Strait Talk*.

12 包德甫Fox Butterfield, "Free Congressional Trips to Taiwan Are Linked to the Nationalist Government," *New York Times*, October 18, 1975; "No. 40: Memorandum from the President's Assistant for National Security Affairs (Brzezinski) to President Carter," July 29, 1977, in *FRUS, 1977–1980*, vol. 13, *China*, ed. David P. Nickles (Washington, DC: US Government Printing Office, 2013), https://history.state.gov/historicaldocuments/frus1977-80v13/d40; "Republican Party Platform of 1976," August 18, 1976, American Presidency Project, www.presidency.ucsb.edu/documents/republican-party-platform-1976; "No. 153: Memorandum for the Record," August 25, 1976, in vol. 18, *China, 1973–1976,* https://history.state.gov/historicaldocuments/frus1969-76v18/d153; "Presidential Campaign Debate Between Gerald R. Ford and Jimmy Carter," October 6, 1976, Gerald R. Ford Presidential Library and Museum, www.fordlibrarymuseum.gov/library/speeches/760854.asp; "No. 203: Joint Statement Following Discussions with Leaders of the People's Republic of China," February 27, 1972, in vol. 18, *China, 1973–1976,* https://history.state.gov/historicaldocuments/frus1969-76*v17*/d203;

"No. 157. Memorandum of Conversation," October 8, 1976, in vol. 18, *China, 1973–1976*, https://history.state.gov/historicaldocuments/frus1969-76v18/d157. 關於高華德，見Tucker, *Strait Talk*.

13 "No. 137: Memorandum of Conversation," December 4, 1975, in vol. 18, *China, 1973–1976*, https://history.state.gov/historicaldocuments/frus1969-76v18/d137; "No. 2: Memorandum of Conversation," January 8, 1977, in *1977–1980*, vol. 13, *China*, https://history.state.gov/historicaldocuments/frus1977-80v13/d2; "No. 28: Memorandum from the President's Assistant for National Security Affairs (Brzezinski) to President Carter," May 24, 1977, in *1977–1980*, vol. 13, *China*, https://history.state.gov/historicaldocuments/frus1977-80v13/d28.

14 "No. 41: Memorandum of Conversation," July 30, 1977, in *1977–1980*, vol. 13, *China*, https://history.state.gov/historicaldocuments/frus1977-80v13/d41.

15 "No. 50: Memorandum of Conversation," August 24, 1977, in *1977–1980*, vol. 13, *China*, https://history.state.gov/historicaldocuments/frus1977-80v13/d50.

16 "No. 110: Memorandum of Conversation," May 21, 1978, in *1977–1980*, vol. 13, *China*, https://history.state.gov/historicaldocuments/frus1977-80v13/d110.

17 "No. 154: Memorandum from the Joint Chiefs of Staff to Secretary of Defense Brown," November 20, 1978, in *1977–1980*, vol. 13, *China*, https://history.state.gov/historicaldocuments/frus1977-80v13/d154; "No. 170: Backchannel Message from the Chief of the Liaison Office in China (Woodcock) to Secretary of State Vance and the President's Assistant for National Security Affairs (Brzezinski)," December 15, 1978, in *1977–1980*, vol. 13, *China*, https://history.state.gov/historicaldocuments/frus1977-80v13/d170. "No. 168: Backchannel Message from the Chief of the Liaison Office in China (Woodcock) to Secretary of State Vance and the President's Assistant for National Security Affairs (Brzezinski)," December

14, 1978, in *1977–1980*, vol. 13, *China*, https://history.state.gov/historicaldocuments/frus1977-80v13/d168.

18 Tucker, *Strait Talk*; "No. 230: Telegram from the Embassy in China to the Department of State," March 16, 1979, in *1977–1980,* vol. 13, *China*, https://history.state.gov/historicaldocuments/frus1977-80v13/d230.

19 Goldwater v. Carter, 444 U.S. 996 (1979), 於一九七九年十二月十三日經聯邦最高法院以六比三票做出裁決；Taiwan Relations Act, H. R. 2479, 96th Cong. (1979), www.congress.gov/bill/96th-congress/house-bill/2479; "No. 264: Memorandum of Conversation," August 27, 1979, in *1977–1980*, vol. 13, *China*, https://history.state.gov/historicaldocuments/frus1977-80v13/d264.

20 見Tucker, *Strait Talk*.

21 關於雷根在中國政策上的冒險，見Tucker, *Strait Talk*, 以及Vogel, Deng Xiaoping. 六大保證日後的發展，詳見Susan V. Lawrence, "President Reagan's Six Assurances to Taiwan," Congressional Research Service, 最新版本修訂於二〇二三年六月十三日，https://sgp.fas.org/crs/row/IF11665.pdf.

22 "Meeting with China's Ambassador Zhu Qizhen," memorandum of conversation, June 25, 1991, George H. W. Bush Presidential Library and Museum, https://bush41library.tamu.edu/les/memcons-telcons/1991-06-25--Qizhen.pdf.

23 "No. 7: Telegram from the Department of State to the Embassy in the Republic of China," February 10, 1977, in *1977–1980*, vol. 13, *China*, https://history.state.gov/historicaldocuments/frus1977-80v13/d7. 關於和蘇聯的接觸，見林孝庭Hsiao-ting Lin, *Taiwan, the United States, and the Hidden History of the Cold War in Asia* (New York: Routledge, 2022). 關於蘇聯這段時期在亞洲的倡議，可參見Sergey Radchenko, *Unwanted Visionaries: The Soviet Failure in Asia at the End of the Cold War* (Oxford: Oxford University Press, 2014). 鄧小平不關心臺灣和蘇聯修好的可能性，在他與布里辛斯基的談話中表露清楚，見 "No. 110: Memorandum of Conversation," May 21, 1978, in *1977–1980*, vol. 13,

China, https://history.state.gov/historicaldocuments/frus1977-80v13/d110.

24 關於核武器，見David Albright and Andrea Stricker, *Taiwan's Former Nuclear Weapons Program: Nuclear Weapons On-Demand* (Washington, DC: Institute for Science and International Security, 2018), https://isis-online.org/uploads/isis-reports/documents/TaiwansFormerNuclearWeaponsProgram_POD_color_withCover.pdf.

25 關於中國對此一時期美國對臺政策的評論，見Khan, *Haunted by Chaos*.

26 近年對兩岸經濟關係最佳的研究，是任雪麗Shelley Rigger極具洞見的專著*The Tiger Leading the Dragon: How Taiwan Propelled China's Economic Rise* (Lanham, MD: Rowman & Littlefield, 2021)。鄧小平的整體政策可參見傅高義Vogel, *Deng Xiaoping*.

27 Rigger, *Tiger Leading the Dragon*. 統計數字摘自寶貴的一篇論文Weng Cheng Shou, "Taishang touzi dalu de huigu yu zhangwang," *Jingji xue dongtai* (July 1995).〇〇〇，〈臺商投資大陸的回顧與展望〉《經濟學動態》(1955年7月)

28 關於西藏，見 Xiaoyuan Liu的權威專著*To the End of Revolution: The Chinese Communist Party and Tibet, 1949–1959* (New York: Columbia University Press, 2020). 關於「一國兩制」的資訊摘自Khan, *Muslim, Trader* 以及 *Haunted by Chaos*.

29 見 Khan, *Haunted by Chaos*.

30 葉劍英的承諾，見 Li, *Liang An*, 262.

31 關於蔣經國，見*Taylor, Generalissimo's Son*〔中文版，林添貴譯，陶涵《蔣經國傳》(臺北：時報文化)。J. Bruce Jacobs, *The Kaohsiung Incident in Taiwan and Memoirs of a Foreign Big Beard* (Leiden, Netherlands: Brill, 2016), 是對高雄事件及其後續發展第一流的評述。

32 Zhen Lei and Zheng Fu, *Lei Zhen yu Zi you Zhongguo: Lei Zhen wen xuan* (Taipei: Gui guan tu shu gu fen you xian gong

si: Fa xing Jiu bo tu shu gu fen you xian gong si, 1989). 雷震和傅正，《雷震與自由中國：雷震文選》(臺北：桂冠圖書股份有限公司，1989)

33 最佳的資訊來源是家博Jacobs, *Kaohsiung Incident*，我依賴它敘述一九七八年選舉故事，以及緝捕美麗島事件涉案人士經過。關於選舉，見John F. Copper, "Taiwan's Recent Elections: Fullling the Democratic Promise," Maryland Series in Contemporary Asian Studies1990, no. 6 (1990): 1.

34 Jacobs, *Kaohsiung Incident*.

35 Weimin Liao, *Wo de dang wai qing chun: dang wai za zhi de gu shi* (Taipei: Yun chen wen hua shi ye gu fen you xian gong si, 2015), 57; Jacobs, *Kaohsiung Incident*. 廖為民，《我的黨外青春：黨外雜誌的故事》(臺北：允晨文化實業股份有限公司，2015)

36 Taylor, *Generalissimo's Son*.

37 Yung Wei, "Recognition of Divided States: Implication and Application of Concepts of Multi-System Nations, Political Entities, and Intra-National Commonwealth," *International Lawyer* 34, no. 3 (2000): 997–1011.

38 Li, *Liang An*, 326–377; "KMT Gives Boot to Hu for Talking to Reds," *Taiwan Today*, September 26, 1988.

39 Khan, *Haunted by Chaos*; Mark Arax, "Rooted in Taiwan Connection: The Plot to Kill Henry Liu—Slayers Confess Details," *Los Angeles Times*, March 3, 1985; Taylor, *Generalissimo's Son*; Bryan Curtis, *Taiwan Releases Prisoners*, January 1, 1991, UPI, https://www.upi.com/Archives/1991/01/01/Taiwan-releases-prisoners/ 3580662706000/; Ming-sho Ho, "Changing Memory of the Tiananmen Incident in Taiwan: From Patriotism to Universal Values (1989–2019)," *China Information* 36, no. 1 (November 24, 2020): 90–111, https://doi.org/10.1177/0920203X20971454; Eric Pace, "Chiang Ching-kuo Dies at 77, Ending a Dynasty on Taiwan," *New York Times*, January 14, 1988, www.nytimes.com/1988/01/14/

obituaries/chiang-ching-kuo-dies-at-77-ending-a -dynasty -on-taiwa.html.

40 Pace, "Chiang Ching-kuo Dies"; Taylor, *Generalissimo's Son*; Tucker, *Strait Talk*.

41 Taylor, *Generalissimo's Son*; Pace, "Chiang Ching-kuo Dies."

42 李登輝、國史館，《見證臺灣：蔣經國總統與我》(臺北：允晨文化實業股份有限公司，2004)；Lee Teng-hui, *The Road to Democracy: Taiwan's Pursuit of Identity* (Tokyo: PHP Institute, 1999);〔中文版《臺灣的主張》(台北：遠流，1999); Taylor, *Generalissimo's Son*. Lee himself is still crying out for the biography he deserves.

43 李登輝，《見證臺灣》, 258. 另參見Taylor, *The Generalissimo's Son*.

44 此處及前段的資訊來自李登輝《臺灣的主張》；"Lee Teng-hui (7th–9th Terms)," Presidents Since 1947, Office of the President Republic of China (Taiwan), https://english.president.gov.tw/Page/86. 關於李登輝的政治縱橫運作，見家博J. Bruce Jacobs, "Democratisation in Taiwan Revisited," *Asian Studies Review* 21, no. 2–3 (1997): 149–157, https://doi.org/10.1080/03147539708713169. 關於國是會議，除了家博前述文章外，見*Hearing Before the Subcommittee on Asian and Pacific Affairs of the Committee on Foreign Affairs House of Representatives: One Hundred First Congress, Second Session, October 11, 1990* (Washington, DC: US Government Printing Office, 1991), https://digitalcommons.law.umaryland. edu/cgi/viewcontent.cgi?article=1025&context=cong_test. 關於野百合運動，見Han Cheung, "Taiwan in Time: The 'Communist Rebellion' Finally Ends," *Taipei Times*, April 25, 2021, www.taipeitimes.com/News/feat/archives/2021/04/25/2003756299. 關於郝柏村，見the obituary at Aaron Tu and Jake Chung, "Former Premier Hau Pei-tsun Passes Away at Age 100," *Taipei Times*, March 31, 2020, www.taipeitimes.com/News/taiwan/archives/2020/03/31/2003733717.

45 Additional Articles of the Constitution of the Republic of China, Office of the President, June 10, 2005, https://law.moj.

gov.tw/ENG/LawClass/LawAll.aspx?pcode =A0000002; Lee Teng-hui, "Building a Democracy for Unification," *World Affairs* 155, no. 3 (1993): 130–131, https://heinonline.org/HOL/LandingPage?handle =hein.journals/wrldaf155&div=28&id=&page=.

46 Lee, "Building a Democracy"; 林夏如Lin, *Taiwan's China Dilemma*; Lee, *Road to Democracy*.

47 Lee, *Road to Democracy*. 另參見Tucker, *Strait Talk*; 以及Jyh-Jia Chen, "Reforming Textbooks, Reshaping School Knowledge: Taiwan's Textbook Deregulation in the 1990s," *Pedagogy, Culture & Society* 10, no. 1 (2002), 39–72, doi.org/10.1080/14681360200200129.

48 Li, *Liang An*.

49 最好的評述是Tucker, *Strait Talk*。我對李登輝的技巧和國會動機的解讀與她的觀點略有不同，但遵循她的基本說法。關於大國不容他人頤指氣使的觀念來自Paul Kennedy，而他是受到A. J. P. Taylor的啟發。

50 "Pres. Lee Teng-Hui, Cornell University Commencement Address, June 9, 1995," USC US-China Institute, https://china.usc.edu/pres-lee-teng-hui-cornell-university-commencement-address-june-9-1995. 關於中國和民主政體，見Merle Goldman, *Sowing the Seeds of Democracy in China: Political Reform in the Deng Xiaoping Era* (Cambridge, MA: Harvard University Press, 1995).

51 Robert Ross, "The 1995–96 Taiwan Strait Confrontation: Coercion, Credibility, and the Use of Force," *International Security* 25, no. 2 (2000): 87–123.

52 National Security Council and NSC Records Management System, "Declassified Documents Regarding President Jiang Zemin of China," *Clinton Digital Library*, accessed November 25, 2023, https://clinton.presidentiallibraries.us/items/show/118735; Ross, "The 1995–96 Taiwan Strait Confrontation." 另參見 Khan, *Haunted by Chaos*. 此處有關一九九五

年至一九九六年危機的經過取材自這些來源。

53 這方面的論述很多。見鄭敦仁Tun-jen Cheng, "Taiwan in 1996: From Euphoria to Melodrama," *Asian Survey* 37, no. 1 (1997): 43–51; 邰培德Patrick Tyler, "Taiwan's Leader Wins Its Election and a Mandate," *New York Times*, March 24, 1996.

54 Ross, "1995–96 Taiwan Strait Confrontation"; Khan, *Haunted by Chaos*.

55 Lee, *Road to Democracy*, 131; Barton Gellman, "US and China Nearly Came to Blows in '96," *Washington Post*, June 21, 1998.

第四章　臺灣民主化與政黨輪替（一九九六至二〇二〇年）

1 這個詞彙是佐立克 (Robert Zoellick) 二〇〇五年在美中關係全國委員會(National Committee on US-China Relations) 演講時首創提出，見 "Whither China? From Membership to Responsibility," https://www.ncuscr.org/wpcontent/uploads/2020/04/migration_Zoellick_remarks_notes06_winter_spring.pdf.

2 "Memorandum of Conversation—Vice President Al Gore and President Jiang Zemin of China," November 16, 1998, Clinton Digital Library, https://clinton.presidentiallibraries.us/items/show/101542; 潘文John Pomfret, "Taiwanese Negotiator, Jiang Meet in Beijing," *Washington Post*, October 19, 1998, www.washingtonpost.com/wp-srv/inatl/longterm/china/stories/meeting101998.htm. 關於柯林頓和江澤民的對話，見Khan, *Haunted by Chaos*.

3 Lee, *Road to Democracy*, 120–133; Lijun Sheng, "Lee Teng-hui and the 'Two-States' Theory," in *China and Taiwan: Cross-Strait Relations Under Chen Shui-bian* (Singapore: ISEAS-Yusof Ishak Institute, 2002), 11–39.

4 "Lee Teng-hui (7th–9th Terms)"; Han Cheung, "Taiwan in Time: 228, After the Apology," *Taipei Times*, February 24,

2019, www.taipeitimes.com/News/feat/archives /2019/02/24/2003710307.

5 "Chen Shui-bian (10th–11th Terms)," Presidents Since 1947, Office of the President Republic of China (Taiwan), https://english.president.gov.tw/Page/87; John F. Copper, *Taiwan's 2000 Presidential and Vice Presidential Election: Consolidating Democracy and Creating a New Era of Politics* (Baltimore: University of Maryland School of Law, 2000), https://digitalcommons.law.umaryland.edu/cgi/viewcontent.cgi?article=1156&context=mscas. 關於民進黨的發展，見任雪麗 Shelley Rigger, *From Opposition to Power* (Boulder, CO: Lynne Rienner, 2001).

6 Zhu Rongji press conference, March 15, 2000, www.gov.cn/gongbao/content /2000/content_60076.htm.

7 見Copper, *Taiwan's 2000 Presidential and Vice Presidential Election.*

8 Chen Shui-bian, "Taiwan Stands Up: Presidential Inauguration Address," May 20, 2000, USC US-China Institute, https://china.usc.edu/chen-shui-bian-"taiwan-stands -presidential-inauguration-address"-may-20-2000.

9 關於民進黨黨內派系狀況，Rigger, *From Opposition to Power*有最佳評述。關於臺灣團結聯盟的情況，見Lin Chieh-yu and Crystal Hsu, "Party with Ties to Lee Picks Name," *Taipei Times,* July 25, 2001, https://www.taipeitimes.com/News/front/archives/2001/07/25/0000095588.

10 Tucker, *Strait Talk.*

11 小布希的話引自Tucker, *Strait Talk,* and Shirley A. Kan, "China/Taiwan: Evolution of the 'One China' Policy—Key Statements from Washington, Beijing, and Taipei," Congressional Research Service, June 1, 2004, www.everycrsreport.com/les/20040601_RL30341_cc47b6416bec38f7e036fd8ad823c752ed9f5957.pdf; AP, "Taiwan Welcomes Powell Clarication," NBC News, October 28, 2004, www.nbcnews.com/id/wbna6353727.

12 Han Cheung, "Taiwan in Time: The Dawn of the Referendum Era," *Taipei Times*, December 2, 2018, www.taipeitimes.

com/News/feat/archives/2018/12/02/2003705330.

13 這些發展在當時的報章媒體都有詳盡報導。關於綜述，見John F. Copper, "Taiwan's 2004 Legislative Election: Putting it in Perspective," *Maryland Series in Contemporary Asian Studies 2004*, no. 4; John F. Copper, "Taiwan's 2004 Presidential and Vice Presidential Election: Democracy's Consolidation or Devolution?," *Maryland Series in Contemporary Asian Studies 2004*, no. 1, https://digitalcommons.law. umaryland.edu/cgi/viewcontent.cgi?article=1175&context=mscas.

14 CGTN, "Xi Jinping Meets with Former KMT Chairman Lien Chan," YouTube, July 13, 2018, www.youtube.com/watch?v=ESqzVqMxESA; Khan, *Haunted by Chaos*.

15 Lee, *Road to Democracy*.

16 Jane Rickards, "Protesters Call on Taiwan's Leader to Quit, Chen Urged to Take Responsibility for Alleged Wrongdoing by Relatives, Aides," *Washington Post*, September 9, 2006; Tania Branigan, "Taiwan Court Jails Former President for Corruption," *Guardian*, September 11, 2009.

17 馬英九口述、蕭旭岑著，《八年執政回憶錄》(臺北市：遠見天下文化出版股份有限公司, 2018), 170, 431.

18 馬英九口述、蕭旭岑著，《八年執政回憶錄》, 117–128. 關於「經濟合作架構協議」(Economic Cooperation Framework Agreement, ECFA), 最好的參考來源是林夏如Lin, *Taiwan's China Dilemma*.

19 馬英九口述、蕭旭岑著，《八年執政回憶錄》, 126.

20 馬英九口述、蕭旭岑著，《八年執政回憶錄》, 171–175.

21 我在這兒的想法一部分受到Bill Emmott的啟發。〔譯按：Bill Emmott曾任英國《經濟學人》週刊總編輯。〕

22 AP, "Costa Rica Breaks Relations with Taiwan," NBC News, June 7, 2007, www .nbcnews.com/id/wbna19080068; 作者與哥斯大黎加及臺灣漁民的對話：Randall Arauz, "Sharks and Fisheries: Costa Rica," WFN, https://whitleyaward.org/

winners/sharks- sheries-costa-rica/.

23 Lin, *Taiwan's China Dilemma*. 這是關於當代中國、臺灣關係不可或缺的一本書。對國際事務有興趣的讀者都應該有一冊。中文版，林添貴譯，《臺灣的中國兩難》(臺北：商周出版社)

24 "Lee Teng-hui Endorses Tsai Ing-wen in Open Letter," January 11, 2012, Kuomintang Official Website, www1.kmt.org.tw/english/page.aspx?type =article&mnum=112&anum=10738; Chris Wang and Shih Hsiu-chuan, "2012 Elections: DPP Grateful for LeeTeng-hui Endorsement," *Taipei Times*, January 12, 2012, www.taipeitimes.com/News/front/archives/2012/01/12/2003523020.

25 本段最佳指引是林夏如Syaru Shirley Lin, "Sun Flowers and Umbrellas: Government Responses to Student-led Protests in Taiwan and Hong Kong," Asian Forum, December 10, 2015, https://theasanforum.org/sunflowers-and-umbrellas-government-responses-to-student-led-protests-in-taiwan-and-hong-kong/; 以及 Ming-sho Ho, *Challenging Beijing's Mandate of Heaven: Taiwan's Sunflower Movement and Hong Kong's Umbrella Movement* (Philadelphia, PA: Temple University Press, 2019).

26 Lin, "Sunflowers and Umbrellas"; 小野、柯一正、范雲、余永寬、周馥儀，《從我們的眼睛看見島嶼天光：太陽花運動，我來，我看見》(臺北：有鹿文化事業有限公司， 2014), 293.

27 Lin, "Sunflowers and Umbrellas"; Xiao et al., Cong women de yanjing, 293; Mingsho Ho, "Occupy Congress in Taiwan: Political Opportunity, Threat, and the Sunflower Movement," *Journal of East Asian Studies* 15, no. 1 (2015): 69–97.

28 馬英九口述，蕭旭岑著，《八年執政回憶錄》, 304–333.

29 關於習近平和前任領導人的差異，見Khan, *Haunted by Chaos*. 關於香港的情況，見Louisa Lim, *Indelible City: Dispossession and Defiance in Hong Kong* (New York: Riverhead Books, 2022), 以及 Ho, *Challenging Beijing's*

Mandate of Heaven.

30 Anna Beth Keim, "Those Taiwanese Blues," *ChinaFile*, January 13, 2016, www.chinafile.com/reporting-opinion/features/those-taiwanese-blues.

31 馬英九口述，蕭旭岑著，《八年執政回憶錄》, 360–389.

32 "President Tsai," President & Vice President, Office of the President Republic of China (Taiwan), https://english.president.gov.tw/Page/40; Anna Fifield, Robin Kwong, and Kathrin Hille, "US Concerned About Taiwan Candidate," *Financial Times*, September 15, 2011, www..com/content/f926fd14-df93-11e0-845a-00144feabdc0#axzz3eeXlcwfN.

33 欲知圈內人士的說法，可參見Kurt Campbell, *The Pivot: The Future of American Statecraft in Asia* (London: Hachette UK, 2016).

34 Tom Phillips, Nicola Smith, and Nicky Woolf, "Trump's Phone Call with Taiwan President Risks China's Wrath," *Guardian*, December 3, 2016, www.theguardian .com/us-news/2016/dec/03/trump-angers-beijing-with-provocative-phone-call-to-taiwan-president; Chinese Foreign Minister, "FM: Trump-Tsai Phone Call Will Not Change One-China Situation," news release, December 3, 2016, www.china.org.cn/world/2016-12/03/content_39842086.htm; Caren Bohan and David Brunnstrom, "Trump Says U.S. Not Necessarily Bound by 'One China' Policy," Reuters, December 11, 2016, www.reuters.com/article/us-usa-trump-china/trump-says-u-s-not-necessarily-bound-by-one-china-policy-idUSKBN1400TY.

35 "Timeline: Trump Questions then Honors 'One China' Policy," Reuters, February 10, 2017, www.reuters.com/article/us-usa-trump-china-xi-timeline/timeline-trump-questions-then-honors-one-china-policy-idUSKBN15P0OQ.

36 Khan, *Haunted by Chaos*; Reuters, "Trump Says He Could Intervene in the Case Against Huawei CFO if It Helps US-

China Deal," CNBC, December 11, 2018, www.cnbc .com/2018/12/12/huawei-cfo-arrest-trump-could-intervene-if-it-helps-us-china-deal.html.

37 John Hendel, "Republicans Soften ZTE Ban in Concession to Trump," *Politico*, July 20, 2018, www.politico.com/story/2018/07/20/congress-zte-ban-trump-734955.

38 White House, "National Security Strategy of the United States," December 2017, https://trumpwhitehouse.archives.gov/wp-content/uploads/2017/12/NSS-FInal-12-18-2017-0905.pdf.

39 Richard Haas and David Sacks, "American Support for Taiwan Must Be Unambiguous," *Foreign Affairs,* September 2, 2020.

40 Nahal Toosi and Laura Seligman, "Trump Seizes a New Cudgel to Bash China: Taiwan," *Politico*, May 21, 2020, www.politico.com/news/2020/05/21/trump-cudgel-china-taiwan-274160; Edward Wong, "U.S. Tries to Bolster Taiwan's Status, Short of Recognizing Sovereignty," *New York Times*, August 17, 2020, www.nytimes.com/2020/08/17/us/politics/trump-china-taiwan-hong-kong.html; White House, "U.S. Strategic Framework for the Indo-Pacific," declassified January 5, 2021, https://trumpwhitehouse.archives.gov/wp-content/uploads/2021/01/IPS-Final-Declass.pdf; US Department of State, "A Free and Open Indo-Pacific: Advancing a Shared Vision," November 4, 2019, www.state.gov/wp-content/uploads/2019/11/Free-and-Open-Indo-Pacic-4Nov2019.pdf; Taiwan Allies International Protection and Enhancement Initiative (TAIPEI) Act of 2019, S.1678, 116th Cong. (2019), www.congress.gov/bill/116th-congress/senate-bill/1678/text.

41 Tseng Chang Su, "DPP's Defense Agenda," Defense Policy Blue Paper no. 1, New Frontier Foundation, June 2023, www.ustaiwandefense.com/tdnswp/wp-content/uploads/2013/06/20130606_DPP_Defense_Blue_Paper_1.pdf; Defense Policy Advisory Committee, "China's Military Threats Against Taiwan in 2025," Defense Policy Blue Paper no. 5, New Frontier

Foundation, March 2014, www.ustaiwandefense.com/tdnswp/wp-content/uploads/2014/03/20140303_DPP_Defense_Blue_Paper_5.pdf; Defense Policy Advisory Committee, "Preparing the Development of Indigenous Defense Industry," Defense Policy Blue Paper no. 12, New Frontier Foundation, May 2015, www.ustaiwandefense.com /tdnswp/wp-content/uploads/2014/12/20150526_DPP_Defense_Blue_Paper_12.pdf; David An, Matt Schrader, and Ned Collins-Chase, "Taiwan's Indigenous Defense Industry: Centralized Control of Abundant Suppliers," Global Taiwan Institute, May 2018, https://globaltaiwan.org/wp-content/uploads/2022/08/GTI-TW-Indig-Defense-Occasional-Report-May-2018- nal.pdf; Johnson Lai and Huizhong Wu, "Taiwan Launches the Island's First Domestically Made Submarine for Testing," AP, September 28, 2023, https://apnews.com/articletaiwan-domestic-submarine-tests-cd69c0be2dfc0acac949ee797130558e; "Taiwan: Issues for Congress," Congressional Research Service, October 30, 2017, https://crsreports.congress.gov/product/pdf/R/R44996; "Taiwan: Defense and Military Issues," Congressional Research Service, September 19, 2023, https://crsreports.congress.gov/product/pdf/IF/IF12481#:~:text=share%20of% 20gross%20domestic%20product,a%20 10%25%20increase%20from%202022.

42 Lin, *Taiwan's China Dilemma*; Wei (Azim) Hung, "The New Southbound Policy: Where Do We Go from Here?," *New Bloom*, March 6, 2020, https://newbloommag.net/2020/03/06/nsp-directions-assessment/; 作者與日本企業界人士的談話。

43 Hunter Marston and Richard C. Bush, "Taiwan's Engagement with Southeast Asia Is Making Progress Under the New Southbound Policy," Brookings, July 30, 2018, www.brookings.edu/opinions/taiwans-engagement-with-southeast-asia-is-making-progress-under-the-new-southbound-policy/; 作者的觀察；"China Unhappy as Philippines Signs Investment Deal with Taiwan," Reuters, December 8, 2017, www.reuters.com/article/us-china-taiwan-philippines/china-unhappy-as-

philippines-signs-investment-deal-with-taiwan-idUSKBN1E217F; Evelyn Cheng, "Taiwan's Trade with China Is Far Bigger Than Its Trade with the U.S.," CNBC, August 4, 2022, www.cnbc.com/2022/08/05/taiwans-trade-with-china-is-far-bigger-than-its-trade-with-the-us.html.

44 Liu Lirong, 〈蔡英文總統就職演說中英文全文〉 "Tsai Ing-wen Zongtong jiu zhi yan shuo Zhong ying wen quan wen," CNA, May 20, 2016, www.cna.com.tw/news/firstnews/201605205012.aspx; Department of Information Services, Executive Yuan, "Progress Hailed in Historical and Transitional Justice for Indigenous Peoples," news release, August 1, 2018, https://english.ey.gov.tw/Page /61BF20C3E89B856/9fe754e7-1216-456f-b3b1-2958805c662c.

45 Courtney Donovan Smith, "President Tsai Embraces Nuanced View of Former Taiwan Dictator," *Taiwan News*, January 23, 2022, www.taiwannews.com.tw/en/news /4418935; Wen Guixiang, "Tsai Zongtong: Chiang Ching-kuo jianjue fan gong bao tai lichangshi renmin zui da gongshi," CNA, January 22, 2022, www.cna.com.tw/news /aipl/202201220050.aspx.

46 Brian Hioe, "William Lai Declares Challenge to Tsai for the DPP's 2020 Presidential Nomination," *New Bloom*, March 19, 2019, https://newbloommag.net/2019/03/19/william-lai-challenge/; Sean Lin, "Tsai Asked Not to Run for Re-election," *Taipei Times*, January 4, 2019, www.taipeitimes.com/News/front/archives/2019/01/04/2003707304.

47 Anna Beth Keim, "As Taiwan's Election Nears, a Sense of Foreboding Grips Voters from Different Camps," *ChinaFile*, January 9, 2020, www.chinafile.com/reporting-opinion/postcard/taiwans-election-nears-sense-of-foreboding-grips-voters-dffierent-camps.

48 "Key Dates in Hong Kong's Anti-government Protests," Reuters, June 2, 2020, www.reuters.com/article/us-hongkong-protests-anniversary-timelin/key-dates-in-hong-kongs-anti-government-protests-idUSKBN23A0QD; "Hong Kong's National Security Law: 10 Things You Need to Know," *Amnesty International*, July 17, 2020, www.amnesty.org/en/latest/

news/2020/07/hong-kong-national-security-law-10-things-you-need-to-know/.

49 關於中華人民共和國製造錯假新聞最好的資料來源是臺灣的「臺灣民主實驗室」(Doublethink Lab)。見 Lilly Min-Chen Lee et al., *Deafening Whispers: China's Information Operation and Taiwan's 2020 Election* (Taipei City: Doublethink Lab, 2021), https://drive.google.com/le/d/1FW35t93GvMJ3W6rqbPhAm6lNZ4uy66jD /view; 作者的談話;Lily Kuo, Taiwan election: "Tsai Ing-Wen Wins Landslide in Rebuke to China," *Guardian*, January 11, 2020, www.theguardian.com/world /2020/jan/11/taiwan-re-elects-tsai-ing-wen-as-president-in-clear-message-to-china.

50 美國對《聯合國海洋法公約》起初的立場出現在雷根總統任內,James Stavridis將軍的 "Marine Technology Transfer and the Law of the Sea," *Naval War College Review* 36, no. 4 (July–August 1983): 38–49,對此布探討。對於此一條約的其他反對意見隨著時間演進日益出現,這個議題現已成熟,值得展開全面研究。

第五章　新冠肺炎疫情之後

1 Lily Kuo, "Coronavirus: Wuhan Doctor Speaks Out Against Authorities," *Guardian*, March 11, 2020, www.theguardian.com/world/2020/mar/11/coronavirus-wuhan -doctor-ai-fen-speaks-out-against-authorities; James Griffiths, "Did Xi Jinping Know About the Coronavirus Outbreak Earlier than First Suggested?," CNN, February 17, 2020, www.cnn.com/2020/02/17/asia/china-coronavirus-xi-jinping-intl-hnk/index.html; World Health Organization, "WHO, China Leaders Discuss Next Steps in Battle Against Coronavirus Outbreak," news release, January 28, 2020, www.who.int/news/item/28-01-2020-who-china-leaders-discuss-next-steps-in-battle-against-coronavirus-outbreak.

2 Kow-Tong Chen et al., "SARS in Taiwan: An Overview and Lessons Learned," *International Journal of Infectious Diseases* 9, no. 2 (2005): 77–85; Chien-Jen Chen, "Taiwan-US Cooperation in Public Health and Pandemic

Containment," East-West Center, July 19, 2022, www.eastwestcenter.org/publications/taiwan-us-cooperation-in-public-health-and-pandemic-containment; Taiwan Centers for Disease Control, "The Facts Regarding Taiwan's Email to Alert WHO to Possible Danger of COVID-19," news release, April 11, 2020, www.cdc.gov.tw/En/Bulletin/Detail/PAD-lbwDHeN_bLa-viBOuw?typeid=158.

3 Stephen Buranyi, "The WHO v Coronavirus: Why It Can't Handle the Pandemic," *Guardian*, April 10, 2020, www.theguardian.com/news/2020/apr/10/world-health-organization-who-v-coronavirus-why-it-cant-handle-pandemic; World Health Organization, COVID-19 Virtual Press Conference, April 20, 2020, transcript, www.who.int/docs/default-source/coronaviruse/transcripts/who-audio-emergencies-coronavirus-press-conference-20apr2020.pdf; Ben Blanchard, "Taiwan Rebuffs Accusations It Racially Attacked WHO Chief," Reuters, April 9, 2020, www.reuters.com/article/us-health-coronavirus-taiwan-who/taiwan-rebuffs-accusations-it-racially-attacked-who-chief-idUSKCN21R04R.

4 Sulmaan Wasif Khan, "Wolf Warriors Killed China's Grand Strategy," *Foreign Policy,* May 28, 2021, https://foreignpolicy.com/2021/05/28/china-grand-strategy-wolf-warrior-nationalism/.

5 US Senate Committee on Finance, letter to Tedros AdhanomGhebreyesus, April 9, 2020, www.finance.senate.gov/imo/media/doc/20200409%20CEG%20letter %20to%20WHO.pdf.

6 Katie Rogers, Lara Jakes, and Ana Swanson, "Trump Defends Using 'Chinese Virus' Label, Ignoring Growing Criticism," *New York Times*, March 18, 2020, www.nytimes.com/2020/03/18/us/politics/china-virus.html; "President Trump Calls Coronavirus 'Kung Flu,'" BBC, June 24, 2020, www.bbc.com/news/av/world-us-canada-53173436; Doina Chiacu and David Brunnstrom, "Trump Says Doesn't Want to Talk to Xi, Could Even Cut China Ties," Reuters, May 14, 2020, www.reuters.com/article/us-health-coronavirus-usa-china/trump-says-doesnt-want-to-talk-to-xi-could-even-cut-china-ties-

idUSKBN22Q2BD; Alex Ward, "Trump at the UN: America Is Good, China Is Bad," *Vox*, September 22, 2020, www.vox.com/world/2020/9/22/21450727/trump-unga-speech-2020-full-text-china; Lauly Li and Cheng Ting-Fang, "Taiwan's Tsai Faces Fierce China Isolation Campaign in New Term," Nikkei, May 19, 2020, https://asia.nikkei.com/Politics/Taiwan-s-Tsai-faces-fierce-China-isolation-campaign-in-new-term; Lin Chia-nan, "Taiwan Not Part of China, Pompeo Says," *Taipei Times*, November 14, 2020, www.taipeitimes.com /News/front/archives/2020/11/14/2003746883; Idrees Ali and David Brunnstrom, "Pompeo Lifts Restrictions on U.S.-Taiwan Relationship as Clock Runs out on Trump Administration," Reuters, January 9, 2021, www.reuters.com/article/us-usa-taiwan-diplomacy/pompeo-lifts-restrictions-on-u-s-taiwan-relationship-as-clock-runs-out-on-trump-administration-idUSKBN29E0Q6.

7 "New Relationship with Taiwan Approved," CQ Almanac, 1979, https://library .cqpress.com/cqalmanac/document.php?id=cqal79-1184415; Barack Obama, *A Promised Land* (New York: Crown, 2020).

8 White House, "Indo-Pacific Strategy of the United States," February 2022, www.whitehouse.gov/wp-content/uploads/2022/02/U.S.-Indo-Pacific-Strategy.pdf.

9 White House, "National Security Strategy," October 2022, www.whitehouse.gov /wp-content/uploads/2022/10/Biden-Harris-Administrations-National-Security-Strategy-10.2022.pdf; C. Todd Lopez, "U.S. Partnership with U.K., Australia Enhances Security," US Department of Defense, May 25, 2023, www.defense.gov/News/News-Stories/Article/Article/3407275/us-partnership-with-uk-australia-enhances-security/; White House, "Joint Statement from Quad Leaders," news release, September 24, 2021, www.whitehouse.gov/briefing-room/statements-releases/2021/09/24/joint-statement-from-quad-leaders/; Loveday Morris et al., "China and Russia Are Using Coronavirus Vaccines to Expand Their Influence. The U.S. Is on the Sidelines," *Washington Post*, November 24, 2020, www.washingtonpost.com/world/vaccine-russia-

china-influence/2020/11/23/b93daaca-25e5-11eb-9c4a-0dc6242c4814_story.html.

10 "Full Transcript of ABC News' George Stephanopoulos' Interview with President Joe Biden," ABC News, August 19, 2021, https://abcnews.go.com/Politics/full-transcript-abc-news-george-stephanopoulos-interview-president/story?id =79535643.

11 John Ruwitch, "Biden, Again, Says U.S. Would Help Taiwan if China Attacks," NPR, September 19, 2022, www.npr.org/2022/09/19/1123759127/biden-again-says-us-would-help-taiwan-if-china-attacks.

12 Taiwan Policy Act of 2022, S.4428, 117th Cong. (2022), www.congress.gov/bill /117th-congress/senate-bill/4428/text; US Senate Foreign Relations Committee, "Chairman Menendez Announces Historic Inclusion of Taiwan Legislation in Annual Defense Bill," news release, December 7, 2022, www.foreign.senate.gov/press/dem /release/chairman-menendez-announces-historic-inclusion-of-taiwan-legislation-in-annual-defense-bill; Patricia Zengerle and Mike Stone, "U.S. Lawmakers Authorize $800 Million More for Ukraine in Defense Bill," Reuters, December 7, 2022, www.reuters.com/world/us-lawmakers-authorize-800-million-more-ukraine-defense-bill-2022-12-07/.

13 Melissa Zhu, "Nancy Pelosi's Long History of Opposing Beijing," BBC, August 2, 2022, www.bbc.com/news/world-asia-china-62343675; Phelim Kine, "How Biden Bungled the Pelosi Trip," *Politico*, August 3, 2022, www.politico.com/news/2022/08/03/biden-pelosi-taiwan-trip-beijing-00049625; "Chinese Nationalist Commentator Deletes Pelosi Tweet After Twitter Blocks Account," Reuters, July 30, 2022, www.reuters.com/world/china/chinese-nationalist-commentator-deletes-pelosi-tweet-after-twitter-blocks-2022-07-30/.

14 Liu Xuanzun, "PLA Sent Nearly 200 Aircraft Near Taiwan in Record Month," *Global Times*, November 1, 2021, www.globaltimes.cn/page/202111/1237849.shtml; AP, "US Military Makes Plans for Nancy Pelosi's Potential Taiwan Visit," *Guardian*, July

27, 2022, www.theguardian.com/us-news/2022/jul/27/nancy-pelosi-taiwan-us-military-security. 關於海南島間諜機事件的摘要記述，見Khan, *Haunted by Chaos*.

15 Khushboo Razdan, "Nancy Pelosi Criticised for Including Son in Taiwan Delegation," *South China Morning Post*, August 13, 2022, www.scmp.com/news /china/diplomacy/article/3188767/us-house-speaker-draws-criticism-including-son-taiwan; Wang Qi and Zhang Han, "DPP Authorities Urged to Explain Financial Relationship After Pelosi's Son Found to Be Among Her Delegation," *Global Times*, August 13, 2022, www.globaltimes.cn/page/202208/1272871.shtml.

16 Kelly Hooper, Lara Seligman, and Paul McLeary, "China Sends Warships to Surround Taiwan Amid Pelosi Visit," *Politico*, August 2, 2022, www.politico.com /news/2022/08/02/pelosi-lands-in-taiwan-00049234; David Rising, "China's Response to Pelosi Visit a Sign of Future Intentions," AP, August 19, 2022, https://apnews.com/article/taiwan-china-beijing-congress-8857910a1 e44cefa70bc4dfd184ef880; Jessie Yeung, "China Suspends Cooperation with US on Range of Issues, Sanctions Pelosi Over Taiwan Trip," CNN, August 5, 2022, www.cnn.com/2022/08/05/asia/nancy-pelosi-taiwan-china-tokyo-intl-hnk/index.html.

17 Ellen Mitchell, "General's Memo Spurs Debate: Could China Invade Taiwan by 2025?," *Hill*, February 2, 2023, https://thehill.com/policy/defense/3840337-generals-memo-spurs-debate-could-china-invade-taiwan-by-2025/; Helen Davidson, "China Could Invade Taiwan in Next Six Years, Top US Admiral Warns," *Guardian*, March 10, 2021, www.theguardian.com/world/2021/mar/10/china-could-invade-taiwan-in-next-six-years-top-us-admiral-warns; "US Commander Pushes Back Against Colleagues 'Guessing' Taiwan Invasion Date," *Financial Times*, April 18, 2023, www.ft.com/content/753bec2b-9c55-49a8-9d34-7c286af505f3.

18 Ben Westcott and Steven Jiang, "China Is Embracing a New Brand of Foreign Policy. Here's What Wolf Warrior Diplomacy

Means," CNN, May 29, 2020, www.cnn.com/2020/05/28/asia/china-wolf-warrior-diplomacy-intl-hnk/index.html; Khan, "Wolf Warriors"; Michelle Nichols and Steve Holland, "U.S.-China Tensions Take Center Stage at U.N. as Trump Accuses Beijing of Unleashing 'Plague,'" Reuters, September 22, 2022, www.reuters.com/article/uk-un-assembly-idUKKCN26D2FM; Jessica Chen Weiss, "China's Self-Defeating Nationalism," *Foreign Affairs*, July 16, 2020, www.foreignaffairs.com/articles/china/2020-07-16/chinas-self-defeating-nationalism.

19 "Xinhua Headlines: Xi Says 'China Must Be, Will Be Reunified' as Key Anniversary Marked," Xinhua, January 2, 2019, www.xinhuanet.com/english/2019-01/02/c_137714898.htm; Teddy Ng, "Update: Xi Jinping Says Efforts Must Be Made to Close the China- Taiwan Political Divide," *South China Morning Post*, October 6, 2013, www.scmp.com/news/china/article/1325761/xi-jinping-says-political-solution-taiwan-cant-wait-forever; Yew Lun Tian and Tony Munroe, "China's Xi Clinches Third Term, Packs Leadership with Loyalists," Reuters, October 24, 2022, www.reuters.com/world/china/chinas-communist-party-politburo-standing-committee-unveiled-2022-10-23/; Yew Lun Tian and Ben Blanchard, "China Will Never Renounce Right to Use Force Over Taiwan, Xi Says," Reuters, October 16, 2022, www.reuters.com/world/china/xi-china-will-never-renounce-right-use-force-over-taiwan-2022-10-16/. 關於臺灣方面的反應，見Chen Yu-fu and Liu Tzu-hsuan, "Taipei Slams Xi's Speech on Taiwan," *Taipei Times*, October 17, 2022, https://www.taipeitimes.com/News/front/archives/2022/10/17/2003787171.

20 Helen Davidson and Verna Yu, "Anti-CCP Protest and Lockdown Fears Fuel China Tensions Before Congress," *Guardian*, October 13, 2022; Kathy Huang and Mengyu Han, "Chinese Domestic Protests Go International," Council on Foreign Relations, October 24, 2022, www.cfr.org/blog/chinese-domestic-protests-go-international; Erin Hale and Andy Peñafuerte, "China's COVID Rebellion," *Al Jazeera,* December 22, 2022, www.aljazeera.com/economy/longform/2022/12/22/the-

protests-that-exposed-cracks-in-chinas-middle-class-dream.

21 Julie Zhu, Yew Lun Tian, and EngenTh am, "Insight: How China's New No. 2 Hastened the End of Xi's Zero-COVID Policy," Reuters, March 3, 2023, www.reuters.com/world/china/how-chinas-new-no2-hastened-end-xis-zero-covid-policy-2023-03-03/. 討論天命和喪失天命的文獻有許多，卜正民Timothy Brook的專著*Great State: China and the World* (New York: Harper, 2020) 可以發人深省。

22 Ministry of Foreign Affairs of the People's Republic of China, "Full Text: 2023 New Year Address by President Xi Jinping," news release, December 31, 2022, www.fmprc.gov.cn/eng/zxxx_662805/202212/t20221231_10999475.html.

23 Ministry of Foreign Affairs of the People's Republic of China, "Wang Yi: To Safeguard Peace Across the Taiwan Strait, We Must Resolutely Oppose 'Taiwan Independence,'" news release, February 18, 2023, www.fmprc.gov.cn/mfa_eng /zxxx_662805/202302t20230222_11029275.html; Keoni Everington, "MAC Blasts Wang Yi's Claim Taiwan Is Part of China," *Taiwan News,* February 21, 2023, https://www.taiwannews.com.tw/en/news/4817023#:~:text=%27Taiwan%20has %20never%20been%20part,be%20in%20the%20future%27%3A%20MAC&text=TAIPEI%20(Taiwan%20News)%20—%20Taiwan%27s,Taiwan%20is%20part%20of%20China.

24 AP, "China Decries U.S. Decision to Shoot Down Suspected Spy Balloon," PBS, February 6, 2023, www.pbs.org/newshour/politics/china-decries-u-s-decision-to-shoot-down-suspected-spy-balloon; AP, "Taiwan Threatens to Shoot Down Any Chinese Balloons," VOA, February 14, 2023, www.voanews.com/a/taiwan-threatens-to-shoot-down-any-chinese-balloons/6962649.html; "Second Spy Balloon Spotted Over Latin America, Says Pentagon, as Blinken Postpones China Trip," *Guardian,* February 4, 2023, www.theguardian.com/us-news/2023/feb/04/second-spy-balloon-spotted-over-latin-america-says-pentagon-as-blinken-postpones-china-trip; Thomas Mackintosh and Kathryn Armstrong, "Chuck Schumer:

Two More Flying Objects Shot Down Were Likely Balloons," BBC, February 12, 2023, www.bbc.com/news/world-us-canada-64614098; "Mystery Surrounds Objects Shot Down by US Military," BBC, February 13, 2023, www.bbc.com/news/world-us-canada-64620064; Julian Borger and Helen Davidson, "US Secretary of State Postpones China Visit After Spy Balloon Flies Over Montana," *Guardian,* February 3, 2023, www.theguardian.com/us-news/2023/feb/03/china-spy-balloon-secretary-of-state-trip-postponed.

25 有位學員對受訓經過的描述，見Chin Hsueh, "Taiwanese Compulsory Military Service Should Be Improved, Not Extended," *Financial Times*, June 23, 2022, www. ft.com/content/7bdfadf0-f3-4bb5-9b93-3ddc845c5e72; Kelvin Chen, "Taiwan's Kuma Academy Holds 1st Session Simulating War," *Taiwan News*, January 17, 2023, www.taiwannews.com.tw/en/news/4783652; Yang Zhiqiang and Kung Delian, "Tsai zhengfu tui zhong bang guofang gaige," *Baodao zhe*, December 26, 2022, www.twreporter.org/a/national-defense-reform-obligatory-military-service-extension; Wayne Chang, "Taiwan to Allow Women into Military Reserve Force Training as China Fears Grow," CNN, January 18, 2023, www.cnn.com/2023/01/18/asia/taiwan-women-military-reserve-intl-hnk-ml/index.html.

26 Defense Policy Advisory Committee, "New Generation of Soldiers," Defense Policy Blue Paper no. 6, New Frontier Foundation, August 2014, www.ustaiwandefense.com/tdnswp/wp-content/uploads/2014/03/20140822_DPP_Defense_Blue_Paper_6.pdf; "Mixed Reaction Over Pay Raise with Military Service Extension," *Focus Taiwan*, December 28, 2022, https://focustaiwan.tw /society/202212280005; "Taiwan Counts on Military Conscription Reform to Deter China Invasion," *Financial Times*, January 1, 2023, www.ft.com/content/c8762364-da8f-4543-a440-1ea72ccfabbf.

27 "Pig Guts Fly as Taiwan Lawmakers Brawl Over US Pork Imports," BBC, November 27, 2020, www.bbc.com/news/world-asia-55097091; Shelley Shan, "Pork Import Ban Referendum Fails," *Taipei Times*, December 19, 2021, www.taipeitimes.

com/News/taiwan/archives/2021/12/19/2003769850; US Trade Representative, *2021 National Trade Estimate Report on Foreign Trade Barriers* (Washington, DC: Executive Office of the President, 2021), https://ustr.gov/sites/default/files/files/reports/2021/2021NTE.pdf.

28 Eric Cheung, "Taiwan's President Billed Midterms as All About China. Now She's Resigning as Party Chief," CNN, November 27, 2022, www.cnn.com/2022/11/27/asia /taiwan-election-analysis-intl-hnk/index.html.

29 "Ex-president Ma: 2024 Vote a Choice of War or Peace," *Focus Taiwan*, January 1, 2023, https://focustaiwan.tw/politics/202301010007.

30 "Three Mini Links Resume Services Between Taiwan and China," *Taiwan Today,* January 9, 2023, https://taiwantoday.tw/news.php?unit=10&post=231345; Office of the President Republic of China (Taiwan), "President Tsai Delivers 2023 New Year's Address," news release, January 1, 2023, https://english.president.gov.tw/NEWS/6421.

31 Nicoco Chan, "'We Are All Chinese,' Former Taiwan President Says While Visiting China," Reuters, March 28, 2023, www.reuters.com/world/asia-pacic/we-are-all-chinese-former-taiwan-president-says-while-visiting-china-2023-03-28/; AP, "Ma Ying-jeou Visits Sun Yat-sen Site in Nanjing," *Taipei Times*, March 29, 2023, www.taipeitimes.com/News/taiwan/archives/2023/03/29/2003796927; Chung Li-hua, "Ma Ying-jeou Belittled on China Trip, Academics Say," *Taipei Times*, April 9, 2023, www.taipeitimes.com/News/taiwan/archives/2023/04/09/2003797596.

32 Office of the President Republic of China (Taiwan), "President Tsai Meets US House Speaker Kevin McCarthy and Bipartisan Group of Congress Members in California," news release, April 6, 2023, https://english.president.gov.tw/NEWS/6487; Anthony Adragna, "McCarthy, Taiwan's Leader Meet in California Despite Threats from China," *Politico*, April 5, 2023, www.politico.com/news/2023/04/05/mccarthy-taiwan-leader-historic-meeting-00090639; "China Holds

Second Day of Military Drills After Taiwan President Tsai Ing-wen's US Trip," *Financial Times*, April 9, 2023, www.ft.com/content/e25807de-16ed-4548-a457-00664d49c366; "China Escalates Military Drills Near Taiwan and Japan," *Financial Times*, April 10, 2023, www.ft.com/content/d506eb6b-750a-47bc-bc42-81b1c2e35cba.

33 Charlie Campbell, "China Plays Long Game with Softer Response to Taiwan President Visiting U.S.," *Time*, April 6, 2023, https://time.com/6269158/tsai-ingwen-kevin-mccarthy-meeting-analysis/; "US and Philippines Launch Largest Joint Military Exercise in Decades," *Financial Times*, April 11, 2023, www.ft.com/content /893aa2b-dcc0-41b5-83b3-f192f3fd5146. 關於第一次世界大戰的比擬，我的想法特別受到Barbara Tuchman, *The Guns of August* (New York: Macmillan, 1962), 以及 Christopher Clark, *The Sleepwalkers: How Europe Went to War in 1914* (New York: Penguin, 2012) 的影響。I came to the "edge of chaos" by way of Ian Malcolm in Michael Crichton, *The Lost World* (New York: Knopf, 1995).

34 Office of the President Republic of China (Taiwan), "President Tsai Meets Delegation Led by Japanese House of Councillors Member Seko Hiroshige," news release, December 28, 2022, https://english.president.gov.tw/News/6418; Sarah Wu and Yimou Lee, "Taiwan Welcomes First Official European Parliament Delegation," Reuters, November 3, 2021, www.reuters.com/business/cop/taiwan-welcomes-first-official-european-parliament-delegation-2021-11-03/; "In Taiwan, Former UK PM Truss Warns Against Appeasing China," Reuters, May 17, 2023, www.reuters.com /world/taiwan-former-uk-pm-truss-warns-against-appeasing-china-2023-05-16/; "China Protests 'Vile' Taiwan Visit by German Minister," Reuters, March 21, 2023, www.reuters.com/world/german-minister-says-honoured-be-esteemed-partner-taiwan-2023-03-21/; Yew Lun Tian and Eduardo Baptista, "China Raps Czech President-Elect Over Taiwan Call," Reuters, January 31, 2023, www.reuters.com/world/china-slams-czech-president-elect-over-phone-call-with-taiwan-president-2023-01-31/; Office of the President

Republic of China (Taiwan), "President Tsai Meets Parliamentarians from Ukraine and Lithuania," news release, October 27, 2022, https://english.president.gov.tw/NEWS/6365.

35 Elbridge Colby, "If You Want Peace, Prepare for Nuclear War," *Foreign Affairs* 97, no. 6 (2018): 25–34. 另參見Hal Brands and Michael Beckley, *Danger Zone: The Coming Conflict with China* (New York: W. W. Norton, 2022).

36 "US and China Hold More Trade Talks Despite Strained Ties," *Financial Times*, May 27, 2023, www.ft.com/content/5ae755b3-8d21-48ac-ab37-d9ebd654a5e2; "Secretary Antony J. Blinken and People's Republic of China President Xi Jinping Before Their Meeting," US Department of State, June 19, 2023, www.state.gov/secretary-antony-j-blinken-and-peoples-republic-of-china-president-xi-jinping-before-their-meeting/; Office of the Spokesperson, "Secretary Blinken's Visit to the People's Republic of China (PRC)," US Department of State, June 19, 2023, www.state.gov/secretary-blinkens-visit-to-the-peoples-republic-of-china-prc/; Demetri Sevastopulo and Joe Leahy, "US Controls on Investment Will Not Harm China, Yellen Tells Beijing," *Financial Times*, July 9, 2023, www.ft.com.content/29fc010c-13db-4489-8101-259fc69955c9.

37 Rupert Wingfield-Hayes, "Has Janet Yellen's Trip to Beijing Improved US-China Relations?," BBC, July 9, 2023, www.bbc.com/news/world-asia-66146889; "China's Metal Export Curbs a 'Warning' to US and Its Allies, Global Times Reports," Reuters, July 5, 2023, www.reuters.com/world/china/chinas-metal-export-curbs-warning-us-its-allies-global-times-2023-07-05/; Shigeru Seno and Mitsuru Obe, "Ron DeSantis Says Deterrence Key to Preventing Taiwan Conflict," Nikkei, April 25, 2023, https://asia.nikkei.com/Editor-s-Picks/Interview/Ron-DeSantis-says-deterrence-key-to-preventing-Taiwan-conflict; Robin Opsahl, "Presidential Candidate Nikki Haley: Hold China Accountable for COVID-19," *Iowa Capital Dispatch*, March 10, 2023, https://iowacapitaldispatch.com/2023/03/10/presidential-candidate-nikki-haley-hold-

china-accountable-for-covid-19/; Nicolas Camut, "Macron Was 'Kissing Xi's Ass' in China, Trump Says," *Politico*, April 12, 2023, www.politico.eu/article/donald-trump-emmanuel-macron-was-kissing-xi-jinping-ass-in-recent-china-visit/. 關於晶片，見Chris Miller, *Chip War: The Fight for the World's Most Critical Technology* (New York: Scribner, 2022).

38 Chen Yun and Jonathan Chin, "Taiwan Already Independent, Lai Says," *Taipei Times*, January 19, 2023, www.taipeitimes.com/Newfront/archives/2023/01/19 /2003792832; Demetri Sevastopulo and Kathrin Hille, "Washington Presses Taiwan Presidential Frontrunner on White House Comments," *Financial Times*, July 19, 2023.

39 Rebecca Lin, "The Cop Who Became Taiwan's Top-Rated Mayor," *CommonWealth Magazine*, September 21, 2020, https://english.cw.com.tw/article /article.action?id=2802; Wang Hung-kuo, Yeh Su-ping, and Frances Huang, "KMT Presidential Hopeful Opposes 'One Country, Two Systems,' Taiwan Independence," *Focus Taiwan*, May 9, 2023, https://focustaiwan.tw/cross-strait/202305090017.

40 "Fireside Chat with Dr. Ko Wen-je, Chairman of the Taiwan People's Party and Former Mayor of Taipei," Center for Strategic and International Studies, April 20, 2023, transcript, https://csis-website-prod.s3.amazonaws.com/s3fs-public/2023-04/230421_Wen-je_Fireside_Chat.pdf; Yang Ming-chu and Matthew Mazzetta, "China Should Clarify Its Definition of '1992 Consensus': Ko Wen-je," *Focus Taiwan*, June 8, 2023, https://focustaiwan.tw/cross-strait/202306080009; Chen Chien-chih and Lo Hsin-chen, "Lai, Ko Ratcheting Up Campaign," *Taipei Times*, July 24, 2023, https://www.taipeitimes.com/News/taiwan/archives/2023/07/24/2003803659; Helen Davidson, "Foxconn Founder Terry Gou Announces Run for Taiwan Presidency, Pledging to Fix China Ties," *Guardian*, August 28, 2023, www.theguardian.com /world/2023/aug/28/terry-gou-foxconn-founder-taiwan-presidency-china-ties; Brian Hioe, "Invoking Mazu, Terry Gou Declares Run for President," *New Bloom*, April 17, 2019, https://newbloommag.net/2019/04/17/terry-

guo-presidential-run/.

41 上面幾段訊息來自作者的觀察：Ben Blanchard, “Ignoring Taiwan’s Complaints, More Chinese Balloons Spotted Over Strait,” *Reuters*, January 7, 2024, https://www.reuters.com/world/asia-pacific/ignoring-taiwans-complaints -more-chinese-balloons-spotted-over-strait-2024-01-08/#:~:text=China%20views%20 the%20island%20as,island%20near%20major%20 air%20bases; Yimou Lee and Sarah Wu, “China Satellite Launch Causes Pre-election Political Storm in Taiwan,” *Reuters*, January 10, 2024, https://www.reuters.com/world/asia-pacific/taiwan-does-not-consider-china-satellite-launch-election-interference-2024-01-09/; Kathrin Hille, “China’s Military Warns Against Taiwan ‘Independence’ Plots Ahead of Election,” January 12, 2024, https://www.ft.com/content/0dad2e92-3b0e-4e07-ba4e-b13daa06acf3; Kathrin Hille, “Taiwan’s Ruling Party Secures Presidency as Voters Defy China,” January 13, 2024, https://www.ft.com/content/bc1b9521-8381 -4fb8-aebd-80846a18085d; Shelley Shan, “Ma Not Invited to KMT Rally Following Remarks,” *Taipei Times*, January 12, 2024, https://www.taipeitimes.com/News/front/archives/2024/01/12/2003811980.

不屈之島：八十年來美中夾縫中的臺灣

作　　者｜蘇爾曼・瓦西夫・汗 (Sulmaan Wasif Khan)
譯　　者｜林添貴

一卷文化
總 編 輯｜馮季眉
責任編輯｜高仲良
封面設計｜兒日設計
內頁設計｜菩薩蠻電腦科技有限公司
出　　版｜一卷文化／遠足文化事業股份有限公司
發　　行｜遠足文化事業股份有限公司（讀書共和國出版集團）
地　　址｜231新北市新店區民權路108-2號9樓
郵撥帳號｜19504465 遠足文化事業股份有限公司
電　　話｜(02)2218-1417
客服信箱｜service@bookrep.com.tw

法律顧問｜華洋法律事務所 蘇文生律師
印　　製｜中原造像股份有限公司

2024年10月 初版一刷
定價｜500元　　　　書號｜2TWD0002
ISBN｜9786269888085（平裝）
　　9786269888061（EPUB）　9786269888078（PDF）

國家圖書館出版品預行編目 (CIP) 資料

不屈之島：八十年來美中夾縫中的臺灣 / 蘇爾曼 . 瓦西夫 . 汗 (Sulmaan Wasif Khan) 著；林添貴譯 . -- 初版 . -- 新北市：遠足文化事業股份有限公司一卷文化，遠足文化事業股份有限公司，2024.10
面；　公分
譯自：The struggle for Taiwan : a history of America, China, and the island caught between.
ISBN 978-626-98880-8-5(平裝)

1.CST: 臺灣政治 2.CST: 地緣政治 3.CST: 美中臺關係

573.07　　　113014200